최근 얄팍한 칭의론/구원론을 교정하려는 시도가 다각도로 이루어지고 있다. 이 책도 그런 중요한 시도 중 하나다. 저자의 핵심 본문은 빌립보서 2:6-11이다. 그는 바울의 칭의론이 우리가 하나님께 참여하는 '하나님화'를 바라본다고 말한다. 이렇게 그는 칭의의 지평을 넓힌다. 또 하나님은 그리스도의 십자가를 통해 우리를 찾아오셨다. 그래서 우리는 그리스도의 십자가에 참여하는 '십자가화'를 통해 하나님께 참여하는데, 곧 십자가에 참여하는 거룩함이 칭의의 핵심이다. 이를 통해 고먼은 칭의와 그 이후의 삶을 나누어 생각하려는 습관 역시 잘못된 것임을 보여 준다. 그는 칭의론의 중요 본문인 갈라디아서와 로마서의 주요 논쟁거리를 내러티브적 관점으로 솎아 내며 십자가 형태의 거룩함이 구원의 본질적 과정이라고 말한다. 구체적으로 거룩함은 비폭력과 화해의 자태로 드러난다. 이런 삶을 통해 우리는 하나님의 성품에 참여하는 길을 걷게 된다. 늘 듣던 믿음과 은혜 '타령'이 뭔가 이상하다고 생각해 온 사람들, 신앙이 내 삶과 따로 노는 것의 불편함을 해소하려는 이들에게, 보다 포괄적이고 깊은 칭의 이야기를 들려주는 이 책이 매우 유익할 것이다.

권연경 | 숭실대학교 기독교학과 교수

유학 시절 시간 가는 줄 모르고 읽었던 책이 번역 출간되어 무척 반갑다. 마이클 고먼은 바울 윤리를 논의할 때 빠지지 않는 가장 중요한 학자 중 하나다. 고먼은 이 책에서 바울 신학의 핵심을 풍성하게 재발견한다. 이 책은 교부신학에서 중요한 개념인 테오시스를 바울 신학의 중심으로 이해하면서 그리스도와의 연합과 빌립보서 2:6-11에 나타난 그리스도 이야기를 이 관점에 따라 설명한다. 궁극적으로 하나님 안에 거하는 삶이란 하나님 자신의 생명에 참여하는 것으로, 이는 삼위 하나님의 십자가 형태의 성품과 생명에 변혁적으로 참여하는 것임을 이 책은 규명해 낸다. 『십자가 형태의 하나님 안에 살다』는 무엇보다도 흥미진진하다. 바울 신학의 핵심을 '변화'라는 역동적인 관점에서 재해석하는 이 책을 통해 독자들은 유익하고 새로운 통찰을 발견할 것이다.

김규섭 | 아신대학교 신약학 교수

"바울 신학의 중심이 무엇인가"라는 질문에 대해, 종교개혁 이후로 '칭의'라고 대답하는 학자들이 대다수였으나, 알베르트 슈바이처는 '칭의'를 달의 보조 분화구에 비유하면서, '그리스도와의 연합' 혹은 '참여'(그리스도 안에 참여함)라는 주제를 바울 신학의 중심으로 새롭게 부각시켰다. 이후 바울 학계는 종교개혁 전통을 따르는 학자들이 여전히 '칭의'를 바울 신학의 중심으로 여겨 온 반면, 슈바이처가 제시한 길을 따르는 샌더스, 헤이스 등의 영향력 있는 학자들이 '참여'를 보다 중요한 바울 신학의 중심으로 주장하면서, '칭의'와 '참여'를 서로 대립적인 관계로 이해하는 경향이 생겼다. 마이클 고먼은 이 책에서, 자신의 전작 『삶으로 담아내는 십자가』에서는 암시되었지만 길게 논증하지는 않았던 주제인 "하나님은 십자가 형태(cruciform)다"라는 주장을 동방 정교회 전통에서 중요하게 여기는 '테오시스'라는 주제와 연결시켜 주해적으로 풀어낸다. 그와 동시에 칭의를 그리스도와 '함께 십자가에 못 박힘' 혹은 더 나아가 '하나님의 성품에 참여하는 것'으로 이해함으로써, '칭의'와 '참여'에 대한 기존 이분법적 이해에서 벗어나, 칭의, 참여, 성화, 테오시스 등의 주제를 '바울의 구원론'이라는 하나의 우산 아래에서 멋지게 엮어 낸다. 이 작업의 결과로 이른바 '구원의 서정'(ordo salutis)이라는 틀에서 논리적 선후 관계로 따로 놀던 칭의와 성화가 하나의 구원론 아래에서 제자리를 찾아가게 해 준다. 또한 믿음과 행위라는 대립 구도 속에서 '행함 없는 믿음'으로 변질되었던 믿음이 '사랑으로 역사하는 믿음'(갈 5:6)으로, 개인적일뿐 아니라 공동체적이고 공적인 신앙으로 다시 태어난다. 결과적으로 이 책은 성서학적 연구가 교의학, 더 나아가 교회의 신앙에 어떤 좋은 영향을 미칠 수 있는지를 보여 주는 좋은 예다.

김형태 | 주님의보배교회 담임목사

바울에 대한 이 풍부하고 종합적인 해석은 바울 구원론의 핵심이 테오시스, 곧 하나님의 백성이 십자가에서 계시된 하나님의 생명과 성품에 참여하는 것에 있음을 설득력 있게 주장한다. 마이클 고먼은 결실 없는 이분법을 극복하며 '바울에 대한 새로운 관점'과 전통주의 비평가 사이의 최근 논쟁을 초월하는 강력하고 건설적인 설명으로 바울 신학에 관한 최근 논쟁의 결과를 능숙하게 통합한다. 『십자가 형태의 하나님 안에 살다』는 바울 복음의 비폭력적이고 세상을 변화시키는 성격을 이해하기 위한 길을 제시한다.

리처드 헤이스 | 듀크 대학교 신학대학원 신약학 조지 워싱턴 아이비 명예교수

『십자가 형태의 하나님 안에 살다』는 바울에 대한 분할된 접근 방식에 중요한 교정 역할을 하며, 칭의를 영적 변화와 명료하게 연결한다. 믿음, 사랑, 행동이 합쳐지면 테오시스―즉, 그리스도와 하나님의 성품을 취하는 것―가 된다. 마이클 고먼은 다른 학자들과 끊임없이 대화를 나누면서도 신선하고 독창적인 접근 방식으로 바울의 생생한 신학을 조명한다. 『십자가 형태의 하나님 안에 살다』는 바울 연구를 분명하게 발전시키고 있다.

스티븐 핀란 | *Salvation Not Purchased* 저자

마이클 고먼은 이 선구적인 연구에서 칭의와 거룩함에 대한 바울의 이해를 새롭게 보는 방법을 제시한다. 오래된 영토에서 새로운 길을 개척하는 고먼은 비폭력과 십자가의 변화시키는 힘에 뿌리를 둔 거룩함과 칭의의 비전으로 우리를 이끈다. 그의 연구는 목회자들에게는 설교에 대한 새로운 통찰을 제공하고, 학자들에게는 오래된 질문을 해결하는 새로운 방법을 제공할 것이다.

프랭크 마테라 | 미국 가톨릭 대학교 성서학 명예교수

십자가 형태의 하나님 안에 살다

IVP(InterVarsity Press)는
캠퍼스와 세상 속의 하나님 나라 운동을 지향하는
IVF(InterVarsity Christian Fellowship)의 출판부로
생각하는 그리스도인을 위한 문서 운동을 실천합니다.

ⓒ 2009 by Michael J. Gorman
Originally published in English as *Inhabiting the Cruciform God*
by Wm. B. Eerdmans Publishing Co.
4035 Park East Court SE, Grand Rapids, Michigan 49546, USA.
All rights reserved.

This Korean translation edition ⓒ 2024 by Korea InterVarsity Press
156-10 Donggyo-ro, Mapo-gu, Seoul 04031, Republic of Korea.

This Korean edition is published
by arrangement of Wm. B. Eerdmans Publishing Co.
through rMaeng2, Seoul, Republic of Korea.

이 한국어판의 저작권은 알맹2를 통하여
Wm. B. Eerdmans Publishing Co.와 독점 계약한 IVP에 있습니다.
신 저작권법에 의하여 한국 내에서 보호받는 저작물이므로
무단 전재와 무단 복제를 금합니다.

바울의 구원론이 말하는
케노시스,
칭의,
테오시스

Inhabiting the Cruciform God

십자가 형태의 하나님 안에 살다

마이클 고먼
최현만 옮김

IVP

나의 가족에게
그리고
신실한 친구이자 동료인 앤디 존슨에게
감사하며

차례

약어 · 11
감사의 글 · 13

서론 십자가 형태 하나님 안에 살다 · 15
바울과 테오시스에 관한 질문

1장 "그는 하나님의 형태이신데도/형태이시므로" · 29
바울의 마스터 스토리가 지닌 신학적 중요성 (빌 2:6-11)

2장 "믿음으로 의롭게 되다/그리스도와 함께 십자가에 못 박히다" · 75
'함께 십자가에 못 박힘'에 의한 칭의: 바울 구원론의 논리

3장 "내가 십자가 형태이니, 너희도 십자가 형태가 될지어다" · 167
거룩함을 테오시스로: 바울의 삼위일체론적 재구성

4장 "우리가 원수 되었을 때에" · 205
바울, 부활 그리고 폭력의 종말

결론 십자가 형태 하나님 안에 사는 것 · 253
바울의 내러티브 구원론으로서 테오시스

참고 문헌 · 273
인명 찾아보기 · 286
성경 찾아보기 · 290

일러두기

- 이 책에 인용한 성경 구절은 개역개정을 기본으로 삼았으나, 필요에 따라 저자 사역이나 영역본에 따라 번역했습니다.
- 저자의 전작 『삶으로 담아내는 십자가』는 저자의 핵심 용어인 'cruciformity'를 '십자가를 본받는 삶'으로 번역했으나, 이 책에서는 용어의 통일성을 위해 해당 단어를 '십자가화', 'cruciform'을 '십자가 형태'로 번역했습니다.

약어

AB	Anchor Bible
ABD	*Anchor Bible Dictionary*
ANTC	Abingdon New Testament Commentaries
BECNT	Baker Exegetical Commentary on the New Testament
BNTC	Black's New Testament Commentary
CBQ	*Catholic Biblical Quarterly*
ExpTim	*Expository Times*
HBT	*Horizons in Biblical Theology*
HTR	*Harvard Theological Review*
ICC	International Critical Commentary
IJST	*International Journal of Systematic Theology*
Int	*Interpretation*
JBL	*Journal of Biblical Literature*
JCTR	*Journal for Christian Theological Research*
JSNT	*Journal for the Study of the New Testament*
JSNTSup	Journal for the Study of the New Testament: Supplement Series
JSPSS	Journal for the Study of the Pseudepigrapha: Supplement Series
JTI	*Journal of Theological Interpretation*
JTS	*Journal of Theological Studies*
NTS	*New Testament Studies*
SBLDS	Society of Biblical Literature Dissertation Series

SNTSMS   Society for New Testament Studies Monograph Series
THNTC   Two Horizons New Testament Commentary
WBC   Word Biblical Commentary

감사의 글

모든 책이 그렇듯 이 책이 나오는 데도 여러 사람의 협력이 중요한 역할을 했다. 이 책의 초기 원고를 읽고 의견을 준 친구, 동료, 비평가에게 감사를 전하고 싶다. 그들은 (특히) 내 주장과 그들의 의견이 다를 때도 도움을 주었다. 먼저 동료 신약학자와 신학자들이 있다. 벤 블랙웰(Ben Blackwell), 켄트 브라워(Kent Brower), 스티브 파울(Steve Fowl), 팀 제프리온(Tim Geoffrion), 조엘 그린(Joel Green), 리처드 헤이스(Richard Hays), 수잔 와츠 헨더슨(Suzanne Watts Henderson), 대니얼 커크(Daniel Kirk), 데이비드 리트와(M. David Litwa), 스티브 매코믹(Steve McCormick), 마크 티센 네이션(Mark Thiessen Nation), 크리스 스미스(Chris Smith), 미로슬라브 볼프(Miroslav Volf), 존 웹스터(John Webster), 톰 라이트(Tom Wright)와 익명의 검토자들 그리고 그 누구보다도 (다시 한번) 앤디 존슨(Andy Johnson)에게 감사를 전한다. 앤디는 (책을 만드는 다양한 단계에서) 모든 장을 읽고 바로잡는 데 도움을 주었을 뿐만 아니라, 그 자신이 본서와 관련된 주제를 탐구한, 아직 발표되지 않은 연구의 일부를 공유해 주기도 했다. 그는 이 책을 반복해서 가다듬는 과정에서 한결같은 동반자요, 유익하면서도 긍정적인 비평가가 되어 주었다. 조력자 명단에는 현재와 과거 내 제자들도 포함된다. 그들은 내 토론 대상이요, 연구 지원군이었다. 밥 앤더슨(Bob Anderson), 카시미르 부야크(Kasimir Bujak), 제이슨 폴링(Jason Poling) 그리고 특히 레노어 터너(Lenore Turner)가 그들이다. 레노어는 모든 글을 두 번씩 검토하고 각주 작업을 도와주었다. 당연히 나는 이 책에 존재하는 어떤 실수 혹은 약점에 대해 방금 언급한 분들에게 책임을 떠넘기지 않는다. 그저 그들이 해 준 모든 공헌에 빚졌을 뿐이다.

나는 또한 「신학해석학회지」(*Journal of Theological Interpretation*)와 그 편집장 조엘 그린에게도 감사의 마음을 전한다. 그들은 그 학회지에 처음 실렸던 논문(1장)을 개정해 이 책에 실을 수 있도록 허락해 주었다.[1] 그리고 어드만스 출판사(Eerdmans)는 앤디 존슨과 켄트 브라워가 편집한 책에 실렸던 글(2장)을 개정해 여기에 실을 수 있게 해 주었다.[2] 마지막으로 다시 한 번 내 작업에 관심을 쏟아 준 어드만스 출판사에게 그리고 특별히 존 포트(Jon Pott)와 존 심슨(John Simpson)에게 고마움을 표하고 싶다.

---

1 "'Although/Because He Was in the Form of God': The Theological Significance of Paul's Master Story (Phil 2:6-11)", *JTI* 1 (2007): pp. 147-169.
2 "'You Shall Be Cruciform, for I Am Cruciform': Paul's Trinitarian Reconstruction of Holiness", in *Holiness and Ecclesiology in the New Testament*, ed. Kent E. Brower and Andy Johnson (Grand Rapids: Eerdmans, 2007), pp. 148-166.

서론

십자가 형태
하나님 안에 살다

바울과 테오시스에 관한
질문

N. T. 라이트는 그의 책 『톰 라이트의 바울』에서 다음과 같이 주장했다.

> 진지한 바울 독자라면 누구나 오랫동안 인식해 왔듯이(이 내용을 충분히 탐구한 사람은 그렇게 많지 않지만), 한 분 참 하나님에 관한 바울의 비전 중심에 자리 잡고 있는 것은 메시아 예수의 십자가다.[1]

그리고 (내가 진심으로 동의하는) 이 주장은 다음과 같은 논리적 귀결로 이어진다. 즉, 십자가 경험, 십자가 영성이 곧 하나님 경험, 하나님 영성이며, 역으로 하나님 경험, 하나님 영성은 곧 십자가 경험, 십자가 영성이라는 것이다.

따라서 본서는 바울에 관한 나의 이전 책 『삶으로 담아내는 십자가: 십자가 신학과 영성』의 논리적 후속작이다.[2] 본서 『십자가 형태의 하나님 안에 살다』(Inhabiting the Cruciform God)가 그 주제를 (라이트가 언급한 것처럼) '충분히' 탐구한 것은 아니지만, 『삶으로 담아내는 십자가』에 포함된 명시

---

1 N. T. Wright, *Paul: In Fresh Perspective* (Edinburgh: Clark/Minneapolis: Fortress, 2005), p. 96. 『톰 라이트의 바울』(죠이북스).
2 Michael J. Gorman, *Cruciformity: Paul's Narrative Spirituality of the Cross* (Grand Rapids: Eerdmans, 2001). 『삶으로 담아내는 십자가』(새물결플러스). 이 연구서의 핵심 주제들은 *Apostle of the Crucified Lord: A Theological Introduction to Paul and His Letters* (Grand Rapids: Eerdmans, 2004)에서도 다른 형식으로 다루었다. 『신학적 방법을 적용한 새로운 바울연구개론』(대한기독교서회).

적·암시적 주제 중 일부를 더 발전시켰고, 특히 그 책 1장의 핵심인 "바울에게 하나님은 십자가 형태(cruciform)였다"는 주장을 초점으로 삼았다.[3] 그 주장이 옳다면, '**십자가화**'(cruciformity)는 정말로 '**하나님화**'(theoformity)라고, 혹은 기독교 전통(특히 동방 전통)이 때때로 사용한 표현처럼 '**십자가화**'는 곧 신화(deification), 신성화(divinization), 테오시스(theosis)라고 할 수 있다.[4] 그것은 그리스도와의 동화 혹은 거룩함이며, 이는 다름 아닌 하나님 자신의 생명에 참여하는 것, 즉 십자가 형태 하나님 안에 거주하는 것(inhabiting the cruciform God)으로 이해할 수 있다. 이런 결론은 『삶으로 담아내는 십자가』에 함축되어 있었지만, 그 책에서는 충분히 개진하지 않았다.

이 새로운 책은 '십자가화'가 곧 '하나님화' 혹은 테오시스라는 주장을 풀어 설명할 것이며, 밀접하게 연결된 네 개의 장으로 나누어 전개할 것이다. 1장은 빌립보서 2:6-11을 조사할 것이다. 바울의 마스터 스토리(master story)라고 부를 수 있는 이 본문은 그리스도의 케노시스(kenosis, 자기 비움)가 하나님의 성품을 드러내며 테오시스로 이해되는 '십자가화'를 우리에게 요청한다는 사실을 보여 준다. 2장은 바울서신의 핵심 본문 몇 가지, 특히 갈라디아서 2:15-21과 로마서 6:1-7:6을 들여다보면서, 칭의가 '함께 십자가에 못 박힘'(co-crucifixion)을 통해 이루어짐을 보여 줄 것이다. 즉, 칭의는 언약적이며 십자가 형태인 그리스도의 내러티브 정체성에 참여하는 것으로, 결국 하나님의 성품에 참여하는 것이기도 하다. 따라서 칭의 자체

---

[3] *Cruciformity*, pp. 9-18.
[4] 그리스어 *theōsis*의 음역. 테오시스는 서구 기독교 전통에 알려지지 않은 것은 아니지만(예를 들면, 아우구스티누스), 두드러졌던 적은 결코 없다. 이를테면, J. A. McGuckin, "Deification", in *The Oxford Companion to Christian Thought*, ed. A. Hastings (Oxford: Oxford University Press, 2000)를 보라. 서구 그리스도인을 위해 집필된 유익한 테오시스 소개 글로는 James R. Payton, Jr., *Light from the Christian East: An Introduction to the Orthodox Tradition* (Downers Grove: InterVarsity, 2007), pp. 132-154를 보라.

가 곧 테오시스다. 이 장은 본서에서 가장 길고 각주도 많은 장이다. 그 이유는 칭의가 그 정도로 바울 신학과 영성에서 핵심 측면이기도 하고, 현재 진행 중인 중요한 주해 및 신학 관련 논의의 주제이기도 하며, 그 장에서 내가 제안할 내용이 논란이 많을 수밖에 없기 때문이기도 하다. 2장은 본서의 정수다.

3장의 주장은 바울이 거룩함을 삼위 하나님, 즉 아버지, 아들, 성령의 십자가 형태 성품에 참여하는 것으로, 그 성품을 본받는 것으로 재정의한다는 것이다. 거룩함은 칭의를 보충하는 요소가 아닌 칭의의 실현으로서, 이 거룩함을 가리키는 더 적절한 말은 테오시스일 것이다. 그리고 마지막으로 4장은 비폭력이야말로 십자가와 부활에서 계시되고 바울이 이야기하는바 케노시스적인 십자가 형태 하나님의 생명에 참여하는 삶의 본질적 증표 중 하나라고 주장할 것이다. 각 장에는 바울의 케노시스, 칭의, 테오시스 메시지가 현대에 갖는 신학적 함의를 성찰한 내용도 담았다. 이 성찰 속에 모든 내용을 망라할 생각은 없지만, 이 부분은 본서에도 그리고 바울 해석자로서 나의 목적에도 필수적이다.

이 논제의 여러 측면은 여기 서론이나 감사의 글 각주에 포함된 기출간 책과 논문에도 이미 담겨 있다. 또한 덜 전문적인 나의 책 『바울 읽기』(Reading Paul)에 아직 충분히 발전되지 않는 형태로 제시한 적이 있다.[5]

바울을 이해하기 위한 기본 범주로서 '참여'—그리스도 안에 참여함, 즉 그의 십자가 처형과 부활, 그의 이야기 그리고/혹은 그의 현재 생명 안에 참여함을 의미—는 이제 광범위하게 수용되고 있다.[6] 하지만 대담한 '그리

---

5   Michael J. Gorman, *Reading Paul* (Eugene: Cascade, 2008).
6   훌륭한 개관을 원한다면 James D. G. Dunn, *The Theology of Paul the Apostle* (Grand Rapids: Eerdmans, 1998), pp. 390-441. 『바울신학』(CH북스). 참여에 대한 관심을 새롭게 촉발한 것은 E. P. Sanders, *Paul and Palestinian Judaism* (Philadelphia: Fortress, 1977)이다. 『바울과 팔

스도 안에'(in Christ) 영성과 신학['그리스도 신비주의'(Christ-mysticism)로 부르고 는 했던 것]이 바울에게 있었다는 점에 동의하면서도 이것을 '하나님 안에 존재함'이나 '하나님과의 합일'과 혼동해서는 안 된다고 주장하는 사람이 있을 것이다. 참여를 강조하는 흐름에 가장 공감하는 독자 가운데도 본서 의 부제를 보고 '케노시스는 우리에게 친숙하고, 칭의도 알겠는데, 도대체

레스타인 유대교』(알맹e). 물론 Richard Hays도 나중에 "Sanders는 바울 구원론의 중심 주제로서 '그리스도 안에 참여'에 초점을 맞춤으로써, 그 주제의 핵심을 정확하게 짚었다"[Richard B. Hays, *The Faith of Jesus Christ: The Narrative Substructure of Gal 3:1-4:11*, 2nd ed. (Grand Rapids: Eerdmans, 2002), p. xxvi n. 12.『예수 그리스도의 믿음』(에클레시아북스).]라고 썼다. Hays는 바울 신학에서 참여의 중심성을 옹호하는 가장 중요하고 영향력 있는 학자다. 이를테면, *The Faith of Jesus Christ*의 개정판 서문에는 '바울 구원론의 열쇠로서 그리스도 안에 참여'라는 제목의 단락이 있다(pp. xxix-xxxiii). Daniel G. Powers는 *Salvation through Participation: An Examination of the Notion of the Believers' Corporate Unity with Christ in Early Christian Soteriology, Contributions to Biblical Exegesis and Theology* (Leuven: Peeters, 2001) 에서 참여의 공동체적 특징을 강조했다. 최근의 다른 참여 관련 논의로는 다른 문헌 중에서도 Jouette M. Bassler, *Navigating Paul: An Introduction to Key Theological Concepts* (Louisville: Westminster John Knox, 2007), pp. 35-48; S. A. Cummins, "Divine Life and Corporate Christology: God, Messiah Jesus, and the Covenant Community in Paul", in *The Messiah in the Old and New Testaments*, ed. Stanley E. Porter (Grand Rapids: Eerdmans, 2007), pp. 190-209; 그리고 Robert C. Tannehill, "Participation in Christ", in *The Shape of the Gospel: New Testament Essays* (Eugene: Cascade, 2007), pp. 223-237를 보라. 마찬가지로, 바울의 하나님 교리에 대한 Dunn의 이해를 비판하는 Francis Watson, "The Triune Divine Identity: Reflection on Pauline God Language, in Disagreement with J. D. G. Dunn", *JSNT* 80 (2000): pp. 99-124를 보라. Watson은 그리스도의 죽음과 부활 그리고 성령의 수여라는 '단일한 신적 행위'는 "그리스도가 죄에 대해 죽은 그 죽음과 그가 하나님에 대해 산 그 생명에 우리 자신이 참여함"(참조. 롬 6:10) 속에서 "그 텔로스(*telos*)에 도달하며"(p. 122), 바울에게 "성령의 역할은 **십자가에 못 박히고 부활한 예수가 자신이 '아바, 아버지'라고 불렀던 하나님과 공유하는 그 생명에 참여하는 것을 가능케 하는 것**"이라고 설득력 있게 주장했다(pp. 121-122). 바울의 구원론을 참여주의 관점에서 본격적으로 해석하려는 시도 혹은 적어도 그런 해석을 위한 기초를 보고 싶다면, Douglas A. Campbell, *The Quest for Paul's Gospel: A Suggested Strategy* (London/New York: Clark, 2005)를 보라. Campbell은 '성령론적인 참여적 순교적 종말론'(pneumatologically participatory martyrological eschatology, PPME)이라는 그의 논지를 pp. 38-42와 pp. 56-62에서 간결하게 요약한다. 한 신학자가 참여 개념을 바울의 일차적인 구원론 모델로 최초로 고려한 작업으로는 David L. Stubbs, "The Shape of Soteriology and the *Pistis Christou* [Faith of Christ] Debate", *SJT* 61 (2008): pp. 137-157를 보라.

테오시스는 뭐지?' 하고 반응하는 사람이 있을 것이다.

몇 년 전 리처드 헤이스는 바울 구원론 연구가 테오시스 쪽으로 움직일 필요가 있다고 이야기했다(그 단어를 사용하지는 않았지만 말이다). 그는 "교부들의 신학, 특히 동방 정교회 교부들의 신학에 나타나는 참여 모티프를 주의 깊게 연구하면 [E. P] 샌더스의 통찰이 뒷받침되고 명료해질 수 있으리라 생각한다"라고 썼다.[7] 헤이스는 자신의 바울 접근법이 내러티브를 강조하고 하나님의 신실하심과 그리스도의 신실하심의 합일을 강조하기에, 하나님과 그리스도의 관계에 관한 질문 그리고 자연스럽게 삼위일체에 관한 질문을 불러일으킨다고 보았다.[8] 그는 "궁극적으로 **그리스도와의 연합이 구원이 되는 이유는 그의 생명을 공유하는 것이 곧 하나님의 생명을 공유하는 것이기 때문**"이라고 주장했고, 이 주장은 옳다.[9]

본서에 지워진 과제는 바울의 그리스도 경험이 정확히 그 자체로 하나님 경험이었다는 사실과, 우리가 그 내용을 가능한 온전하고 적절하게 표현하기 위해서는 다른 신학 언어를 발명하거나 빌려 와야 한다는 사실을 분명히 하는 것이다. 바울에게는 그리스도와 하나되는 것이 곧 하나님과 하나되는 것이었고, 그리스도를 닮는 것이 곧 하나님을 닮는 것이었으며, 그리스도 안에 있는 것이 곧 하나님 안에 있는 것이었다. 최소한으로 말해 이 사실은 바울에게 '십자가화'(cruciformity), 즉 십자가에 못 박힌(crucified)

---

7 Hays, *The Faith of Jesus Christ*, 2nd ed., p. xxxii. 같은 문맥에서(p. xxix) Hays는 또한 대부분 서방 교회가 이야기하는 속죄 교리보다는 (이레나이우스와 더불어 시작된) '총괄갱신'(recapitulation)에 대한 동방 정교회의 신학적 관심에 자신의 마음이 더 끌린다고 표현한다.
8 Hays, *The Faith of Jesus Christ*, 2nd ed., p. xxxiii.
9 Hays, *The Faith of Jesus Christ*, 2nd ed., p. xxxiii; 강조 추가. 바울서신에 나타난 구원과 참여의 내러티브적 특징에 대해서는 Hays의 *The Faith of Jesus Christ* 전체뿐만 아니라, 그의 논문 "Christ Died for the Ungodly: Narrative Soteriology in Paul?" *HBT* 26 (2004): pp. 48-69를 보라.

그리스도와의 동화(同化, conformity)는 정말로 '하나님화'(theoformity), 혹은 테오시스였다는 것을 의미한다. 이러한 주장들에 관한 본서의 논의는 또한 바울의 유명한 표현인 '그리스도 안에'가 바울에게는 '하나님 안에/그리스도 안에/성령 안에'의 줄임말이었다고 제안할 것이다. 즉, 바울의 그리스도 중심성은 사실 암시적인 삼위일체론이었다.[10]

동방 교회 전통이 '하나님/신이 되는 것'을 말해 오기는 했지만, 또한 분명하게 이야기해 왔던 점은 테오시스의 의미가 사람들이 작은 신이 되는 것도 아니며, 아포테오시스(apotheosis), 즉 특정 인간(영웅, 황제 등)이 사후에 신으로 격상된다는 반기독교 개념도 아니라는 것이다. 오히려 테오시스의 의미는 인간이 하나님과 **같은 모습이** 되는 것이다. 신약 시대 이후 기독교 신학에서 테오시스 전통은 이레나이우스(Irenaeus)의 유명한 다음 격언으로 시작되었고, 후대에 아타나시우스가 이를 발전시켰다. "하나님이 우리를 당신의 모습으로 만들기 위해 우리의 모습이 되셨다."[11] 테오시스는 신적 의도와 행위, 인간의 탈바꿈 그리고 인간 실존의 텔로스(telos), 즉 하나님과의 연합에 관한 것이다.[12]

---

10 특히 살전 1:1에 있는 흥미로운 표현인 "하나님 아버지와 주 예수 그리스도 안에"(참조. 살후 1:1)와 롬 8:1-11에서 발견되는바 "그리스도 안에"와 "성령 안에"를 쉽게 바꾸어 쓸 수 있다는 사실에 주목하라. 바울의 삼위일체론은 본서 3장에서 충분하게 논의할 것이다. 또한 Watson, "The Triune Divine Identity", 그리고 내 책 *Cruciformity*의 4장, "The Triune God of Cruciform Love"(pp. 63-74)와 거기 언급된 참고 문헌을 보라.

11 Irenaeus, *Against Heresies* 5.preface.1은 "주 예수 그리스도가…우리를 무려 그 자신의 모습으로 만들려고, 그의 초월적 사랑을 통해 우리의 모습이 되셨다"라고 말한다; 참조. Athanasius, *Incarnation of the Word* 54. 이와 같은 기조는 이 두 저자의 책에 몇 가지 다른 방식으로 표현되어 있다. 이 문장은 신적 교환에 관한 전형적인 교부 시대의 격언으로, 그 뿌리는 고후 5:21과 8:9 같은 바울의 교환 정형구(interchange formulas)다.

12 성경적 뿌리에서 현대 표현에 이르기까지 테오시스에 관한 탁월한 입문서 두 권은 Michael J. Christensen and Jeffery A. Wittung, eds., *Partakers of the Divine Nature: The History and Development of Deification in the Christian Traditions* (Grand Rapids: Baker, 2007); 그리고 Stephen Finlan and Vladimir Kharlamov, eds., *Theōsis: Deification in Christian Theology*

테오시스 교리를 뒷받침하는 전형적인 성경 본문은 베드로후서 1:4이다.

> 이로써 그 보배롭고 지극히 큰 약속을 우리에게 주사, 이 약속으로 말미암아 너희가 정욕 때문에 세상에서 썩어질 것을 피하여, 신성한 성품에 참여하는 자[그리스어 '테이아스 코이노노이 퓌세오스'(*theias koinōnoi physeōs*)]가 되게 하려 하셨느니라.[13]

바울의 저작으로 공인된 편지들에는 정확히 이와 유사한 구절이 없지만,[14] 하나님의 형상으로 혹은 하나님을 닮은 모습(그리스도가 바로 그 형상 혹은 모습이다)으로 탈바꿈됨을 시사하는 본문들은 존재하며, 앞으로 그런 본문들을 살펴볼 것이다. 우리는 바울서신에 테오시스 개념이 존재하고, 따라서 바울 신학과 영성을 논의하는 데 테오시스 개념이 적절하다고 주장할 것이며, 이런 주장의 기반을 하나님, 그리스도, 칭의, 거룩함과 관련된 바울의 신학과 경험에 둘 것이다.

동방 교회의 참여 전통을 탐구해 보라는 리처드 헤이스의 초대가 아직 하나의 흐름으로 자리 잡지는 못했지만, 바울 학자들 사이에는 바울이 증언하는 구원론적 실재, 혹은 적어도 그 실재의 의미심장한 한 측면을 기술하기 위해 '테오시스' 용어를 사용하려는 관심이 점차 커지고 있다.[15] 이

(Eugene: Pickwick, 2006)를 보라.

13 혹은 "come to share in the divine nature"(NAB); "may participate in the divine nature"(NIV). 'Partakers'로 번역한 역본으로는 옛 KJV와 Douay-Rheims Bible(두에랭스 성경) 그리고 NASB, NETBible이 있다.
14 하지만 엡 3:18-19을 참조하라. "···지식에 넘치는 그리스도의 사랑을 알[아]···하나님의 모든 충만하신 것으로 너희에게 충만하게 하시기를 구하노라." 또한 골 1:15, 19; 2:9; 3:10을 보라. 이 책 전체에서 나는 내 주장의 근거로 바울 저작으로 공인된 일곱 편지만 사용할 것이며, 바울 저작으로 논란이 있는 편지들의 본문에는 이따금, 특히 각주로 관심을 줄 것이다.
15 Stephen Finlan, "Can We Speak of Theosis in Paul?" in Christensen and Wittung, eds., *Par-*

를테면, 스티븐 핀란(Stephen Finlan)은 바울서신 안에서 그리스도와의 동화의 총 세 단계 과정을 확인했는데, 이 과정은 '테오시스'라는 이름이 아주 잘 어울린다. 이 과정은 (1) 죄에 대해 죽음, (2) 윤리적 탈바꿈, (3) 종말론적 탈바꿈으로 구성된다.[16] 핀란 등은 다음과 같은 성경 본문이 테오시스라고 불려 온 내용을 특히 반영하고 있음을 알아냈다.

- 롬 8:29 – "하나님이 미리 아신 자들을 또한 그 아들의 형상에 동화되도록 미리 정하셨으니, 이는 그로 많은 형제 중에서 맏아들이 되게 하려 하심이니라."
- 고전 15:42-44, 49 – "[42]죽은 자의 부활도 그와 같으니, 썩을 것으로 심고 썩지 아니할 것으로 다시 살아나며, [43]욕된 것으로 심고 영광스러운 것으로 다시 살아나며, 약한 것으로 심고 강한 것으로 다시 살아나며, [44]육의 몸으로 심고 신령한 몸으로 다시 살아나나니, 육의 몸이 있은즉 또 영의 몸도 있느니라.…[49]우리가 흙에 속한 자의 형상을 입은

---

takers of the Divine Nature, pp. 68-80; 그리고 M. David Litwa, "2 Corinthians 3:18 and Its Implications for *Theosis*", *JTI* 2 (2008): pp. 117-134를 보라. 덧붙여, 내가 이 글을 쓰는 동안 적어도 한 사람은, 그러니까 잉글랜드 더럼 대학교의 박사 과정 학생인 Ben Blackwell은 동방 교회 교부에 비추어 바울의 테오시스 개념을 연구한 논문을 준비 중이다. 이 주제는 Hays가 제안했던 바로 그것이다. Litwa는 바울의 테오시스 개념이 헬레니즘 문화에서 더 광범위하게 발견되는 신성과의 융합 개념이 아니라는 점을 강조했다는 면에서 특히 유익하다(이를테면, p. 128).

16 Finlan, "Can We Speak of *Theosis* in Paul?", 특히 그 3단계에 관한 내용은 p. 73에 있다. Finlan은 1) 종말론적 단계와 2) 바울의 테오시스 개념이 지닌, 그가 '부활 형태'(anastiform, 단지 십자가 형태만이 아닌 부활을 닮은 모습)라고 부른 특징을 매우 강조한다(pp. 74-75, 78). Finlan은 이 지점에서 내가 십자가 형태 차원을 과도하게 강조한다는 면에서 그와 의견이 다르다고 믿는 듯하다. 하지만 사실 나는 이미 여러 번 반복해서 밝혀 왔고, 이 책에서도 다시 강조하겠지만, '십자가화'는 언제나 십자가에 못 박히고 **부활한** 그리스도의 삶에 참여함이며, 십자가에 못 박히고 부활한 그리스도에 참여함은 언제나 **십자가 형태의** 실존이라고 생각한다. 그리스도 안의 삶 혹은 테오시스는 언제나 역설적이게도 부활 형태이면서 동시에 십자가 형태이며, 그것은 Finlan이 말한 바와 같다(p. 78).

것같이 또한 하늘에 속한 이의 형상을 입으리라."
- 고후 3:18 – "우리가 다 수건을 벗은 얼굴로 거울을 보는 것같이 주의 영광을 보매 그와 같은 형상으로 변화하여 영광에서 영광에 이르니, 곧 주의 영으로 말미암음이니라."
- 고후 5:17, 21 – "[17]그런즉 누구든지 그리스도 안에 있으면 새로운 피조물이라. 이전 것은 지나갔으니, 보라, 새 것이 되었도다.…[21]하나님이 죄를 알지도 못하신 이를 우리를 대신하여 죄로 삼으신 것은 우리로 하여금 그 안에서 하나님의 의가 되게 하려 하심이라."
- 빌 3:10-11, 21 – "[10]내가 그리스도와 그 부활의 권능과 그 고난에 참여함을 알고자 하여 그의 죽으심을 본받아 [11]어떻게 해서든지 죽은 자 가운데서 부활에 이르려 하노니…[21]그는 만물을 자기에게 복종하게 하실 수 있는 자의 역사로 우리의 낮은 몸을 자기 영광의 몸의 형체와 같이 변하게 하시리라."

데이비드 리트와는 (편란이 "바울서신에서 가장 노골적인 테오시스 본문"[17]이라고 부른) 고린도후서 3:18에 관한 선구적 연구에서 바울의 테오시스 개념을 주장한다.[18] 더글러스 캠벨(Douglas Campbell)은 그리스도 안에 참여함이 지닌 변혁적 특성을 강조할 때 (실제 그 용어를 사용하지 않음에도) 테오시스 언어에 근접하는 모습을 보여 주는데, 그 부분에서 그는 바울의 '그리스도 안으로/그리스도 안에' 언어를 "존재 혹은 존재론 그리고 그것의 근원적 탈바꿈에 관한 은유"로서, 그리스도 안에 있는 사람을 "마땅히 해야 할 만큼 하나님과 관계를 맺고 서로 관계를 맺을 수" 있는 "온전히 관계적인 존재

---

17 Litwa, "2 Corinthians 3:18 and Its Implications for *Theosis*"를 보라.
18 Finlan, "Can We Speak of *Theosis* in Paul?", p. 75.

로…진정한, 온전한 사람"으로 만드는 것에 관한 내용이라고 이야기한다.[19] 실제로 이 마지막 구절에는 탈바꿈/테오시스에 관한 언약적 이해가 담겨 있으며, 이러한 이해는 본서의 주장에도 강력하게 울려 퍼질 것이다.

본서의 목적은 테오시스 개념을 본격적으로 설명하거나 변호하려는 것이 아니다. 그렇지만 앞으로의 글들에서 우리는 앞서 제시한 바울서신의 본문 중 몇 가지와 더불어 '테오시스적 특징'이 덜 분명한 것으로 보이는 다른 핵심 본문도 조사하면서, 바울의 테오시스 개념에 관한 다음과 같은 이해를 내세울 것이다.

테오시스는 성령에 힘입어, 성육신하고 십자가에 못 박히고 부활한/영화롭게 된 그리스도에 동화됨으로써, 하나님의 케노시스적이고 십자가 형태인 성품에 변혁적으로 참여하는 것이다.

앞서 언급했듯이 이러한 이해는 칭의와 거룩함에 대한 바울의 이해와 긴밀하게 연결될 것이다.[20]

'테오시스'가 바울이 말하는 구원론적 과정 전체를 기술하는 유일한

---

19 Campbell, *The Quest for Paul's Gospel*, p. 41. 또한 pp. 28와 60를 보라. 그의 "모델은 인간의 근원적 탈바꿈에 집중하는 것이 확실한데, 이것은 오로지 창조주만이 (창조 세계 전체에 이것이 일어나길 기대하며) 이루어 낼 수 있는 일이다"(p. 60).
20 나의 대화 상대 중 두 사람인 N. T. Wright와 Douglas Campbell은 본서가 인쇄에 들어갈 무렵, 이 책의 관심사와 직접 관련이 있는 주제들에 관한 원고를 마무리했다. 그래서 비록 각 출판사에서 친절하게도 가제본을 보내 주었음에도 본서를 집필할 동안에는 그 책들의 내용을 의미 있게 다룰 수 없었다. 그 두 책(의 가제)은 각각 N. T. Wright, *Justification in Pauline Perspective* (Downers Grove: InterVarsity)와 Douglas A. Campbell, *The Deliverance of God: An Apocalyptic Rereading of Justification in Paul* (Grand Rapids: Eerdmans)이다. 나에게는 바울 신학에 대한 Wright의 폭넓은 관점과 바울 구원론에서 참여와 탈바꿈의 중심성에 관한 Campbell의 주장이 특히 매력적이었다. 두 학자 모두 바울에 관한 옛 관점과 새 관점의 갈등을 넘어서려고 나름의 방식으로 분투하고 있다. 하지만 내가 보기에 Wright는 칭의를 너무 협소하게 해석하며, Campbell은 전통적 해석에 과도하게 비판적으로 접근해 그것을 완전히 무시한다.

단어는 아니겠지만, 본서는 그 용어가 특히 편란의 3단계 과정에서 첫 번째 단계와 두 번째 단계를 이해하는 데 적절하면서도 유용하다고 주장하려 한다.[21] 더 중요한 점은, 그 단어를 사용하지 **않는다면** 바울 신학의 핵심에 해당하는 다음 내용을 심각하게 와전시킬 것이라는 사실이다. 그 핵심은 바로 내러티브 구원론으로, 우리가 성령에 힘입어 십자가에 못 박힌 그리스도와 온전히 일치되고 그분 안에 온전히 참여하며, 그럼으로써 그리스도 안에서 세상과 화해하신 하나님의 복음이 또한 의롭게 되고 거룩하며 성령의 인도를 받는, 세상 속 하나님 백성의 이야기가 된다는 것이다.[22]

---

21 이것은 테오시스의 종말론적 차원이 바울에게 중요하지 않다는 말이 아니라, 본서의 초점은 아닐 것이라는 말이다. Litwa("2 Corinthians 3:18", 특히 pp. 128-133)는 바울의 테오시스를 윤리적 탈바꿈, 신적 의의 공유, 나아가 '즐거운 순종'으로 정의하면서, 바울서신에서 고후 3:18과 롬 12:2에 단 두 번 등장하는 동사인 '탈바꿈하다'(*metamorphoō*)의 사례를 연결한다.

22 앞으로 다른 학자들을 통해 바울의 테오시스 개념에 관한 추가 작업이 진행되면, 본서에서 기껏해야 제한된 관심을 받은 주제들에도 더 많은 관심이 주어질 것이 분명하며, 이 책은 특히 테오시스와 칭의의 관계에 초점을 두고 테오시스 연구를 향해 내디딘 첫 발걸음으로 기억될 것이다. 앞으로 관심을 받을 만한 주제로는 하나님의 자녀로 입양됨, 성령 안에서의 삶, 그리스도의 몸, 아담 모형론, 상호교환(interchange/exchange), 부활한 몸과 영생의 성격 등이 있다. 그러한 연구들이 진척되면, 바울에 관한 우리의 이해도 명쾌해질 뿐만 아니라 분열된 기독교회의 재연합에도 이바지할 것이다. 참여와 칭의의 만남 그리고 이 둘과 테오시스의 만남은 개신교와 가톨릭의 재결합 그리고 이들과 동방 정교회의 재결합을 위한 노력에 도움이 될 작업이다. 또한 Stubbs, "The Shape of Soteriology", pp. 155-157를 보라. 가톨릭과 개신교, 동방 정교회 그리스도인들에 둘러싸여 가톨릭 재단 신학교와 그 산하의 교회일치신학연구소에 재직 중인 감리교 신자인 나에게 이 사실은 희망을 준다.

1장

"그는 하나님의 형태이신데도/ 형태이시므로"

바울의 마스터 스토리가 지닌
신학적 중요성 (빌 2:6-11)

여러 해 동안 학자들은 초기 기독교의 예배와 찬송, (바울과 바울 이전의) 기독론, 윤리 혹은 윤리의 결여에 관한 증언을 찾기 위해 모든 바울서신에서도 가장 의미심장한 본문인 빌립보서 2:6-11을 조사해 왔고, 이는 올바른 시도였다. 이런 연구를 모아 놓은 어떤 책은 심지어 이 본문이 '기독론의 시원지'라고까지 제안한다.[1] 반면 어떤 해석자는 이 본문이 바울의 신론, 즉 하나님에 관한 교리와 관련된 매우 의미심장한 측면을 드러낸다고 결론짓기도 한다. 이를테면, N. T. 라이트는 "그 찬양시의 진정한 신학적 강조점은…단순히 예수에 관한 새로운 관점이 아니다. 오히려 하나님에 관한 새로운 이해"라고 결론 내린다.[2] 리처드 보컴(Richard Bauckham)은 이 본문이 과연 이스라엘의 높으신 하나님의 "정체성 안에 정말로 예수 그리스도의 십자가가 포함될 수 있는지"라는 질문을 던지고, 그리스도의 "겸손은 그의 승귀만큼이나 진실로 하나님의 정체성에 속한다"라고 대답한다고 주장한다.[3] 존 도미닉 크로산(John Dominic Crossan)과 조너선 리드(Jonathan Reed)는 빌립보서의 이 본문을 제국 이데올로기와 비교하면서 다음과 같은 수사적 표현으로 놀라움을 드러낸다.

---

[1] Ralph P. Martin and Brian J. Dodd, eds., *Where Christology Began: Essays on Philippians 2* (Louisville: Westminster John Knox, 1998).
[2] N. T. Wright, *The Climax of the Covenant* (Minneapolis: Fortress, 1993), p. 84.
[3] Richard Bauckham, *God Crucified: Monotheism and Christology in the New Testament* (Grand Rapids: Eerdmans, 1998), p. 61.

케노시스는 단지 그리스도만이 아닌 하나님에 관한 것인가,⋯단지 궁극적 순종으로 행해진 일시적 활동에 불과한가, 아니면 하나님의 성품에 관한 영속적 계시인가?⋯그렇다면 케노시스적 아들은 케노시스적 아버지를 계시한 것이며, 케노시스적 그리스도는 케노시스적 하나님을 형상화한 것이 아닌가?[4]

이런 신학적 해석의 타당성을 가늠하기 위해 빌립보서의 이 단락을 세심하게 분석하면, 다음과 같은 질문이 제기된다. 그 시의 처음 단어들을 '그는 하나님의 형태**이신데도**'보다는 '그는 하나님의 형태**이시므로**'로 번역하는 것이 맞지 않을까? 모울(C. F. D. Moule)에서 라이트, 제럴드 호손(Gerald Hawthorne), 마커스 보크뮤엘(Markus Bockmuehl), 스티븐 파울(Stephen Fowl)에 이르는 주해가들은 이 질문에 '맞다'라고 대답한다.[5] 본 장은 이 본문을 주해한 후에 신학적 성찰을 담을 것인데, 바울의 마스터 스토리로서 빌립보서 2:6-11이 (부분적으로는) 하나님의 어떤 특성, 즉 직관에 반하는, 본질상 케노시스적 특성―혹은 십자가 형태라는 특성―에 관한 것이라고 주장할 것이다.[6] 더 구체적으로 말하면, 우리는 빌립보서 2:6의 그리스어 구절 '엔

---

[4] John Dominic Crossan and Jonathan Reed, *In Search of Paul: How Jesus's Apostle Opposed Rome's Empire with God's Kingdom* (San Francisco:HarperSanFrancisco, 2004), p. 290.

[5] 아래 n. 74에 나오는 논의와 참고 문헌을 보라. 이 장의 목적은 단지 이 해석자들의 작업을 긍정하는 정도가 아니라, 새로운 언어학적 주장으로 그들의 해석을 강화하고, 나아가 이런 해석의 신학적 의의, 특히 바울 구원론의 새로운 해석을 위한 토대로서의 의의를 더 발전시키는 것이다.

[6] '케노시스적'(kenotic)과 '십자가 형태'(cruciform)라는 용어는 이 장 전체에서 (곧 분명해지겠지만) 완전히 동의어는 아니어도 의미상 불가분하고 중첩되는 용어로 이해될 것이다. '이야기' 및 '내러티브'라는 용어와 관련해서는 그 용어 자체에 대해서든, 바울서신에 이야기와 내러티브가 과연 존재하는지를 둘러싼 학자들의 논쟁에 대해서든, 여기에서 본격적인 논의를 하기는 어렵다. 나는 일반적으로 더 거대하고 지배적인 '이야기'가 구체적인 본문으로 표현된 것을 지시하기 위해 '내러티브'라는 단어를 사용하는 것을 선호한다. 바울과 관련된 논의로는 Bruce W. Longenecker, ed., *Narrative Dynamics in Paul: A Critical Assessment* (Louisville:Westmin-

모르페 테우 휘파르콘'(en morphē theou hyparchōn; 개역개정, "그는 근본 하나님의 본체시나")에 두 차원, 즉 (변형 문법의 용어를 빌리면) 표층 구조와 심층 구조의 의미가 존재하며, 하나는 양보의 의미('그는 하나님의 형태이신데도'), 다른 하나는 인과의 의미('그는 하나님의 형태이시므로')라는 주장을 펼 것이다. 앞으로 살펴보겠지만 정말로 동전의 양면이라 할 수 있는 이 두 번역은 이 본문 안에 표현된 참된 한 하나님의 정체성(혹은 '신적 정체성')에 대한 바울의 이해에 포함된 두 측면인 반직관적 특징('-인데도')과 십자가 형태라는 특징 ('-이므로')에 상응한다.[7]

덧붙여 이 주장들은 이 본문에 존재하는 기독론에 관한 우리의 이해에도 영향을 주는 것이 분명하다. 본 장은 이 기독론이 본질상 칼케돈 신조와 일치한다고 주장할 것인데, 그리스도가 진정한 신성과 아담의 대형 (antitype)으로서 진정한 인성 둘 다를 긍정한다는 면에서 그렇다. 그러한 면은 성육신과 십자가 이야기 안에 신성과 인성, 두 '본질'(natures) 모두가 드러난 데서 확인된다. 이 본문은 또한 비록 암시적이긴 하나, 그리스도 안에 있는 인류가 그의 형상과 이야기에 동화된다는 것이 어떤 의미인지도 분명하게 보여 준다.

---

ster John Knox, 2002)를 보라.

[7] '신적 정체성'(divine identity)이라는 용어를 사용할 때 나는 Bauckham, *God Crucified*, p. 7 n. 5를 따랐다. 그는 이 용어에 대해 "사람의 개인적 정체성과 비슷한 것으로 유추해 특징 없는 단순한 존재론적 대상이 아닌 특징과 개인사(관계들도 포함됨)를 모두 포함한 대상으로 이해된 것이다. 이런 것들은 우리가 통상 '누가 어떤 사람인지' 구체적으로 이야기하는 방식이다"라고 언급한다. 여기에 우리는 개인의 내러티브적 정체성에서 중요한 부분은 비슷한 행위/행동 패턴의 존재라는 점을 추가해야겠다.

본문

빌립보서 2:6에 초점을 두고 2:6-11을 자세하게 살피기 전에, 이 본문 및 이 본문을 도입하는 구절(2:5)의 번역과 도식 배열을 살펴보자.[8]

> [5] 너희 공동체 안에 이런 사고방식[2:1-4을 보라]을 함양하라. 너희는 사실 그리스도 예수 안에 있는 공동체이니,
>
> [6] [x] 그는 하나님의 형태이신데도
>
> [y] 그의 [혹은 이러한[9]] 하나님과의 동등함을 그 자신의 이익을 위해 이용할 것으로 여기지 않으시고
>
> [7] 오히려 [z¹] **자신을 비우셨고**,[10]
>
> > 종의 형태를 취하심으로,
> >
> > 즉, 사람의 모습으로 태어나심으로,
> >
> > 그리고 사람의 형태로 나타나셔서,
>
> [8] [z²] **자신을 낮추셨다**.
>
> > 복종하심으로
> >
> > > 죽기까지,
> > >
> > > > 그것도 십자가에 죽기까지

....

---

8   저자 사역. 여기서 제시한 2:5 번역에 관해서는 Michael J. Gorman, *Cruciformity: Paul's Narrative Spirituality of the Cross* (Grand Rapids: Eerdmans, 2001), pp. 40-43를 보라.

9   이 관사는 선행하는 내용을 가리키는 것으로, 즉 6절에 언급된바 그리스도가 하나님의 형태임을 가리키는 것으로 보았다. '그의 동등함' 혹은 '이 동등함'이 취하는 것은 그 의미다. 이어지는 논의를 보라.

10 나는 7절의 첫 두 분사와 8절의 분사를, 자기 비움과 자기 낮춤이라는 주동사로 기술된 행위가 겉으로 표현된 수단을 가리키는 것으로 보았다.

⁹ 그러므로 하나님께서 그를 **지극히 높이시고**

모든 이름[직함]보다 높은 이름[직함]을 예수의 이름[직함]¹¹에 **수여하셔서,**

¹⁰ [사 45:23을 성취하여]

    하늘과

    땅 위와

    땅 아래 있는

모든 무릎이 예수의 이름[직함] 앞에 **꿇고**

¹¹ 모든 혀가 예수 그리스도가 주님이라고 **환호하며**

하나님 아버지께 영광을 돌리게 하셨다.

N. T. 라이트는 빌립보서의 문맥 전체, 특히 3:2-21을 보면 "2:5-11의 내용과 언어가 [바울의] 혈관을 타고 온몸에 흐르고 있었다"는 사실을 알 수 있다고 주장했고, 이는 옳은 말이다.¹² 널리 인식되는 내용은 아니지만 이 본문의 내용은 바울의 모든 서신에 스며들어 있어서,¹³ 2:6-11을 단지 빌립보서의 중심 내용 정도가 아니라 바울의 마스터 스토리라고 불러야 할 정도다.¹⁴

빌립보서 2:6-11을 바울의 마스터 스토리라고 부를 만한 이유는 적어

---

11 이 구절("예수의 이름")의 속격은 동격 속격("그 이름 '예수'")이 아닌 소유격 속격으로 해석되어 예수가 가진 이름/직함("예수의 직함/이름"), 즉 '주님'으로 이해되어야 한다.

12 Wright, *Climax*, p. 59. 빌립보서 전체에서 2:6-11의 활용에 대해서는 Michael J. Gorman, *Apostle of the Crucified Lord: A Theological Introduction to Paul and His Letters* (Grand Rapids: Eerdmans, 2004), pp. 419-422, 그리고 L. Gregory Bloomquist, *The Function of Suffering in Philippians*, JSNTSup 78 (Sheffield: JSOT, 1993), p. 165를 보라.

13 Karl Barth[*The Epistle to the Philippians*, trans. James W. Leith (Richmond: John Knox, 1962), p. 49]는 2:1-11을 '바울 증언의 작은 개론'이라고 불렀다.

14 Gorman, *Cruciformity*, pp. 88-92, 164-172, 278-280, 316-319, 357-358 등 여러 곳을 보라.

도 다음 네 가지가 있다.

1. 시초론(protology)에서 종말론(eschatology)까지 아우르는 이스라엘 이야기와 관련된 그 포괄적인 범위[15]
2. "[카이사르가 아닌] 예수가 주님이시다"라는 고백에 근간을 둔 신조적이면서 동시에 반제국적인 특징[16]
3. 넓은 범위의 중요한 기독론적 내러티브 혹은 패턴들을 포함한다는 점[17]
4. 바울 신학을 생성하는 원동력이며, 바울서신 도처에 퍼져 있다는 점[18]

이 모든 이유로 나는 빌립보서 2:6-11이 진정으로 바울의 마스터 스토리라고 제안하고자 한다. 이 주장이 맞다면(혹은 적어도 이 주장의 근거들이 맞다면),

---

15 이 본문을 바울의 마스터 스토리로 묘사하기에는 그 초점이 너무 좁다며 반대하는 사람도 있을 것이다. 특히 이 본문이 그리스도 이야기를 이스라엘 이야기와 연결하지 않는다고 말할지도 모른다. 하지만 이 본문에서 아담 이야기의 반향이 감지되고, 이사야서 종의 노래를 재작업한 흔적도 보이며, 하나님이 이 세상의 정당한 주님으로서 공인될 영광스러운 미래를 내다보는 본문(사 45:23)이 직접 인용된다면, 이 그리스도 이야기는 시초론에서 종말론에 이르는 이스라엘 및 이스라엘의 하나님에 관한 더 큰 이야기 속에 곧장 놓인 것이다. 특히 이 본문을 이스라엘과의 연관성을 보여 주는 것으로 본 N. T. Wright의 해석을 보라(*Climax*, pp. 56-98).
16 예를 들면, Richard A. Horsley, ed., *Paul and Empire: Religion and Power in Roman Imperial Society* (Harrisburg: Trinity, 1997)를 보라. 『바울과 로마 제국』(CLC).
17 Gorman, *Cruciformity*, pp. 88-92를 보라. 2:6-11의 간략한 이야기에는 몇 가지 중요한 내러티브 패턴이 들어 있는데, 이를테면 바울서신의 다른 곳에서도 발견되는 (지위를 가졌지만 이기적 사용을 포기함, 자기를 비움, 낮아짐과 높아짐을 포함하는) 하부 플롯 같은 것이다. 이런 패턴의 사용이 가장 두드러진 곳은 2:6-8에서 발견되는 '[x]인데도 [y]가 아니라 오히려 [z]' 내러티브 패턴의 반향으로, 이제 곧 논의할 주제다.
18 하부 플롯을 포함해 이 이야기 전체는 바울서신 곳곳에서 울려 퍼진다. 빌립보서 2:6-11에는 구원론에 관한 내용도, 윤리에 관한 내용도 명시적으로 드러나지 않지만, 빌립보서와 다른 본문에서 울려 퍼지는 내용을 통해 보건대, 바울 자신이 그 본문을 캐내 구원론과 윤리 둘 다에 활용한 것이 확실하다. 그는 그의 (a) 기독론/구원론(그리고 앞으로 살펴보겠지만 그의 신론), 그뿐 아니라 (b) 사도로서의 자기 이해, 또한 다면적인 기독론적 내러티브에서 유도된바 그의 (c) 윤리 혹은 영성을 표명하기 위해 자주 그 본문의 내러티브 패턴을 가져다 수정해 활용한다. 앞에 n. 14에 표기한 대로, Gorman, *Cruciformity*에서 인용한 부분들을 보라.

이 본문과 우리의 주해가 지닌 의미는 굉장히 커진다.

이제 이 비옥한 내러티브를 자세히 들여다보자.

시적 내러티브와 상호텍스트적 중첩

빌립보서 2:6-11 연구에서 해소되지 않는 끈질긴 질문 중 하나는 이 본문의 배경(들)과 출처를 둘러싼 문제다. 그런데 우리가 빌립보서 2:6-11에 접근할 때 절대 잊으면 안 되는 사실이 있다. 그것은 바로 이 본문이 **시적 내러티브**라는 사실이다.[19] 대부분 시와 마찬가지로 이 본문도 풍부한 은유와 암시를 담고 있으며, 그렇기에 출처 혹은 심지어 '배경들'보다는 상호텍스트성을 이야기하는 것이 아마도 더 정확할 것이다. 물론 적절한 역사적·문헌학적 정밀성을 추구하긴 해야겠지만, 또한 상호텍스트적 씨줄과 날줄로 직조된 이 작품 속에 존재하는 의미론적 중첩과 모호함을 그대로 안고 가는 법도 배워야 한다. 이 시적 상호텍스트성 개념에는 이러한 본문 안에 서로 창조적 긴장 관계에 있는 단어, 암시, 반향이 존재할지도 모른다는 의미가 들어 있다.[20]

하지만 이렇게 말한다고 해서 혼란만 남는다는 의미도 아니고, 시적 내러티브에는 아무런 내적 구조와 일관성, 플롯, 혹은 논리가 없다는 의미도 아니다. 오히려 그 반대다. 자료의 출처나 사전학과 관련된 절대적 정확성

---

19 Stephen E. Fowl, *Philippians*, THNTC (Grand Rapids: Eerdmans, 2005), p. 89는 그 본문이 "그리스도의 신분과 행위를 시적 내러티브로 들려준다"고 말한다.
20 해석 방법에 관한 비슷한 주장이 James D. G. Dunn, "Christ, Adam, and Preexistence", in Martin and Dodd, *Where Christology Began*, pp. 74-83, 이 부분과 관련해서는 pp. 75-76(암시의 유동적 특징을 강조한다), 그리고 Moisés Silva, *Philippians*, 2nd ed., BECNT (Grand Rapids: Baker, 2005), p. 11(단어 사용에서 의미론적 모호성을 강조한다)에 나온다. 『BECNT 빌립보서』(부흥과개혁사).

을 추구하려는 노력을 내려놓으면, 우리는 시 자체를 설명하기 위해 시를 들여다볼 수 있다. 이 본문에서 논란이 되는 단어와 구절 중 다수는 시 내부에서 그 의미를 얻는다(이를테면, 많은 학자가 인정하듯이 주동사는 분사들로 그 의미가 분명해진다. 제시한 번역에서 분사는 고딕체를 사용했다). 더욱이 시의 전체 의미는 바울이 이 시를 근접 문맥과 빌립보서의 다른 곳에서, 그리고 우리가 가진 바울서신 전체에서 어떻게 활용하는지 그리고 그럼으로써 해석하는지 조사함으로써 파악될 수 있다.[21] 따라서 이 시적 본문을 체계적인 기독론에 관한 논문으로 취급해서는 안 되겠지만, 그 내러티브가 신학적 의미를 전달했고 또한 전달한다는 합리적인 가정을 할 수 있다.

이 본문에서 우리는 성경 이미지의 반향을 적어도 다섯 가지 그리고 문화적 실재에 관한 암시를 적어도 세 가지 확인할 수 있으며, 이 요소들은 이 본문의 의미를 특징짓고 이 본문에 대한 우리 해석도 특징지어야 한다. 성경적 반향으로는 다음이 있다.

1. 선재한(preexistent) 지혜[22]
2. 하나님의 형태 혹은 영광
3. 아담[23]

---

21 예를 들면, 이 용법은 핵심적인 언어학적 그리고 해석적 논란 중 하나인 6절의 *harpagmos*의 의미에 관한 점증하는 합의를 뒷받침한다.
22 Dunn의 망설임("Preexistence", p. 82 n. 41)에도 불구하고.
23 Dunn[*Christology in the Making*, 2nd ed. (Grand Rapids: Eerdmans, 1996), p. 120]은 "그 찬송은…**그리스도의 생애 전체의 특징**을 아담 언어로 기술한다"라고 말한다. L. D. Hurst는 그 찬송 안에 그리스도의 선재를 둘러싼 "논란의 양쪽에 속한" "사실상 모든" 해석자가 아담-그리스도 병행을 인정하지만("Christ, Adam, and Preexistence Revisited", in Martin and Dodd, *Where Christology Began*, pp. 84-95, 이 내용은 p. 84), "아담 병행을 일단 인정하면 모든 세부 사항이 아담의 경험과 병행되어야 할 정도로 그 병행이 완전히 그 시를 지배한다는 견해에는 의문의 여지가 있다"는 점을 강조했고, 이는 옳은 말이다(p. 88).

4. 이사야서의 고난받는 종[24]

5. 더 일반적으로는, 이사야 40-55장 틀 내부에 자리 잡은 이스라엘의 '종말론적 유일신론'[25]

이 본문에서 선재(그리고 따라서 성육신)와 아담 모두를 찾아낼 개연성에 반대하는 의견이 여전히 일부 존재하지만, 라이트 등의 작업은 여기서 두 개념 모두의 반향을 들을 수 있음을 보여 준다.[26] 심지어 이전에 아담은 긍정했지만 선재는 부정했던 제임스 던(James Dunn)도 이를 인정한다.[27] 문화적 반향의 경우는 다음 세 가지를 확인할 수 있다.

1. 노예 제도와 관련된 현실과 이데올로기[28]
2. 로마 이데올로기와 명예 추구[29]

---

[24] 사 40-55장, 특히 네 번째 종의 노래와 45:23. Bauckham, *God Crucified*, pp. 51-53, 56-61를 보라. Bloomquist는 그의 *The Function of Suffering*에서, 빌립보서는 장차 하나님께 신원받을 이사야의 고난받은 종의 관점에서 그리스도와 바울, 바울의 동역자들 그리고 빌립보 교인들을 묘사한다고 설득력 있게 주장한다.

[25] 이 용어의 출처는 Bauckham으로, 그의 "The Worship of Jesus in Philippians 2:9-11", in Martin and Dodd, *Where Christology Began*, pp. 128-139에 나온다. 또한 그의 *God Crucified*, pp. 47-51를 보라.

[26] N. T. Wright는 아담 기독론이 고난받는 종이나, 나아가 선재와 성육신에 관한 암시를 배제하는 것은 아니라고 옳게 주장한다(*Climax*, pp. 59-61, 90-92).

[27] 빌 2장에 관한 Dunn의 나중 연구는 그 찬송 안에 그리스도의 선재를 긍정하는 내용의 존재를 여전히 허용하는 철저한 아담-그리스도 병행의 가능성을 분명히 열어 둔다. Dunn은 선재에 관한 이런 해석의 특징을 아담의 '전-역사'(prehistory)에 기초한, 그리스도에 관한 '확장된 비유'라고 하는데, 이는 선재하는 지혜 언어에 빚진 초기 기독론적 진술과 유사하다("Preexistence", pp. 78-79).

[28] C. F. D. Moule, "Further Reflexions on Philippians 2:5-11", in *Apostolic History and the Gospel: Biblical and Historical Essays Presented to F. F. Bruce on His 60th Birthday*, ed. W. Ward Gasque and Ralph P. Martin (Grand Rapids: Eerdmans, 1970), pp. 264-276, 이 내용은 pp. 268-269.

[29] 특히 Joseph H. Hellerman, *Reconstructing Honor in Roman Philippi: Carmen Christi as*

3. 황제 숭배의 신학과 실천[30]

이 다양한 성경적·문화적 반향과 암시의 경중을 따지기는 어렵지만, 우리의 목적과 관련해 중요한 세 가지는 이사야 40-55장의 맥락 안에 있는 이사야서의 고난받는 종 그리고 아담 및 황제 숭배가 될 것이다.[31]

이 중첩되는 반향이 합쳐져 암시하는 바는 그 본문이 선재한 그리스도를—자기를 높이는 아담, 자기를 미화하는 로마 황제와 달리—자기를 비우는 '하나님의 형태'로 묘사한다는 것이다. 말하자면, 그는 자기를 낮추고 성육신해 종의 신분이 되었고, 결과적으로 십자가 처형으로 죽음에 이르렀으며, 그렇기 때문에 그가 이사야서에 나오는 하나님의 종의 성취이며, 따라서 우주적으로 주님으로 인정되고 경배받을 분이라는 것이다.

이 내러티브는 기본적인 두 부분, 즉 겸손(humiliation, 2:6-8)과 승귀(exaltation, 2:9-11)로 나뉘며, 이 구분을 알려 주는 표시가 9절을 시작하는 '그러므로'와 주어 혹은 행위자의 변화(즉, 6-8절의 그리스도에서 9-11절의 하나님으로, 이어서 모든 피조물로의 변화)다.

Cursus Pudorum, SNTSMS 132 (Cambridge: Cambridge University Press, 2005)를 보라.
30 다른 많은 작업 가운데서도 Crossan and Reed, *In Search of Paul*, pp. 235-242, 284-288를 보라. Peter Oakes, *Philippians: From People to Letter*, SNTSMS 110 (Cambridge: Cambridge University Press, 2001), pp. 129-174는 특히 2:9-11에 담긴 제국 이데올로기의 반향을 강조한다. Erik M. Heen["Phil 2:6-11 and Resistance to Local Timocratic Rule: *Isa theō* and the Cult of the Emperor in the East", in *Paul and the Roman Imperial Order*, ed. Richard A. Horsley (Harrisburg: Trinity, 2004), pp. 125-153]은 그 본문이 지방 엘리트 계층이 제국 이데올로기를 지지하는 것에 대한 저항의 표현이었다고 주장한다.
31 이 세 요소를 강조하는 Gorman, *Apostle*, pp. 434-435도 참조하라.

빌립보서 2:6-8

2:6-8의 내러티브 패턴: '[x]인데도 [y]가 아니라 오히려 [z]'

빌립보서 2:6-8은 그리스도의 자발적 자기 비하에 관한 내용이다. 이 본문은 그의 신분, 태도, 행위를 제시한다.[32] 말하자면, 6-8절은 그리스도와 하나님의 동등함을 강력히 주장하고, 그 동등함을 향한 그의 태도에 관해 긍정적인 면과 부정적인 면 모두를 이야기하며, 이어서 이와 관련해 그가 취한 행위를 말한다. 바울은 이런 이야기를 '[x]인데도 [y]가 아니라 오히려 [z]'로 기술할 수 있는 내러티브 패턴을 통해 구체화하는데, 이 패턴은 앞선 번역에서 표시한 대로 '[신분]인데도 [이기심]이 아니라 오히려 [이타심]'을 뜻한다. 그에 상응하는 의미론적·구문론적 패턴을 지니는 이 내러티브 패턴은 42페이지처럼 도표화할 수 있다. 그렇다면 이 본문의 기본 의미는 다음과 같다. 즉, 그리스도가 특정 신분을 가진 이로 존재했는데(2:6a), (2:6b의 생략된 주동사가 알려 주듯이) 그는 어떤 일을 하지 않고 도리어 다른 일을 행했으며, 그 다른 행위는 구체적으로 2:7-8의 두 주동사("자신을 비우셨다… 자신을 낮추셨다")가 표시한 바 자기 낮춤과 자기 비움의 행위였다는 것이다.

2:6-8의 내러티브는 그동안 '하강 이동'(downward mobility)으로 설명되어 왔는데, 이는 맞는 설명이다.[33] 조지프 헬러맨(Joseph Hellerman)은 이것을 '쿠르수스 푸도룸'(cursus pudorum) 혹은 불명예의 하강 연쇄라고 주장하면서, 이를 로마 지방과 식민지 곳곳에서 다양한 방식으로 모방되었던 '쿠르수스 호노룸'(cursus honorum), 즉 엘리트 계층이 추구하던 명예의 상승 경로와 대조되는 개념으로 구성된 것이라고 설명한다. 헬러맨에 따르면, 바울이 기술

---

32 '신분과 행위'라는 표현과 '태도'라는 용어는 Fowl, *Philippians*, pp. 89, 94에서 빌려 왔다.
33 이를테면, A. Katherine Grieb, "The One Who Called You: Vocation and Leadership in the Pauline Literature", *Int* 59 (2005): pp. 154-165, 이 내용은 p. 158를 보라.

하는바 분사로 수식된 세 개의 주동사 속 예수의 겸손은 "로마 세계의 사회적 신분에서 낮아지는 차례대로 세 신분인…하나님과의 동등함;…사람의 모양과 종의 신분을 입고;…[그리고] 십자가 위에서 죽는 공개적인 굴욕", 즉 '완전한 비하'에 상응한다.[34]

빌 2:6-8의 내러티브적·구문론적·의미론적 패턴

	2:6a	2:6b	2:7-8
본문	[하나님의 형태]인데도	[하나님과의 동등함을 이용하지] 않고	오히려 [자신을 비우셨고…자신을 낮추셨다]
내러티브적 패턴	[x]인데도	[y]가 아니라	오히려 [z]
구문론적 패턴	[신분]인데도	[이기적 행위/이기심]이 아니라	오히려 [이타적 행위/이타심]
의미론적 패턴	[양보적 분사]	부정하는 [동사]	'알라'(alla) + [긍정의 동사]

헬러맨의 분석은 우리가 '[z]'라고 표시한 부분에 사실은 연속된 두 개의 하부 내용([z¹]과 [z²]로 표시할 수 있다)이 있다는 점을 보여 준다. 두 분석은 상보적이다. 헬러맨의 분석이 연속적인 하강 이동 그 자체를 강조했다면, 우리의 분석은 그 하강 이동의 현실이 대안적인 이동, 즉 신분의 이기적 이용의 반대(즉, 그리스도가 하지 **않았던** 것과 비교되는 그가 **했던** 것)라는 점을 강조한다.[35] 헬러맨의 관찰은 신학적으로 대단히 중요하다. **선재한 그리스도의**

---

34 Hellerman, *Reconstructing Honor*, p. 130. 문학적 구조 그리고 세 수준의 사회적 신분이 지닌 중요성에 대해서는 p. 203 nn. 2, 5를 보라.
35 현재의 문학적 분석이 지닌 정확성과 유용성을 확실히 뒷받침하는 것은 바울이 그것을 다른 곳에서 활용하는 방식이다. Hellerman의 말처럼(Oakes, *Philippians*, p. 197를 인용하는 *Reconstructing Honor*, p. 204 n. 6) 우리가 '[z]'라고 부른 내용이 두 단계로 상세히 설명된 곳은 오직 빌립보서뿐이다.

자기를 낮춘, 자기를 비운 성육신/노예화가 **인간 예수의** 십자가 처형으로 죽기까지 자기를 낮춘, 자기를 비운 순종 안에서 그에 상응하는 행위를 찾았다는 것이다. '**하나님의 형태**'와 '**종의 형태**'가 취한 행위, 선재한 분과 성육신한 분이 취한 행위의 근본적인 특성은 같다. 바로 하강 이동이다. 이 주제는 나중에 다시 살펴보겠다.

빌립보서 2:6: 그리스도의 선재 그리고 하나님과의 동등함

바울서신을 연구하기 시작한 가장 이른 시기부터 이 시의 첫 구절에 관한 가장 흔한 이해는 그 구절이 그리스도의 선재 그리고 하나님과의 동등함을 증언하는 내용이라는 것이었다. 빌립보서 2:6에 관한 이 오래된 이해에 최근 가장 주목할 만한 이의를 제기한 학자가 제임스 던인데, 당연히 논란은 아직 진행 중이지만, 그런 던조차도 선재가 비유적으로 언급되었다는 점은 기꺼이 인정한다.[36] 이 난해한 본문의 다음 세 주요 측면이 이 본문이 그리스도의 선재, 하나님과의 동등함을 긍정한다는 사실을 보여 준다.

첫째, '하나님의 형태'라는 구절에 관한 두 가지 서로 다른 해석이 이 관점을 지지하는데, 이 개연성 있는 두 해석은 상보적이기도 하다. (1) 마커스 보크뮤엘은 "하나님의 형태'이다"가 유대교 신비주의 주제의 변형으로 "천상에서 그리스도의 존재가 지닌 시각적 특징"을 가리킨다고 주장하며, 스티븐 파울도 같은 주장을 펼친다.[37] 이와 비슷하게 그 언급은 하나님의 영광으로서 그리스도를 가리킨다는 제럴드 호손 등의 주장이 있다.[38] (2) 또

---

36 앞의 n. 27를 보라.
37 Markus Bockmuehl, *The Epistle to the Philippians*, BNTC (Peabody: Hendrickson, 1998), pp. 127-129 (이 내용은 p. 129). 참조. Fowl, *Philippians*, pp. 90-94.
38 예를 들면, Gerald F. Hawthorne, "In the Form of God", in Martin and Dodd, *Where Christology Began*, pp. 96-110, 이 내용은 p. 101.

다른 각도의 주장으로, 크로산과 리드는 다양한 고대 본문과 이미지를 동원해 '하나님의 형태'는 '통상적인' 로마 신학과 관련된 표현이며, "아우구스투스나 다른 신적인 황제 안에 존재하는 '하나님의 형태'는…예배, 전쟁, 승리, 평화라는 연속적인 사건을 통해 구현되었고, 그것은 완전히 통상적인 신성이었다"는 사실을 보여 준다.[39] 케노시스는 그런 신적 존재에 어울리는 특성이 아니다.[40]

그 정밀한 (혹은 다면적인) 의미가 무엇이든,[41] 다음 세 가지는 분명해 보인다.

1. 그리스도는 정말로 '하나님의 형태로' 존재하는 상태를 소유했다.
2. '하나님의 형태'는 '종의 형태'와 대립적 병렬 관계다.
3. '하나님의 형태'라는 표현은 즉각 뒤따르는 구절인 ['하나님과의 동등함']와 연관되며, 이 구절로 그 의미가 더 명확해진다.[42]

그다음으로 둘째, 호손, 모이세스 실바(Moisés Silva), 라이트 등은 '하나님

---

39 Crossan and Reed, *In Search of Paul*, p. 288.
40 Crossan and Reed, *In Search of Paul*, p. 284. 비슷하게 Wright도 2:6이 "동양의 절대 군주에 관한 표준적인 설명"의 반대 명제라고 말하는데, 그들은 "자신의 지위를 자기 이익을 위해 사용할 것으로 이해했다"(Wright, *Climax*, p. 83). 당연히 '동양의 절대 군주'는 종종 신으로 혹은 신을 닮은 존재로 이해되었다.
41 Silva, *Philippians*, 2nd ed., pp. 101-102에 있는 유익한 논의를 보라.
42 Hawthorne, "Form of God", p. 101. Silva(*Philippians*, 2nd ed., pp. 100-101)는 '하나님의 형태'와 '하나님과의 동등함'은 같은 실재를 가리킨다고 말한다; Fowl, *Philippians*, p. 94와 Bockmuehl, *Epistle*, p. 126도 그렇게 말한다. 이 둘을 구분해서, 하나님의 형태로서 그리스도는 세상에 대한 주권/지배권 면에서 하나님과의 동등함을 얻으려고 노력한 것이 아니라, 순종에 대한 보상으로 이 신분을 얻은 것이라고 말하는 학자도 일부 있다[예를 들어, Ralph P. Martin, *A Hymn of Christ: Philippians 2:5-11 in Recent Interpretation and in the Setting of Early Christian Worship* (Downers Grove: InterVarsity, 1997; orig. Carmen Christi, 1967), pp. 143-153].

과의 동등함'['토 에이나이 이사 테오'(to einai isa theō)]'을 '하나님의 형태'에 관한 설명으로 받아들여야 하며, 따라서 그 구절을 '하나님과 **이러한** 동등함'으로 혹은 나아가 '하나님과 **그의** 동등함'으로 번역해야 한다고 주장한다. 이 것이 그리스어 관사 '토'(to)의 진의로 보이며, 이 경우 이 관사적 부정사구에서 '토'는 앞서 언급된 내용을 가리키는 전방 조응의 역할을 한다.[43] 두 구절 사이의 이러한 연결을 에릭 힌(Erik Heen)의 작업이 확인해 주었는데, 그는 그 "용어['이사 테오'(isa theō, 하나님을 닮은/하나님과 동등한)]가…그리스의 통치자 숭배에서 오랜 역사를 지녔으며, 주후 1세기에는 로마 황제에게 적용되었다"는 사실을 보여 준다.[44] 힌은 아우구스투스 이후 그런 언어가 적어도 동양에서는 오직 황제에게만 적용되었으며,[45] 따라서 '하나님의 형태' 언어와 마찬가지로 '이사 테오' 언어는 "그리스도를 로마 황제와 대립 관계에 둔다"는 사실을 보여 준다.[46]

마지막으로 '하르파그모스'(harpagmos)라는 용어가 있다. 당연히 그리스도가 이미 하나님과의 동등함을 소유한 것인지 아니면 하나님과의 동등함을 쟁취하려고 하는 것인지를 둘러싼 상당한 논란이 있다. 로이 후버(Roy W. Hoover)와 (NRSV 번역자를 포함해) 그를 따르는 라이트 등 많은 학자는 이 질문을 서로 약간 다르지만 확실한 답변으로 정리한 듯하다. 후버는 관용

---

43 예를 들면, Wright(*Climax*, p. 83)는 '동등함' 구절을 '하나님의 형태'를 재차 언급하는 '부연 설명'으로 이해하며, 그래서 "더 강한 번역인 '이러한 신적 동등함'(this divine equality)이 최선의 번역일 것"이라고 주장한다. 또한 Bockmuehl[*Epistle*, p. 114; '이러한 동등함'(this equality)], 그리고 Silva[*Philippians*, 2nd ed., pp. 94, 103; '그의 동등함'(his equality)], 더불어 Hawthorne("Form of God", p. 104)을 보라. 그리스어 정관사에 관해서는 F. Blass and A. Debrunner, *A Greek Grammar of the New Testament and Other Early Christian Literature*, trans. and rev. R. W. Funk (Chicago: University of Chicago Press, 1961), p. 205, para. 399를 보라.
44 Heen, "Phil 2:6-11", p. 125.
45 Heen, "Phil 2:6-11", pp. 132-134.
46 Heen, "Phil 2:6-11", p. 137.

어인 '우크 하르파그몬 헤게사토 티'(ouch harpagmon hēgēsato ti)가 언제나 "이미 존재하며 그 사람이 처분할 수 있는 것을 가리키며, [따라서 관건은] 그가 그것을 소유했는지가 아니라 그것을 사용하기로 마음먹었는지"라고 결론지었다.⁴⁷ 이 말은 분명히 그리스도가 사실상 이미 하나님과 동등했다는 의미다.⁴⁸

따라서 언어, 구문 그리고 2:6에서 감지되는 가장 개연성 있는 문화적·상호텍스트적 반향이 가리키는 것은 그리스도가 소유했지만 자신을 위해 이용하지는 않았던 신분인 하나님과의 동등함이다. 이 본문은 이 동등함의 정확한 성질이나 그가 이기적으로 그것을 이용할 수 있었던 방식이 무엇인지를 구체적으로 보여 주지 않는다. 이 본문의 가장 큰 관심사는 하나님과의 이 동등함을 향한 그리스도의 태도—'[x]인데도 [y]가 아닌'—이며, 이 본문의 문화적 맥락과 반향은 그가 '통상적인' 방식으로 명예나 신성을 추구하지 않았음을 보여 준다. 본문의 이야기가 7-8절에서 이어질 때 전제된 것이 이 하나님과의 동등함이며,⁴⁹ 유사한 기독론적·사도적·목회적(윤리적) 본문을 조사해 보면 이 이야기에 관한 이런 해석이 뒷받침된다.⁵⁰

빌립보서 2:6: "그는 하나님의 형태이신데도"

바울의 마스터 스토리에 등장하는 첫 동사의 형태는 주동사가 아닌 분사 '휘파르콘'(hyparchōn, 'being')으로 빌립보서 2:6의 네 번째 단어다. 이 분사는

---

47 Roy W. Hoover, "The Harpagmos Enigma: A Philological Solution", *HTR* 64 (1971): pp. 95-119, 이 내용은 p. 118.
48 Hoover의 번역을 "대다수의 최근 해석자가…정확한 이해라며 수용한다"(Hawthorne, "Form of God", p. 102).
49 Barth, *Philippians*, p. 62를 보라.
50 Hurst, "Preexistence", p. 90와 아래에 이어지는 추가 논의를 보라.

문장의 주동사, 즉 동사 '여기다'의 한 형태인 '헤게사토'(hēgēsato)에 종속된다. 이 분사의 번역은 이 시의 주해에 매우 중요하다.

'휘파르콘'의 주요 번역은 다음 세 가지다.

- 양보의 의미: 그는 하나님의 형태'이신데도' 혹은 '이심에도'
- 원인의 의미: 그는 하나님의 형태'이시므로' 혹은 '이시기 때문에'
- 시간의 의미 그리고 더 중립적인 의미: 그는 하나님의 형태이신 '동안에'[51]

대다수 번역자는 '-이신데도'를 선택하는데, 이 번역은 기존의 현실로서 (1) 하나님의 형태라는 신분 그리고 (2) 그리스도가 종의 형태를 입는 지점까지 이어지는 극적인 하향 이동과 신분 역전, 이 둘 다를 적절히 강조한다. 논의의 이 시점에서는 앞서 언급한 내러티브 패턴과 더불어 바울이 이곳과 그의 편지들 곳곳에서 내세우는 서로 연결된 요소인 [x], [y], [z]를 이해함에 있어 이 다수 번역의 절대적 중요성만 일단 강조하겠다. 하지만 7-8절 본문과 바울서신에서 2:6-8과 유사한 다른 본문 일부를 살펴보고 나서, 이 분사의 해석에 대해 다시 이야기하도록 하자.

빌립보서 2:7-8: 선재하신 그리스도와 성육신하신 그리스도 내러티브 간의 유사성

빌립보서 2:7-8은 그리스도가 하나님과 그의 동등함을 이기적으로 활용하지 않고 반대로 사용한 방식을 두 단계로 제시한다. 그것은 그 '내러티브 패턴'의 [z¹]과 [z²]로서, '하강'의 첫 번째 단계는 그의 자발적인 성육신(자기 비움)이고, 두 번째 단계는 그의 자발적인 겸손(자기 낮춤)과 십자가에 죽기

---

51 Bockmuehl, *Epistle*, p. 114를 보라.

까지 순종함이다. 이 두 절에 대해 많은 이야기를 할 수 있다. 하지만 특히 주목해야 할 중요한 내용은 두 주동사인 "자신을 비우셨다"와 "자신을 낮추셨다"로 서술되고 표현된 두 행위 간의 유사성이다.

2:7의 "자신을 비우셨다"는 (신성 자체이든 어떤 신적 속성이든) 무언가를 처분했다는 의미 혹은 나아가 신적 속성의 이용과 관련된 자기 제한의 의미로 이해되어서는 안 되고,[52] 오히려 '상징적으로',[53] 즉 전적인 자기 포기와 자기 내줌의 강력한 은유로 이해되어야 한다.[54] 그 의미는 이를 수식하는 분사구인 '종의 형태를 취하심'과 '사람을 닮은 모습으로 태어나심[발견되심]'으로 더 자세하게 설명된다. 말하자면 그는 '자신을 쏟아부은 것'이며,[55] 이는 이사야서의 고난받는 종의 반향일 것이다.[56] '종의 형태'라는 언어는 2:6의 '하나님의 형태'와 분명하게 대조된다. 이 표현은 이사야서의 고난받는 종뿐만 아니라 '권리를 극도로 박탈당한 이들'로서 종으로 살던 사람들의 곤경을 생각나게 한다.[57] '하나님의 형태'와 '종의 형태'의 병렬이 의미하

---

52 Ben Witherington, *Friendship and Finances in Philippi: The Letter of Paul to the Philippians* (Valley Forge: Trinity, 1994), pp. 66-67도 그렇게 이야기한다.

53 예를 들면, Silva, *Philippians*, 2nd ed., p. 114와 Gerald F. Hawthorne, *Philippians*, WBC (Waco: Word, 1983), p. 86('시적인, 찬송시 같은' 표현)가 그렇게 이야기한다.

54 M. R. Vincent가 1896년에 이미 인식했던 바다. Vincent는 "자신을 비우셨다"는 표현이 "그의 자기-포기의 완전성을 보여 주는 생생한 표현이다. 거기에는 그에 뒤따르는, 그리고 그것으로 정의되는 모든 구체적인 겸손의 행위가 포함된다. 그 이상의 추가 정의는 신학적 성찰에 속할 뿐이다"라고 이야기한다[*A Critical and Exegetical Commentary on the Epistles to the Philippians and Philemon*, ICC (New York: Scribner, 1897), p. 59].

55 Hawthorne(*Philippians*, p. 86)과 최근 주석가 대부분이 이렇게 이야기한다. 말하자면, 그리스도가 자기 자신을 완전하게 내주었고, 그렇게 함으로써 모든 특권을 포기했다[Bonnie B. Thurston and Judith M. Ryan, *Philippians and Philemon*, Sacra Pagina (Collegeville: Liturgical, 2003), p. 82 (이후로는 Thurston, *Philippians*로 인용하겠다)].

56 Silva는 '자신을 비웠다'의 다양한 해석(Martin, *Hymn*, pp. 169-194를 보라)이 모두 개연성이 있는 것이, 그 표현이 "(사 53:12를 포함해) 거대한 연상의 그물망을 자극하며, 그러한 연상은 '총체적' 의미의 일부일 것이기 때문"이라고 말하는데(p. 114), 이는 맞는 말이다.

57 Moule, "Further Reflexions", p. 268. 그는 불필요하게도 고난받는 종에 관한 암시를 격하한다.

는 바는 이 분이 종의 형태를 취하는 상황에서도 진정 하나님의 형태였다는 것, 그리고 그 역도 진실이라는 것이다.[58]

신적인 분이 종이 됨으로, 인간이 됨으로 자신을 비웠다. 그리고 마찬가지로 다시 한번, 인간이 된 그분이 죽기까지 복종함으로 자신을 낮추었다. 이 부분에는 행위자와 그의 자세, 태도 면에서의 연속성이 존재한다. 이처럼 빌립보서 2:7-8은 선재한 그리스도와 성육신한 그리스도/인간 예수가 행한 이타적인 행위 안에 존재하는 유사성을 이야기한다.

더 넓은 문맥: '-인데도'는 '-이므로'도 뜻한다

'[신분]인데도 [이기심]이 아니라 오히려 [이타심]'의 이야기 구성에 해당하는 '[x]인데도 [y]가 아니라 오히려 [z]' 패턴은 때로는 완전한 형태로 명시적으로, 때로는 더 암시적으로 혹은 축약된 형태로 바울의 글 곳곳에 등장한다. 빌립보서와 다른 편지들에서 이 패턴은 '통상적 삶'과 대조되는 십자가 형태의 삶에 내러티브 구조를 제공한다.[59] 우리는 빌립보서 2장 주해에 핵심적인 이 패턴을 세 유형의 본문, 즉 기독론적 본문, 사도적인 자전적 본문, 권면하는 (윤리적) 본문에서 확인할 수 있다. 실제로는 관련 본문들이 군집되어 나타나는 한 단락 안에 두세 개 유형이 동시에 등장하기도 하는데, 그런 특징이 바울의 격언인 "내가 그리스도를 본받는 자가 된 것같이, 너희는 나를 본받는 자가 되라"(고전 11:1)에 잘 집약되어 있다. 지면 관계상 두 개의 사도적인 자전적 본문만 다루겠다.[60] 이 본문들은 자전

---

58 또한 예를 들어, Thurston, *Philippians*, p. 82를 보라.
59 예를 들어, 살전 2:7; 고전 9:12-23(특히 9:19); 고후 8:9; 그리고 나의 *Cruciformity*, pp. 88-91, 164-175, 181-199, 209-212, 230-261를 보라. '통상적 형태'(normalcy)란 표현은 Crossan and Reed, *In Search of Paul*, pp. 242, 284, 여러 곳에서 빌려 왔다.
60 형태, 구문, 어휘에서 빌 2:6-11을 반영한 두 개의 중요한 기독론 본문이 고후 8:9과 롬 15:1-3이다. 각각의 경우에서 그리스도와 신자는 모두 '[x]인데도 [y]가 아니라 오히려 [z]' 이야기의

적으로 사용되건 기독론적으로 사용되건 바울의 내러티브적 연결 표현인 '-인데도'가 '-이므로'를 뜻할 수도 있다는 사실을 보여 줄 것이다.

첫 번째 본문은 데살로니가전서 2:6-8이다. 여기서 바울이 "우리는 [x] 그리스도의 사도로서 마땅히 권위를 주장할 수 있는데도, [y] 사람에게서는 영광을 구하지 아니하였고, 오히려 [z] 너희 가운데서 유순한 자가 되어, 하나님의 복음뿐 아니라 우리의 목숨까지도 너희에게 주기를 기뻐하였다"라고 말할 때, 그는 자신의 행동을 '[x]인데도 [y]가 아니라 오히려 [z]' 패턴으로 묘사한다.[61] 유사하게 고린도전서 9장에서 바울은 사랑으로 표현되는 자유(예를 들면, 약한 신자들을 고려해 우상에게 바친 고기를 먹지 않는 것; 고전 8장)의 사례로서 자신을 제시할 때도, 고린도 교인들을 향해 "내가 [x] 사도로서 자유인이고, 아내를 데리고 다닐 권리와 내 사역에 대한 보수를 받을 권리가 있는데도, [y] 이 권리 중 아무것도 쓰지 않았고, 오히려 [z] 자비량하고 온갖 부류의 사람에게 맞추는 등 다양한 방식으로 모든 사람에게 스스로 종이 되었다"(고전 9:1-23, 의역해서 요약)라고 말한다. 바울은 고기를 먹는 고린도 교인들이 고기를 먹지 않는 이들에게 자신과 비슷하게 행동하기를 바란다.

이 두 본문에서 바울은 자신이 [x] **사도로서—실제 사도라는 이유로 그리고 오로지 이 '선재하는 조건'을 이유로**—일정한 권리가 있고 일정한 방식으로 권한을 행사할 수 있는데도 기꺼이 [y] 그러한 권리와 권한들을 행사하지 않기로 하고, 오히려 [z] 기꺼이 타인의 유익을 위해 자신을 내주고 희생했다고 주장한다(참조. 고후 12:15). 그럼으로써 그는 십자가에 못 박힌 그리스도를 "본받는 자"(고전 11:1), 그리스도를 닮은 종[참조. 고전 9:19의

한 형태를 시행한다.
61 저자 사역.

'에마우톤 에둘로사'(emauton edoulōsa), 문자 그대로 "내가 나 자신을 종 삼았다", 그리고 빌 2:7의 '헤아우톤 에케노센 모르펜 둘루 라본'(heauton ekenōsen morphēn doulou labōn), "자신을 비우셨고 종의 형태를 취하심으로"]이 되었다.

바울이 자신을 그리스도를 본받는 자로 묘사하고 다른 사람에게도 자신을 본받는 자가 되라고, 따라서 그리스도를 본받는 자가 되라고 요청할 때(고전 11:1), 그는 하나의 선택지를 제시하는 것이 아니라 타협 불가한 명령을 내리는 것이다. 그 명령을 들은 사람은 그 명령을 행함으로써 사도라면 사도로서 자신의 진정한 정체성을 (그리고 자신의 진정한 사도적 자유를), 혹은 더 일반적으로는 '그리스도인'으로서 자신의 진정한 정체성을 (그리고 진정한 자유를) **포기하는** 것이 아니라 오히려 **행사하는 것이다**. 이미타티오 크리스티(Imitatio Christi; 혹은 conformatio Christi, 후자가 더 나은 표현이다)가 타협 불가한 명령인 이유는 '그리스도 안에 존재함'으로 자신의 자유가 정의되는 사람들은 그리스도에 동화되어야 하기 때문이며, 이것은 빌립보서 2:5이 2:1-4을 2:6-11과 연결함으로써 시사하는 바다. 따라서 바울 혹은 고린도 공동체가 '[x]**인데도** [y]'가 아니라 오히려 [z]'의 내러티브를 구현할 때, 이 구현은 또한 '[x]**이므로** [y]'가 아니라 오히려 [z]'의 사안이기도 하다. 이를테면 바울이 자신의 사도적 권위(살전 2:7)나 권한(고전 9:12-18)을 쓰지 않겠다고 말할 때, 그가 이런 방식으로 행하는 것은 (1) '사도로서 그의 신분 덕분에 얼마간의 권리가 **있는데도**', 그리고 (2) '사도들에 대한 통상적인 기대에도 **불구하고**'뿐만 아니라 (3) '그 자신을 내준, 자애로운, 십자가에 못 박힌 주님의 사도**이므로**' 그렇게 행한다고 말하는 것이다. 따라서 바울은 자신의 권리는 포기하되 자신의 무게감은 내려놓지 않는 가운데 사도**답게** 행동하고 있는 것이지, 사도**답지 않게** 행동하고 있는 것이 아니다.

바울에게 특정 방식으로 행동할 권리를 소유한다는 사실에는 그 자체에 내재된 다음과 같은 명령이 뒤따른다. 즉, 타인을 사랑하는 마음에서 때때로 그 권리의 행사를 자제함으로써 그 권리가 제공하는 지위/신분을 진정으로 행사하라는 명령이다. 이것은 사도적 정체성 혹은 일반적인 그리스도인의 정체성(그리고 그것에 결부된 권리)을 **포기하거나**, 내놓거나, 제쳐두거나, 스스로 제거하라는 의미가 아니라, 그리스도를 닮은 사랑의 행위로 그것을 **행사하라**는 의미다. 바울에게 사랑은 그 자신의 유익이나 계발이 아니라, 타인의 유익이나 계발을 추구하는 것이며(고전 13:5; 고전 8:1b), 바로 그것이 그리스도와의 동화의 핵심 의미다. 사도적인 혹은 일반적인 그리스도인의 자유와 정체성은 '[y]가 아니라 오히려 [z]'의 구현에서 드러난다. 따라서 그 내러티브 패턴 '[x]' 앞에는 실질적인 의미에서 '-인데도'와 '-이므로'가 둘 다 동시에 붙는다.

그렇다면 바울이 자신의 사도적 권한과 권리를 이용하지 않기로 결정했을 때 그는 자신의 사도권을 **내려놓거나 처분한** 것이 아니라, 실은 진정한 사도권을 **행사한** 것이다. 왜냐하면 그럼으로써 그리스도에 동화되는 방식으로 행한 것이기 때문이다. 말하자면 사도로서, 즉 자신을 비우고 십자가에 못 박히신 주님의 대사(고후 5:20)로서 바울은 케노시스적으로, 십자가 형태로 행한 것이다. 따라서 바울이 사도로서 자신의 정체성을 전달하기 위해 내러티브 패턴 '[x]인데도 [y]가 아니라 오히려 [z]'를 활용했다는 사실은, 언어학과 문법에 기초해 앞서 제시한 빌립보서 2:6 해석을 뒷받침한다. 즉, 그 패턴의 '[x]'는 **이미 소유한** 신분 그리고 이기적인 이득을 위해 이용할 수도, 이용하지 않을 수도 있는 신분을 표시한다. 나아가, 그러한 신분을 진정으로 소유했다는 증거는 그 신분을 이기적으로 이용하기를 거부하는 것 그리고 앞서 말한 것처럼 그 신분을 이타적으로 사용하는 것이다. 그 신분의 활용이 마치 그 신분의 포기인 것처럼 보이지만, **사실은** 통상적인 모습과는 다른 방식으로 그 신분을 성육신시키는 방식으로 말이다.

바울이 '[x]인데도 [y]가 아니라 오히려 [z]' 패턴을 사용하는 방식은 또한 이 패턴의 '[y]가 아니라 오히려 [z]' 차원이 사실상 이 패턴의 '[x]' 차원을 구성하는 필수 요소라는 주장도 뒷받침한다. 말하자면, '[y]가 아니라 오히려 [z]'가 '[x]'의 해설 혹은 설명이라는 뜻이다. 바울의 사도 신분([x])이 가장 참되고 온전하게 행사되는 것은, 그의 권력을 휘두르는 것─다른 사람이 특정 방식으로 행동하도록 강요하거나 명령하기 위해 그의 힘을 강압적으로 사용하는 것─이나 재정을 지원받기 위해 그의 권리를 사용하는 것([y])에 있지 않고, 자신을 내주는, 그리스도를 닮은, 부모와 같은 사랑을 실천하거나(살전 2장), 다른 사람의 짐이 되지 않도록 자비량 사역을 함으로 스스로 종과 같은 모습이 되는 데(고전 9장) 있다([z]).

빌립보서로 돌아가도 역시 마찬가지다. 그리스도의 [x], 즉 '하나님의 형태'였다는 신분(그리고 따라서 '하나님과의 동등함'을 소유함)이 가장 참되고 온전하게 행사되는 것은, 그 신분을 이기적 유익을 위해 이용하는 것([y])에 있지 않고, 성육신과 십자가 처형에 드러난바 자기를 비우고 자기를 종 삼은 행동([z])에 있다. 나아가 이 패턴이 그리스도와 사도에게 유사하게 활용된다는 사실은 또한 일반적으로 그리스도인 가운데서 적절한 행동을 기술하는 데 사용된 비슷한 패턴(예를 들면, 빌 2:1-4)에 비추어 볼 때, (사도직에 반대되는) '순전한 기독교'의 참되고 온전한 실행 역시 '[y]가 아니라 오히려 [z]'의 실천과 관련된다고 결론 내리게 한다.

요약하면, 바울이 다른 본문에서 '[x]인데도 [y]가 아니라 오히려 [z]' 패턴을 활용한 방식을 보면, 그 패턴이 자신을 위해 활용하지 않은 기존 조건을 이야기한다는 관점을 뒷받침하며, '[y]가 아니라 오히려 [z]' 패턴의 행동을 한 사람은 그 특성상 [x]인 사람답게 행동한 것임을 암시한다. 말하자면, '[x]인데도 [y]가 아니라 오히려 [z]'는 또한 '[x]이므로 [y]가 아니라 오히려 [z]'의 의미기도 한 것이다. 그리스도와 바울 그리고 모든 신자의 이야기가 특정 형태([y]가 아니라 오히려 [z])를 띠는 것은 단지 그들이 특정 정체성([x])을 '소유**했는데도**'만이 아니라, 그들이 그 정체성을 '소유**했으므로**'이기도 하다.

빌립보서 2:6-8: 그리스도 및 하나님의 반직관적인 내러티브 정체성

이제 우리는 다음과 같이 결론 내릴 수 있다. 빌립보서 2:6-8 본문은 메시아 예수의 내러티브 정체성을 하나님과의 동등함을 소유했지만([x]) 그것을 이기적 이득을 위해 이용하지 않고([y]) 오히려 마치 종처럼 성육신함으로 자신을 비우고 순종하는 자세로 자신을 낮춘 결과([z]), 죽음을, 그것도 십자가 위의 죽음을 맞은 분으로 드러낸다. 우리는 이 내용과 바울이 자신의 사도권을 기술한 내용의 유사성을 조사했고, 그 조사를 통해 이 패턴의 '[y]가 아니라 오히려 [z]' 차원이 사실은 '[x]' 차원의 온전하고 진실된 실체를 드러낸다는 사실을 확인했다. 말하자면 그리스도의 신성은 그리고 따라서 신성 자체는 케노시스와 십자가 형태라는 특징을 가진 것으로 내러티브의 관점에서 정의되고 있다. 이 본문은 "'하나님의 형태'를 가진 사람이라면 마땅히 그런 식으로 행해야 한다고 로마 제국의 수백만 명이 당연하게 받아들였던 방식을 전복하고 나아가 풍자한다."[62] 빌립보서 2:6-8은 그리스도 안에 드러난 하나님의 반직관적인 케노시스적, 십자가 형태 정체성을 이야기한다. 말하자면, '그는 하나님의 형태이신데도'는 사실 '그는 하나님의 형태이시므로'라는 의미다.

당연히 이 말은 의심스러울 정도는 아니지만, 적어도 역설적인 이야기로 들린다. 그러니 이제 빌립보서 2:6의 분사 '휘파르콘'의 의미를 다시 따져봐야 할 시점이다. 앞서 2:6에 관한 첫 논의에서 언급했듯이, 빌립보서

---

62 Crossan and Reed, *In Search of Paul*, p. 289.

2:6-8에 이야기로 서술된바 신분상의 자발적이고 극적인 그리고 예상을 벗어난 하향 이동 때문에, 우리는 그 분사를 단지 시간적 의미('그가 –인 동안에')가 아닌 양보의 의미, 즉 '그가 –인데도'로 해석할 수밖에 없다. 그런데 그 분사구가 또한 '그가 –이시므로'로도 번역되어야 한다는 이전 단락의 주장을 확고히 하기에 앞서, 먼저 붙잡고 씨름해야 할 질문이 있다. 그 내러티브의 분명한 이 양보적 의미('[x]인데도')를 어떻게 설명해야 하는가? 말하자면, 그 내러티브의 '[y]가 아니라 오히려 [z]' 차원이 첫눈에는 그리스도의 신성을 가리키기보다는 그가 신성을 혹은 적어도 신적인 특권을 거부했다는 의미를 가리키는 것으로 보인다는 사실을 어떻게 설명해야 하는가? 당연히 이 의미는 이 본문의 통상적 해석 가운데 하나였다.

그리스도가 이미 하나님과의 동등함을 소유하고 있었다는 점, 그리고 분사 '휘파르콘'이 양보의 의미('-인데도')로 사용되었다는 점, 이 두 가지 모두를 인식하는 것의 중요성은 분명히 했으니, 이제 '[x]인데도 [y]가 아니라 오히려 [z]' 구성에서 그 분사의 양보적 용법의 의미론적 뜻을 면밀하게 들여다보자. 2:6에서 그 분사의 양보적 용법 배후에는 크로산과 리드가 '제국적 신성의 통상적인 상태'[63]라고 불렀던 내용이 기본 전제로 깔려 있다. 그렇지만 양보되고 있는 내용에 관해서는 근본적으로 서로 다른 두 가지 의미가 가능하다. 하나는 그리스도의 겸양은 그의 참된 정체성에 **위배된다**는 의미이고, 다른 하나는 반대로 그것이 그의 참된 정체성을 **구현한다**는 의미이다. 첫 번째 선택지는 다음과 같다.

메시아 예수는 하나님의 형태, 즉 권력의 행사를 의미하는 신분이었는데, 그 신분에 **어울리지 않게**, 즉 실제 참된 (제국적) 신성과 반대되는, 충격적일

---

63 Crossan and Reed, *In Search of Paul*, p. 284.

정도로 신답지 않은 방식으로 행동함으로 자신을 비우고 낮추었다.

이 독법에서 그리스도는 사실상 그의 신성을, 그게 아니라도 적어도 신성의 일부 측면을 버린 것이다. 그는 하나님과의 동등함을 소유한 존재로서는 이례적으로 행동했다. 말하자면, 그리스도가 소유했던 하나님의 형태는 (따라서 근본적인 신성 역시도) **사실상** 절대 성육신과 십자가 처형이라는 굴욕 상태로 양보되어서는 안 될 대상이었다. 그렇게 하는 것은 사실상 신답지 않은 모습일 것이다.

두 번째 선택지는 다음과 같다.

메시아 예수는 하나님의 형태, 즉 권력의 행사를 의미하는 신분이었는데도 그 신분에 **어울리게**, 즉 신성에 관한 통상적인 인식, 하지만 오도된 인간적인 인식에 따르면 충격적일 정도로 신답지 않은 방식으로, 우리가 기대하는 것과는 반대로, 하지만 사실은 참된 신성에 일치하는 방식으로 행동함으로 자신을 비우고 낮추었다.

이 독법에서 그리스도는 그의 신성을 **행사한** 것이다. 하나님의 형태의 실체에 관한 우리의 오도된 인식에서는 통상적인 신의 특징에 **어울리지 않는** 모습이, 사실 **이러한** 하나님의 형태에서는 신의 특징에 **어울리는** 모습이다. 말하자면, 그리스도가 하나님의 형태였고, 그 사실은 우리에게 특정한 기대를 품게 함에도, 그가 자신을 비우고 낮추었을 때 그는 그러한 기대를 전복하고 해체했으며, 그렇게 한 것은 그가 하나님의 **진정한** 형태였기 **때문이다**.

달리 말해, 그러한 하나님의 형태는 (그리고 따라서 근본적인 신성은) **통상적인 인간 인식에서는** 절대 성육신과 십자가 처형으로 양보되어서는 안 될 대상이다. 그렇게 신성에 관한 통상적인 인간 인식으로 보면, 그리스도 이야기는 신에 관한 이야기로는 반직관적이고, 이례적이고, 부조리하다.[64]

이것이 정확히 바울의 요점이라는 사실은 고린도전서 1:18-25로 뒷받침된다.[65] 거기에서 바울은 십자가에 못 박힌 그리스도가 신적 지혜와 능력을 보여 주는 반직관적 실체이며, 십자가가 사실은 **신현**(theophanic), 즉 하나님의 본질적 속성의 계시였고, 그 속성들이 십자가에 못 박힌 메시아라는 현실과 내러티브 안에서 알려졌다고 주장한다. 따라서 바울은 그가 고린도전서 1장에서 한 것과 매우 유사한 작업, 즉 하나님의 본질적 속성의 의미를 재구성하고, 따라서 신성 자체의 의미를 재구성하는 작업을 빌립보서 2장에서도 했다. 바울에게는 하나님의 지혜, 하나님의 능력과 마찬가지로 하나님의 형태까지도 하나님과 동등하셨고 동등하신 분을 통해 십자가에서 그 모습이 드러난 것이었다. 2:6-8의 그리스도 이야기는 케노시스, 더 구체적으로 말하면 십자가 형태의 케노시스 혹은 십자가화가 하나님의 본질적 속성이면서 동시에 역설적이게도 (살전 2장과 고전 9장에 따르면 바울과 그의 사도권/케노시스/자유와 유사한) 신적 자유의 표현이라는 점을 우리에게 보여 준다.[66]

---

64 C. F. D. Moule("Further Reflexions", p. 264)은 2:6b-8이 '신성의 본질'에 관한 이야기를 제시한다고 믿으며, 그래서 2:6a를 다음과 같이 번역한다. "하나님의 형태인 분인데도(그리고 따라서 세속적인 셈법으로는 자신이 원하는 것이면 무엇이든 마음대로 할 수 있다고 여겨지는 분인데도)…."

65 빌 2:6-11과 고전 1:18-25의 연관성은, 별개로 Fowl, *Philippians*, p. 96에서도 제기되었다. 본서 3장에 나오는 고전 1:18-25에 관한 추가 논의를 보라.

66 전체로서 2:6-8이 신현을 이야기한다는 우리의 이해가 맞다면, Fowl의 주장, 즉 그리스도의 자기 비움은 일차적으로 단회적인 결정에 관한 것이 아니라 신적인 '자기 비움의 태도'에 관한 것으로, 그 태도는 성육신에서 십자가, 승귀에 이르기까지 하나님의 형태와 영광이 무엇인지 사람에게 보여 준다는 주장은 옳다(Fowl, *Philippians*, p. 96, 각주로 Wright, *Climax*, p. 84를 언급한다). 따라서 William C. Placher[*Narratives of a Vulnerable God: Christ, Theology, and Scripture* (Louisville: Westminster John Knox, 1994), p. 64]가 2:6을 '삼위일체 하나님의 모든 위격의 특징'에 해당하는 '관대함'과 '상호 존중'의 내러티브라고 언급한 것 역시 정확한 지

그렇다면 이제 우리는 하나님은 본질상 케노시스적이라고, 그리고 정말로 본질상 십자가 형태라고 말해야 한다.[67] 그러므로 케노시스는 그리스도가 그의 신성(혹은 그밖에 어떤 것)을 자신에게서 비워 냈다는 의미가 아니라, 오히려 그리스도가 그의 신성을, 하나님과 그의 동등함을 **행사했다는** 의미다.

칼뱅 그리고 그를 따라 바르트(Barth)는 "'후밀리타스 카르니스'(*humilitas carnis*, 육체의 겸손)가 마치 커튼처럼 '디비나 마예스타스'(*divina majestas*, 신적 위엄)를 덮는다"라고 주장했다.[68] 비슷하게 엘비라의 그레고리우스(Gregory of Elvira)도 그리스도의 위엄과 신성이 (결코 상실된 것은 아니지만) 마치 태양이 구름에 잠시 가려지듯이 "일시적으로 숨겨졌다"라고 말한다.[69] 많은 교부들은 그리스도의 자기 비움이 그의 신성의 종결이 아니며, 그의 신성은 영원하다는 주장을 굉장히 강조했다. 우리는 (비유적인) 자기 비움이 그리스도의 신성의 끝이 아니라는 사실에 동의해야 한다. 하지만 그리스도의 자기 비움이나 겸손이 그의 신성을 **감춘다는** 것이 정말로 맞는 말인가? 도리어 성육신과 십자가의 겸손이 마치 **투명한** 커튼처럼 신적 위엄을 **드러낸다**는

적이다. 그리고 "그 고유한 신적 정체성에 예수가 포함되었다는 점은, 예수의 정체뿐만 아니라 하나님의 정체와도 관련된 함의가 있다.…선재하고 승귀된 예수만이 아니라 지상에서의 고난받은, 굴욕을 경험한, 그리고 십자가에 못 박힌 예수도 그 고유한 하나님의 정체성에 포함된다"는 Bauckham(*God Crucified*, p. viii)의 말은 옳다.

67 내가 '십자가 형태'(cruciform)라는 표현으로 의도한 것은, 특정한 죽음의 (로마식) 형태인 십자가 처형으로 하나님의 존재나 행위가 제한된다는 의미가 아니다. 내 의도는, 하나님의 케노시스적 특성에 대한 바울의 이해는 그 특성이 그리스도의 십자가에서 계시되었다는 사실과 불가분하기 때문에, 이 신적 케노시스를 정의할 때 십자가에 관한 바울의 내러티브에서 도출되는 내용, 특히 힘/특권을 자발적으로 거부하고 겸손하게 자기를 내주었다는 요소를 포함해야 한다는 것이다.

68 칼뱅과 뜻을 같이하는 Barth, *Philippians*, p. 63.

69 *On the Faith*, pp. 88-89. Mark J. Edwards, *Galatians, Ephesians, Philippians*, Ancient Christian Commentary on Scripture, New Testament VIII (Downers Grove: Inter-Varsity, 1999), p. 242에서 인용되었다.

것이 바울의 요점 아닐까? 바울은 "여기로 와서 참된 신성을 보라"고 요청하고 있다.[70]

이러한 추론의 흐름이 맞다면 우리는 2:6의 분사 '휘파르콘'을 '-인데도' 외에 추가로 '-이므로'도 번역해야 한다. '추가로'라는 표현을 쓴 것은, '-인데도' 번역이 의미론적으로 전달하는 내용의 중요성을 포기해서는 안 되지만 그러면서도 6절의 '-인데도'가 가장 깊은 차원에서는 사실상 '-이므로'라고 결론 내려야 하기 때문이다. 특정 언어 이론의 모든 원리를 굳이 수용하지 않더라도,[71] 나는 이 본문의 표층 구조('-인데도')와 심층 구조('-이므로')를 구분하는 것이 유익하다고 제안하고 싶다. 빌립보서 2:6의 분사 '휘파르콘'을 원인의 의미('-이므로')로 번역할 수도 있는 것은, '그가 하나님의 형태이므로'가 그 본문의 심층 구조를 표현하기 때문이다. 그리스도 예수가 행한 그 일을 행한 이유는 그 행위가 하나님의 형태로 존재한다는 것의 의미이기 때문이다. 십자가 형태의 케노시스가 곧 반직관적인 '하나님에 관한 진리'다.[72] 이 내러티브가 드러내는 것은 신적 정체성을 구성하는 필수 특징이다. 따라서 우리는 빌립보서 2:6-11을 [플래처(Placher)의 적절한 표현을 사용하자면] '취약한 하나님의 내러티브'라고 마땅히 부를 수 있고,[73] 그 본문은 십자가를 신현 사건으로 제시한다.

그러므로 우리는 모울에서 라이트, 호손, 보크뮤엘, 파울에 이르는 해

---

70 이것은 그저 그리스도의 겸손이 그의 신성을 감추기보다는 드러낸다는 말일 뿐이다. 여기에는 이러한 형태의 계시가 완전히 예상 밖이었기에 그만큼 수용하기 쉽다는 의미가 전혀 함축되어 있지 않다. 또한 그리스도 안에서 일어난 신적 침입과 파격으로서 하나님의 계시를 강조하는 J. Louis Martyn의 주장과 대립하지도 않는다. 예를 들면, 그의 *Galatians*, AB 33A (New York: Doubleday, 1997), Comment 3, pp. 97-104를 보라. 『앵커바이블 갈라디아서』(CLC).
71 변형 문법을 말하는 것인데, 내가 사용하는 관련 용어는 이 개념에서 빌려 온 것이다.
72 이 표현의 출처는 Stanley M. Hauerwas and William J. Willimon, *The Truth about God: The Ten Commandments in Christian Life* (Nashville: Abingdon, 1999)다. 『십계명』(복있는사람).
73 Placher, *Narratives of a Vulnerable God: Christ, Theology, and Scripture.*

석자들의 노선에 합류해 빌립보서 2:6을 그리스도 예수가 하나님의 형태이고 하나님과 동등했다는 '바로 그 이유 때문에' 자신을 비웠다고 번역해도 틀리지 않을 것이다.[74]

빌립보서 2:9-11

지금까지는 시의 전반부에 초점을 맞추었지만, 이제 간단하게나마 후반부를 살펴보자. 2:9-11에서 무시해서는 안 되는 요소가 이 부분에서 풍기는 제국적·우주적 분위기다.[75] 예수는 아버지 하나님과 더불어 신적 정체성의 핵심인 분으로 영광을 받으신다.[76] 예수는 창조 세계 전체를 다스리는 하나님의 통치에 참여한다. 이 주장은 하나님이 우주의 정당한 통치자라

---

74 Moule은 '원인의 의미: 정확히 —이므로'에 관한 글을 썼다["The Manhood of Jesus in the New Testament", in *Christ, Faith and History: Cambridge Studies in Christology*, ed. S.W. Sykes and J. P. Clayton (Cambridge: Cambridge University Press, 1972), pp. 95-110, 이 부분은 p. 97; 또한 그의 "Further Reflexions", pp. 264-265를 보라]. Wright는 Moule의 영향을 언급하고(*Climax*, p. 83 n. 110), "영원히 '하나님과 동등한' 분이 그 동등함을 바로 6-8절에 언급된 일련의 사건 안에서 표현했다"라고 결론 내린다(*Climax*, p. 90; 참조. pp. 83-84). Wright는 또한 "나의 전체적인 논의가 옳다면, **인과 관계의 의미는 명백한 필요조건이다**"라고 말한다(Wright, *Climax*, p. 83 n. 110, 강조 추가). Bockmuehl, *Epistle*, pp. 133-134를 참조하라. Fowl(*Philippians*, p. 94; 참조. pp. 94-97)은 2:6을 '정확히 —이므로'로 해석한다. Barth는 그 본문이 "하나님과 동등한 존재로서 행하는 그리스도가 어떤 존재이며, 무엇을 행하며, 어떤 의미인지에 관한 것"이라고 말한다(*Philippians*, p. 61). 또한 Hawthorne, *Philippians*, p. 104도 보라.
75 Oakes가 지적하듯이, 제국적 사건과 관련된 강력한 반향도 존재한다. "행위들로 인해 권력을 얻었고, 모든 사람이 복종하며, 모든 사람에게 주님으로 인정되었다"(*Philippians*, p. 174; 참조. pp. 129-174).
76 Richard Bauckham은 빌 2:9-11을 '제2이사야서의 종말론적 유일신론의 기독론 버전'("Worship of Jesus", p. 133)이라고 불렀는데, 이 표현은 사 45장 등에서 가져온 주제를 이 본문에 등장하는 예수에게 적용한 것에 대한 적절한 요약이다. 그리스도의 겸손과 승귀 속에서 하나님의 구원·주권·유일무이한 신성이 표출되고 인정된다. 예수를 예배하는 것이 적절한 이유는 "예수 자신이 독특한 신적 정체성에 속한 것으로 보이기" 때문이다(p. 136). "하나님의 유일무이한 신성이 보편적 경배를 받는 때는 **십자가에 못 박히고 높아진 예수가** 그 자신이 속한 **독특한 신적 정체성을 드러내는 때다**"(p. 136, 강조 추가).

는 성경의 주제를 이어 가며, 또한 스스로 보편적 지배권을 주장하거나 특정 인간(혹은 다른 모든 피조물)에게 복종을 강요하는 다른 모든 것에 도전을 던진다. 앞으로 살펴보겠지만, 예수의 주권이 가진 특징은 신성과 신적 권세의 의미에 관한 통상적 기대를 계속해서 전복한다.

2:9-11을 살필 때 우리가 특별히 피해야 할 결론이 하나 있다. 그것은 이 본문이 아버지 하나님을 예수의 자기 비움과 자기 낮춤 때문에 그를 '격상시킨' 분으로 묘사한다는 판단이다. 실제 이 단락의 흐름은 그와는 전혀 다르다. 9-11절이 제시하는 것은 인류가 예수에게 일종의 경의를 표현하게 될 것인데(그것은 적절한 현상이다), 이사야 45:23 인용이 분명히 하듯이 그 경의는 오직 하나님에게만 마땅하다는 점이다. 따라서 9절의 '그러므로'의 함의는 마치 (그것이 얼마나 고상하든) 어떤 행위를 통해 (한 유대인을 위한) 신성이 만들어지거나 획득될 수 있다는 듯 하나님이 예수를 새로운 신분으로 격상시켰다는 것이 아니다. 오히려 예수의 자기 비움과 자기 낮춤이 이미 그가 소유한 진정한 신성의 표현이었음을 하나님이 공적으로 인정한 것이며, 따라서 예수를 주님(즉, 야웨, 이스라엘의 하나님)으로 예배하는 것이 완벽하게 적절한 처사라는 것이다.[77]

예수의 높아짐은 하나님의 고난받는 종으로서 그의 성육신과 죽음에 주어진 신적 보상(이 본문은 보통 그렇게 해석된다)이 아니다. 오히려 고난받는 종으로서 그의 행위가 사실은 진정한 '주님다운', 나아가 하나님다운 행위

---

77 격상에 반대하는 의견으로 또한 Fowl, *Philippians*, p. 104를 보라. Larry J. Kreitzer는 그리스도의 새로운 지위가 그의 선재한 지위보다 더 높다는 결론을 내리기 위해 한 단어(*hyperypsōsen*)에 과중한 짐을 지워서는 안 된다고 말한다("'When He at Last Is First!': Philippians 2:9-11 and the Exaltation of the Lord", in Martin and Dodd, *Where Christology Began*, pp. 111-127, 이 내용은 p. 118). Thurston(*Philippians*, p. 84)은 '지극히 높여진'과 대조되는 대상은 원래 상태가 아니라 '철저한 하강'이라고 올바르게 주장한다. 예수를 예배함과 그와 관련된 '하나님에 관한 재고(再考)'에 대해서는 또한 N. T. Wright, *Paul: In Fresh Perspective* (Minneapolis: Fortress, 2005), pp. 83-107를 보라.

였다는 신적 인정이다. 모울은 2:9 시작 부분을 다음과 같이 번역한다. "그것이 (즉, 신성의 본질에 해당하는 자기희생적 겸손을 예수가 드러내 보였다는 사실이) 바로 하나님이 그를 지극히 높이신 이유다."[78]

이 부분에는 ('아들' 언어가 부재하지만, 8절의 순종, 11절의 아버지 언어를 보라) 초기 기독교의 일반 주제였던 '아버지에 대한 아들의 순종'의 단초도 존재한다. 신약의 다른 부분(예를 들면, 히브리서와 요한복음)에서 이 주제에는 그리스도의 신성과 그의 성육신한 인성 둘 다를 긍정하는 언어가 결합되어 있다. 히브리서의 신학(1:1-14; 5:1-10; 10:5-10)처럼 빌립보서 2장에서도 예수의 순종은 그가 실제로 하나님의 아들이고 하나님의 형상이자 반영이며 영광이라는 점을 증명한다. 배후의 논리는 '그 아버지에 그 아들' 원칙으로 보인다. 즉, 그리스도가 아버지의 뜻을 행하는 한, 그가 자유 의지로 아들이자 인간으로서 순종을 보이기로 선택하실 때도 그것은 아버지의 모습을 닮았기 때문에 그렇게 하신다는 의미다. 그런데 당연히 바울의 경우 이 배후의 논리에 전제된 내용은 2:6-7에서 그리스도의 것으로 여겨지는 종 같은 케노시스적 행위들이 사실은 그 특성상 신적이라는 것, 혹은 역으로 표현하면 신성은 그 본질적 속성으로 케노시스적 종됨을 포함한다는 것이다.

빌립보서 2장에 존재하는 다양한 이사야 40-55장의 반향에 비추어 볼 때, 우리는 빌립보서 저자가 이사야 40-55장을 다음과 같은 급진적 메시지를 지닌 신학적 핵심 자료로 (그리고 아마도 나아가 통합된 단위로) 이해했다고 결론 내릴 수밖에 없다. 즉, 고난받는 종은 우주적 주님과 하나이며, 우주적 주님은 고난받는 종과 하나라는 것이다. 주권자이지만 긍휼한 마음으로 자신을 낮추시는 하나님(사 57:14-21)이 종의 생애 안에 그 모습을 드러내신 것이다. 빌립보서 2:6-11은 이렇게 주장하면서도 그 종이 자신이

---

78 Moule, "Further Reflexions", pp. 264-265.

아닌 다른 분에 의해 일으켜지고 신원받았다는 점(이사야서의 네 번째 종의 노래는 이 점을 두 번에 걸쳐 분명하게 진술한다. 52:13; 53:12)을 인정하기에, 그 필연적인 결론으로 적어도 이위일체 신학 혹은 기독론적 유일신론을 상정할 수밖에 없다.[79] 이러한 이사야서의 영원한, 주권적 주님을 규정하는 고유 특징은 따라서 케노시스적 종됨이다.

케노시스적 종됨 개념은 빌립보서 2장에 아담의 반향이 존재한다는 주제도 다시 되돌아보게 한다. '[x]인데도 [y]가 아니라 오히려 [z]' 패턴의 행동 양식을 따르는 순종하는 고난받는 종으로서 그리스도는 참된 신성만이 아닌 참된 인성을 드러낸 것이기도 하다. 그는 아담과 달리 하나님의 형상 담지자라는 그의 신분을 이용하지도 않았고 아버지 하나님께 불순종하지도 않았다. 도리어 그는 자신이 아닌 타인을 섬기는 방식으로 아버지께 순종하는 행동을 함으로써 죄로부터 그들의 구원이 가능케 했다.[80]

마지막으로, 높아짐은 낮춤의 지속적인 의의에 관한 질문도 제기한다. "예수가 주님이시다"라는 고백에 함축된 의미는, 그 외의 다른 예수가 아닌 십자가에 못 박힌, 종 예수가 주님이시라는 것이다. 그의 낮아진 신분과 그의 높아진 신분 사이에도 연속성이 존재한다. 그것은 그의 선재한 신분과 ('자신을 비웠다'와 '자신을 낮추셨다'라는 병렬 구절에 드러나듯이) 그의 성육신한/낮아진 신분 사이에 연속성이 존재하는 것과 마찬가지다. 말하자면, 예수의 주되심은 역설적이게도 현재 상태에서도 종됨의 형태를 지닌다[바로 이런 이유로 바울은 로마의 그리스도인들에게 그리스도가 우리를 위해 기도하고 계신다고 말할 수 있었다(롬 8:34)]. 그것이 바로 '그리스도 안에서' 살아가는 공동체(빌

79　Bauckham, *God Crucified*, 특히 pp. 46-79를 보라.
80　빌 2장이 명시적으로 구원론적인 것은 아니지만, 종의 노래들을 재해석한 내용으로 보면 더 넓은 정경 문헌적 맥락에서는 분명히 함축적으로 구원론적이다. 그것은 이 본문이 빌립보서와 바울 전작의 문헌적 맥락에서 윤리적인 것과 마찬가지다.

2:1-5)가 2:6-8에 서술된 그리스도 이야기와 같은 모습으로 형성되어야 할 이유다. 그러한 공동체는 단지 어떤 이야기를 기억하고 모방하는 데 그치지 않고, 2:1-13에 언급된 아버지와 아들과 성령이 행하시는 현재 활동을 경험하는데, 곧 하나님의 영원한 아들의 영원한, 변치 않는 형상(빌 2:1-5)으로, 다시 말해 2:6-8의 이야기 속에 드러난 형상으로 만들어져 감이다.[81] 삼위일체 하나님의 이 변혁적 사역이 곧 기독교 전통, 특히 동방 전통이 테오시스라고 불렀던 것이며, 바로 본서 서론에서 언급했던 바다.

그렇다면 빌립보서 2:9-11은 하나님이 그리스도 이야기를 진정한 인성과 진정한 신성에 관한 이야기로 인정하셨음을 알려 준다. 바울의 마스터 스토리의 이 부분에서 우리는 하나님이 아들을 높이신 그 일이 어떻게 진정한 신성의 특징을 확정하는지, 그리고 어떻게 인류를 불러 그 신성을 공유함으로써 진정한 인간이 되라고 요구하는지 확인할 수 있다.

신학적 결론

어느 정도 깊이 있게 빌립보서 2:6-11을 조사했으니, 이제 몇 가지 신학적 결론을 내릴 수 있다.

십자가의 하나님이 지닌 반직관적인 케노시스적 특징

그리스도 안에서 계시된 반직관적인 하나님은 케노시스적이고 십자가 형태를 띠시며, 영원히 취약하며 자기희생적인 분이자 약함 속에 강한 하나님이다. 따라서 이제 우리는 십자가는 부활하신 분의 서명이었다는 에른스트 케제만(Ernst Käsemann)의 말을 의역해서, 십자가는 **영원하신** 분의 서

---

[81] 또한 Crossan and Reed, *In Search of Paul*, p. 290를 보라.

명이었다고 주장할 수 있다.[82] 이후로 하나님에 관한 이와는 다른 모든 이해는 불완전하거나 구식이거나 우상숭배적인 것이 된다.

십자가 형태 하나님 개념에 이의를 제기하면서 하나님의 거룩함에 관한 논의에서 하나님의 위엄과 능력을 배제해서는 안 된다고 주장하는 사람도 있을 것이다. 이 부분에서 존 웹스터가 도움이 되는데, 그가 하나님의 거룩함을 순수한 위엄이 아닌, '관계에서의 위엄'(majesty in relation)으로 올바르게 정의하기 때문이다.[83] 하나님의 위엄과 하나님의 관계성은 분리될 수 없기에, 우리는 하나님의 위엄을 하나님의 계시된 관계성에 비추어 이해해야 한다. 우리는 하나님의 위엄과 관계성을 단순히 **긴장** 관계에 두지 않고, 바울처럼 그 둘이 **조화**를 이룬 것으로, 십자가의 능력 안에서 계시된바 하나된 모습으로 보아야 한다. 하나님은 '능력**과** 약함'의 신이 아니라, '약함 **속에** 능력'의 하나님이다. 웹스터도 상기시키듯이, 우리는 신적 행위와 신적 속성을 늘 묶어서 생각해야 한다. 하나님의 행위는 자기 계시적으로, 이는 하나님의 본질 혹은 특성의 표현이다.[84] 따라서 십자가가 신현적이라면, 하나님은 본질상 십자가 형태인 것으로 이해되어야 한다.[85] 이것은 보

---

82 십자가는 '부활하신 분의 서명'이다. Ernst Käsemann, "The Saving Significance of the Death of Jesus in Paul", in *Perspectives on Paul*, trans. Margaret Kohl (Philadelphia: Fortress, 1971; repr. Mifflintown: Sigler, 1996), pp. 32-59, 이 내용은 p. 56.
83 John Webster, *Holiness* (Grand Rapids: Eerdmans, 2003), p. 41. 본서 3장에 나오는 더 구체적인 내용을 보라. 『거룩함』(터치북스).
84 참조. Webster, *Holiness*, pp. 39-40, 그리고 Colin Gunton, *Act and Being: Towards a Theology of the Divine Attributes* (Grand Rapids: Eerdmans, 2002). 또한 Francis Watson, "The Triune Divine Identity: Reflection on Pauline God Language, in Disagreement with J. D. G. Dunn", *JSNT* 80 (2000): pp. 99-124를 보라. Watson(pp. 105-111)은, 행위가 된 의도는 그 사람의 정체성을 드러내고 구성한다는 Hans Frei(p. 105 n. 11를 보라)의 작업에 의존하면서, "행위는 신적 존재의 양태다"라고 결론 내린다(p. 106).
85 또한 Gorman, *Cruciformity*, 특히 pp. 9-18, 그리고 Miroslav Volf, *Exclusion and Embrace: A Theological Exploration of Identity, Otherness, and Reconciliation* (Nashville: Abingdon, 1996), pp. 22-31, 여러 곳을 보라. 『배제와 포용』(IVP). (놀랍게도) Volf는 빌립보서를 논의하

컴이 『십자가에 못 박힌 하나님』(God Crucified)에서 바울을 논의할 때 그의 주장에서 도출한 필연적 결론이었다. 또한 존 하워드 요더(John Howard Yoder)도 성육신과 십자가의 특수성을 성찰하면서 이와 같은 내용을 명확하게 표명한다.

사도들의 기록은 잊히거나 논쟁거리가 될 수 있다. 공동체의 기억도 희미해지거나 재해석되거나 낯설어질 수 있다. 먼 옛날 그곳에서 일어난 그 한 사건은 너무 구체적이고 지역적이다. 그런데도 그 사건을 역사의 중심점으로 계속해서 기념할 수 있을까? 신약 증언의 핵심 내용 배후에 있는 저자 혹은 시인들이, 십자가에서 발생한 그 사건이 곧 하나님의 존재가 그리고 하나님의 행위가 어떤 모습인지를 전체적인 역사의 드라마 안에서 계시한 사건이었다고 주장할 때, 그들은 바로 이 질문에 대답하고 있었다. 그들은 예수 안에서 발생한 독특한 한 사건이었던 것을 영구적인 패턴이라고 확언했다. 우리를 긍휼히 여겨 자신을 낮추어 내주신 영원한 말씀이, 자신을 비워 인간의 연약한 거푸집에 집어넣으신 우주 배후의 창조의 힘이 예수와 동일한 형체를 가지셨다. 하나님은 예수와 동일한 형체를 가지셨고, 그분은 늘 그런 모습이셨다. 십자가는 창조 세계의 중요성에 관한 것이기도 하다. 예수의 행위가 지역적이었던 이유는, 당연히, 우리 역사가 그만큼 하나님에게 진지하고 실제적인 대상이기 때문이다. 하지만 십자가의 지역적인 의미는 보편적으로 그리고 영원히 하나님의 특성이었다.[86]

지 않는다. 몇 가지 이유로 나는 '십자가에 못 박힌 하나님'(crucified God)보다는 '십자가 형태 하나님'(cruciform God)이라는 호칭을 선호한다. 우선 한 가지 이유는 그 표현에는 하나님이 간헐적이거나 특수한 경우가 아닌 평소에도 그리고 본질적으로 십자가 형태라는 뜻이 담겨 있기 때문이다. (또한 Cruciformity, pp. 17-18 n. 26를 보라.)

[86] John Howard Yoder, *He Came Preaching Peace* (Eugene: Wipf and Stock, 1998), pp. 84-85. 『선포된 평화』(대장간). Yoder는 그리스도 안의 하나님은 자기 비움과 자기 내줌에서 신적 정

여기서 우리는 십자가가 여러 가지 신현 가운데 단지 한 사례에 불과한 것이 아니라는 점을 강조해야 한다. 즉, 십자가는 **결정적인** 신현이다. 우리는 다음 장에서 그 의미를 따져 볼 것이다. 하지만 불행하게도 대부분 그리스도인이 지닌 익숙한 신학은 여전히 하나님의 능력에 관한 비(非)십자가 형태 모델 주변을 맴돌고 있으며, 따라서 중대한 교정이 필요하다. 우리가 하나님을 십자가 안에서 안 것이라면, 하나님의 위엄이 '약함 속의 능력'의 위엄이라는 사실도 알아야 한다.[87]

'통상적인' 신성의 우상숭배적 특징

이 첫 번째 신학적 결론에 비추어 우리는 '통상적이고' '시민적인' 권력과 권세의 신은 우상이라고 확실하게 이야기해야 하며, 그렇게 이름 붙여야 한다. 이 신은 예수 그리스도 안에서 계시된, 그리고 빌립보서 2:6-11의 신정치학(theopolitics)에 서술된 주 하나님이 아니다. 시민 종교의 '통상적인' 신은 애국주의와 권력을 결합하는데, 일반적으로 많은 미국 지도자와 많은 미국인이 그 신을 섬기고 있다. (당연히 이 신은 인간의 역사 속에서 수없이 다른 모습으로 성육신했다.) 우리의 빌립보서 2장 해석에 비추어 볼 때, 이 신이

체성을 위배한 것이 아니라 오히려 그것을 표현한 것이라는 우리의 주장을 강화한다. 십자가 형태의 하나님이 변한 하나님이 아닌 것이 바로 그 이유 때문이다. 나는 그리스도 안의 하나님이 단순히 '고난받는 하나님'이라는 그분의 특성을 드러내기 위해서, 그리고 따라서 단순히 고난받는 이들과 자신을 동일시하기 위해서 고난받았다고 주장하는 것이 아니다. 이것도 분명히 진리이지만('단순히'라는 단어는 빼고), 그리스도 안에서 하나님이 실제로 고난과 죽음을 겪으신 것은 십자가에 못 박힌 그리스도의 부활을 인정함으로 **고난과 죽음 둘 다를 최종적으로 취소하기 위함**이었으니, 그리스도의 부활은 인류 부활의 첫 열매이자 전 세상이 고난과 죽음으로부터 구속됨의 축소판이다. (2008년 5월 사적 편지 교환에서 이런 생각을 알려 준 Andy Johnson에게 감사한다.)

[87] 인식론적 기준으로서 십자가에 대해서는, 또한 J. Louis Martyn, "Epistemology at the Turn of the Ages" (originally published in 1967), in *Theological Issues in the Letters of Paul* (Nashville: Abingdon, 1997), pp. 89-110를 보라.

지닌 가장 특별히 우상숭배적인 부분은 십자군이나 이라크, 아마겟돈 등에서 보여지는바 군사 권력의 성육신으로서 하나님 (혹은 그리스도) 이미지다. 스페인의 역사신학자인 자우메 보테이 발레스(Jaume Botey Vallès)가 이라크 공습과 점령을 포함해 9·11 사태에 대한 미국의 반응을 승인한 정치신학에 관해 말했듯이, 조지 부시(George W. Bush)의 신은 (그리고 다른 많은 대통령과 수상과 국왕의 신은) 군사적 권세의 신이다.[88] 그런 신은 예수를 통해 계시된 하나님이 전혀 아니라고 발레스는 올바르게 이야기한다. 그런 신은 또한 바울이 말하는 십자가 형태 하나님도 아니다. 달리 말해, 군사적 권세는 십자가의 권세가 아니며, 그렇게 오해석된 신적 권세 개념은 십자가의 연약함으로 알려진 삼위일체 하나님의 위엄이나 거룩함과는 전혀 무관하다. 그 '시민적' 신은 완벽하게 '통상적'이지만, 거룩하지 않을 뿐만 아니라 우상이다.

십자가 형태이며 케노시스적인 칼케돈 신조

전통적으로 빌립보서 2:6-11은 그리스도에 관한 본문으로 읽혀 왔지만, 우리는 이 구절을 또한 하나님에 관한 본문으로 읽었다. 당연히 이 본문은 두 가지 모두에 관한, 즉 성육신한 하나님으로서 그리스도에 관한 내용이다. 온전히 신적이며 온전히 인간적인 케노시스와 십자가의 그리스도는 결정적인 신현이다. 특별히 우리는 성육신과 십자가 둘 다의 **작동 방식**을 신현적인 것으로 이해해야 한다. 그리스도의 내러티브 정체성은 그의 선재한 삶과 성육신한 삶에 유사한 성향이 있음을 드러내는데, 바로 자기 비움과 자기 낮춤이다.[89] 이 사실이 신학적으로 중요한 이유는, 바울에게는 진정한

---

88 Jaume Botey Vallès, *El Dios de Bush* [*Bush's God*], Cuadernos Cristianisme i Justícia 126 (Barcelona: Centre d'Estudia Cristianisme i Justícia, 2004), 특히 pp. 19-25.
89 또한 예를 들면, Witherington, *Friendship and Finances*, p. 66를 보라.

인성과 진정한 신성이 가장 근본적인 차원에서는 서로 유사하다는 사실을 보여 주기 때문이다.

따라서 우리는 리처드 보컴이 (이 점을 제외하면 최고의 책에서) 내세운 주장, 즉 빌립보서 2:6-11에서 "신적 성육신 관점의 접근과 아담 기독론적 관점의 접근"을 둘 다 취하려는 라이트의 작업은 불가능한 시도라는 주장에 동의할 필요가 없다.[90] 이번에도 선재한 하나님의 아들과 성육신한 하나님의 아들의 연속성에 비추어 보면, 라이트의 작업이 맞다. 그리스도는 아담과 대조된다. 왜냐하면 아담이 그의 불순종으로 인해 불신실하고 그릇되게 구현한 하나님의 형상을 그리스도가 제대로 신실하게 육화했기 때문이다. 그리스도는 아담과는 다른 존재가 됨으로써 자신의 참된 인성뿐만 아니라 참된 신성도 드러냈다. 제임스 던은 더 나아가 "빌립보서 2:6-11이 아담 기독론의 표현이 아닌 것으로 판단된다 해도, 여전히 그 본문은 인류를 향한 하나님의 원래 기획이 그리스도와 그의 죽음, 부활 속에서 마침내 구체적인 형태와 성취에 도달했다고 이야기하는 강력한 방식이다"라고까지 말한다. 던은 이것이 "섬기는 그리고 움켜쥐지 않는" 삶이며, 그것이 바로 2:1-4에 있는 권면의 기초라고 말한다.[91]

따라서 케노시스는 신성과 인성 모두의 필수 요소이며, 그것은 참된 하나님이면서 참된 인간이 되신 분이신 그리스도의 성육신과 십자가 안에서 계시된 바다.[92] 선재한 분으로서 그의 행위와 성육신한 분으로서 그의 행

---

90 Bauckham, *God Crucified*, p. 57 n. 7. 이스라엘/인류의 대표 개념과 성육신한 신성 개념을 결합한 Wright의 주장은 그의 *Climax*, pp. 56-98를 보라.
91 Dunn, "Preexistence", p. 79.
92 본 장의 이전 형태를 검토해 준 어떤 분처럼, 케노시스가 하나님의 본질적인 특성이라고 주장하면 그것은 케노시스를 자유로운 사랑과 은혜의 행위가 아닌 신적인 필수 요소로 만드는 것이니 하나님의 자유를 제한하는 것이라며 반대하는 분도 있겠다. 나는 기독교 (그리고 바울) 전통과 뜻을 같이해 그리스도 안의 하나님은 자유와 은혜로 행동하셨다고 주장하길 원하면서도, (내 생각으로는 바울과 뜻을 같이해) 만약 그리스도가 신현적이라면, 케노시스는 하나님의

위(우리의 내러티브 분석에서 [z¹]과 [z²])는 본질상 같은 특징을 지닌다. 이 주장이 어떤 사람에게는 칼케돈 신조를 따르는 것으로, 따라서 시대착오적으로 들리겠지만, 그동안 우리가 추적한 사고 노선을 따르면 불가피한 결론으로 보인다. 이 결론은 말하자면, 바울 특유의 십자가 형태 비틀림을 지닌 칼케돈 신조다.

반제국적 하나님화로서 참 인간성

이 케노시스적인 십자가 형태의 의미에서 온전한 인간이 되는 것은 곧 그리스도를 닮는 것, 따라서 하나님을 닮는 것이다. 알고 보니 십자가화가 사실 **하나님화**(theoformity)인 것이다. 좀 더 전통적인 서방 교회의 신학 언어를 쓰자면, 이미타티오 크리스티(*imitatio Christi*)가 사실은 이미타티오 데이(*imitatio Dei*)인 것이다. 동방 교회의 요한네스 크리소스토모스(John Chrysostom)도 빌립보서 2:5-8에 관한 설교에서 이렇게 말했다. "위대한 철학적 영혼이 선한 일을 행하도록 독려함에 있어, 선한 일을 통해 그가 하나님처럼 되어 가는 것이라는 사실을 배우는 것만큼 효과적인 것은 없다."[93] 이러한 과정을 가리키기 위해 과거와 현재 사용되는 (일차적으로는) 동방 신학의 어휘가 테오시스다. 테오시스의 강조점은 모방보다는 연합 내지는

테이블 위에 올려진 몇 가지 선택지 중 하나 이상의 것이어야 한다는, 역설적이지만 필연적인 확신도 내세우고 싶다.

[93] Edwards, *Ancient Christian Commentary*, p. 236에 인용된 *Homily on Philippians* 7.2.5-8. 특히 빌 2장을 좋아했던 알렉산드리아의 키릴로스(Cyril of Alexandria)은 테오시스의 수단으로 성육신과 승귀를 모두 강조했다. "그는 자신을 낮추어 높여지셨는데, 그 자리는 본래 그 자신의 높은 신분에 비해 낮은 것이었다. 그는 본래 주님이요 하나님의 아들이신데도 종의 형태를 입었고, 그것은 본래 종살이하는 자들을 높여 그분 자신의 모습과 일치하는, 그리고 그의 형상인 아들의 존엄을 얻게 하려 하심이다"(*Commentary on John* 2.663). 키릴로스의 요점은 타당하지만, 그것이 바울의 역설적인 관점, 즉 그리스도의 품성과 동화되기까지 우리의 높아짐은 더 종과 같아지고 더 자기를 비우는 현세에서의 과정이라는 관점을 포함시키는 한에서만 바울에 대한 충실한 해석이다. (키릴로스를 이렇게 언급한 것은 Ben Blackwell 덕분이다.)

참여를 통한 탈바꿈에 있고, 다음 장들에서 확인하겠지만 그것이 이미타티오 언어보다 적절하다. 하지만 어떤 관점에서 보든, 당장 핵심인 내용은 아담을 포함해 인류는 케노시스적으로 행동할 때 가장 하나님을 닮은 모습이라는 것이다. 선재하고 성육신한 그리스도의 케노시스 속에서 우리는 하나님의 참모습을 진정으로 보며, 동시에 아담/인류가 진정으로 되어야 했지만 참으로 그렇지 못했던 모습, 이제는 그리스도 안에서 참으로 그렇게 된 모습을 진정으로 본다. **케노시스가 테오시스다.** 그리스도를 닮는 것이 곧 가장 하나님다우면서 가장 인간답게 되는 것이다. 그리스도화(Christification)가 곧 신성화(divinization)며, 신성화가 곧 인간화(humanization)다.[94]

우리의 본문은 이 하나님화 혹은 테오시스를 반제국적 삶의 양식으로 이해하는 바탕을 제공한다. 파울은 그것을 다음과 같이 표현했다.

> 권력이 자기 과시, 획득, 군림으로 표현되는 우리의 세상 및 바울의 세상과 같은 세상들 속에서 그리스도는 하나님의 권세가, 실은 하나님의 삼위일체적 특징이 자기 비움의 행위 안에서 세상에 알려진다는 사실을 계시한다. 자기 비움은 한번의 행위에 그치는 것이 아니라, 아버지와 아들과 성령 간 영원한 관계의 근본적인 성향이다. 예수의 성육신과 생애, 죽음, 부활은 하나님의 삼위일체적 생명의 영원한 특징인 그 '자기 비움'을 우리에게 보여주는 결정적 계시다.[95]

---

94 '그리스도화'(Christification)라는 용어는 Panayiotis Nellas, *Deification in Christ: Orthodox Perspectives on the Nature of the Human Person*, trans. Norman Russell (Crestwood: St. Vladimir's Seminary Press, 1997)에서 사용되었다. 테오시스나 그것의 동의어인 신성화(divinization), 신화(deification)보다는 덜 알려졌지만, '그리스도화'는 그리스도인에게 테오시스는 언제나 기독론적으로 이해되어야 한다는 사실을 상기시킨다.

95 Fowl, *Philippians*, pp. 96-97.

그리스도인 공동체의 목표는 제국적인 군림과 획득의 영이 아닌, 이러한 하나님의 생명과 영이 그들 공동체 안에서, 그리고 그들 공동체를 통해 흐르게 하는 것이다. 다시 말해, 하나님 안에 참여하는 것이다.

케노시스, 십자가 처형 그리고 미시오 데이

마지막으로 주목해야 할 점은, 우리의 빌립보서 2:6-11 해석은 케노시스와 십자가 처형이 긴밀하게 연결되어 세상 속 미시오 데이(Missio Dei)의 모습을 표현한다고 암시한다는 점이다. 왜냐하면 신적 존재와 신적 행위는 불가분하기 때문이다. 이 신적 선교를 증언하는 공동체(빌 2:12-18)는 성령에 힘입은 하나님화를 통해 케노시스적 삼위일체 하나님의 생명에 참여함으로써 증언하는데, 그러한 선교의 모습은 빌립보서 2:1-4에 기술되어 있고, 성육신하고 십자가에 못 박히고 높여지신 메시아(빌 2:6-11)에 관한 바울의 마스터 스토리 안에 계시되어 있으니, 그 메시아가 아버지 하나님의 종말론적 선교를 달성하신다. 이것이 이 세상 속 하나님의 구원하시는 선교에 관한 바울의 이야기며, 이 이야기는 고대 것이든 현대 것이든 이것과는 다른 모든 보편구원론에 이의를 제기한다.[96] 세상의 유익을 위한 공동체적 케노시스를 특징으로 하는 사람들이 곧 지금 여기에서 진행되는 하나님의 구원 사역의 수단인 동시에 목적이다.

결론

이번 장에서는 우리는 바울서신 전체에서 가장 중요한 본문 중 하나인 빌

---

[96] 특히 Sylvia C. Keesmaat, "Crucified Lord or Conquering Saviour: Whose Story of Salvation?" *HBT* 26 (2004): pp. 69-93를 보라.

립보서 2:6-11의 기독론, 윤리 그리고 특히 신론과 관련된 측면을 조사했고, 이를 위해 2:6의 해석과 중요성에 초점을 맞추었다. 우리는 2:6의 분사 '휘파르콘'(being)의 양보적 해석('-인데도')과 원인적 해석('-이므로')이 둘 다 옳으며 신학적으로 중요한 의미가 있고, 전자가 그 본문의 표층 구조, 후자가 심층 구조라는 사실을 보여 주었다. **표층** 구조('-인데도')가 중요한 것은, 그것이 바울이 그의 편지 곳곳에서 기독론적, 그리고 윤리적으로 활용하는 언어 패턴인 '[x]인데도 [y]가 아니라 오히려 [z]'의 구성 요소이기 때문이다. 그와 동시에 바울이 그리스도는 하나님의 형태였으며 이 하나님과의 동등함이 성육신과 십자가 처형의 케노시스를 통해 적절하게 표현되었다고 말하기 때문에, 우리는 이 본문의 **심층** 구조가 원인적 의미('-이므로')라고 말할 수 있다. 바울의 의도가 이런 의미라면, 우리는 하나님에 대해 다시 생각할 수밖에 없고, 십자가 형태의 하나님, 혹은 크로산과 리드의 표현을 빌리면 '케노시스적 신성'(kenotic divinity)을 이야기할 수밖에 없다.

또한 우리는 성육신과 십자가가 그리스도의 참된 신성과 참된 인성을 분명히 드러내 보여 주고, 그의 높아짐은 그것을 인정하며, 이 모든 사실은 우리를 바울 특유의 (십자가 형태의) 뒤틀림을 지닌 칼케돈 신조로 데려간다고 주장했다. 이어서 우리는 이러한 해석에서 도출되는 바울의 하나님 이해를 존 웹스터의 '관계에서의 위엄'으로서의 신적 거룩함 개념과 연결했는데, 바울에게 그것은 약함 속 능력을 의미한다. 그 후에는 하나님에 관한 이 반직관적 이해를 힘, 특히 군사적 힘에 치중하는 대중적인 신(神) 개념과 대조하고, 이 반직관적 이해를 반제국적 삶의 양식의 기초로 제시했다. 진정으로 인간이 되는 것은 곧 그리스도를 닮는 것이고, 곧 하나님을 닮는 것이며, 케노시스적이며 십자가 형태를 띤다. 테오시스는 이런 하나님 형상으로 탈바꿈하는 과정이다.

이러한 내용이 빌립보서 2:6-11 속 바울의 마스터 스토리가 지닌 신학적 중요성의 핵심 측면 중 일부다. 여기서 우리는 바울의 마스터 스토리가 증언하는바 이러한 하나님의 생명 안으로 어떻게 들어가는지 궁금해지는데, 이것이 곧 다음 장 주제다.

2장

"믿음으로 의롭게 되다/
그리스도와 함께 십자가에
못 박히다"

'함께 십자가에 못 박힘'에 의한 칭의
: 바울 구원론의 논리

1장에서 우리는 빌립보서 2:6-11에 대해 그리고 그리스도의 자기를 비운 성육신과 자기를 낮춘 십자가의 죽음 안에서 드러난 하나님의 성품, 즉 케노시스적이고 십자가 형태라는 성품에 대해 살펴보았다. 또한 하나님의 생명에 참여함의 특징을 간단히 살펴보고, 테오시스 개념을 소개했다. 본 장에서는 특히 갈라디아서 2:15-21과 로마서 6:1-7:6을 들여다볼 것인데, 그 과정에서 자연히 바울의 사고에 토대가 된 하나님 경험, 즉 그리스도의 십자가 안에서 알려진 하나님 경험, 곧 바울이 칭의로, 또한 그리스도와 함께 죽고 부활함으로 묘사한 그 경험도 들여다볼 것이다. 우리의 목적은 한편으로는 칭의, 다른 한편으로는 '함께 십자가에 못 박힘'(co-crucifixion)과 '함께 부활함'(co-resurrection), 이 둘 사이의 관련성을 보여 주면서, 바울에게 칭의란 그리스도의 부활 생명에 참여하는 경험이며 그것은 그리스도와 '함께 십자가에 못 박힘'의 결과로 일어나는 것이라고 주장할 것이다.

이는 종종 바울의 칭의로 이해되는 내용과 비교해 훨씬 더 강력하고 참여적이며 값비싼 칭의 이해다. 하지만 이 이해는 우리가 "아직 죄인 되었[고]"(롬 5:8), "허물로 죽[었을]"(엡 2:5) 때 우리를 위한 하나님의 은혜로운 구원 행위로 일어난 그리스도의 죽음의 필요성이나 의미를 그 어떤 의미에서도 감소시키지 않는다. 또한 '함께 십자가에 못 박힘'에 의한 칭의는 일종의 자기 정당화나 '행위'에 의한 칭의도 아니다. 왜냐하면 '함께 십자가에 못 박힘'도 오직 은혜로만, 그리고 하나님의 성령의 사역으로만 가능하기 때문이다. 그렇지만 '함께 십자가에 못 박힘'에 의한 칭의에 함축된 그리 놀랍지 않은 의미가 있다. 그것은 칭의와 성화 사이의 신학적 균열이 불가능하다는 것이다. 그 이유는 신자들 가운데서 그리스도와 함께 십자가에 못 박힘을 시작시키고 지속시키는 것이 같은 성령이기 때문이다. 이런 의미에서 그리스도와 함께 십자가에 못 박힘은 평생 지속되는 십자가화의 경험, 혹은 1장에 비추어 보면 하나님화, 즉 테오시스의 경험이다.

서론

칭의 교리는 위기에 처했다. 그 정도는 아니라도 적어도 불안정한 상태다.[1] 어떤 사람에게는 이 논쟁이 오로지 세부적인 언어 연구와 비교 연구에만 열중하는 병행구절광증[parallelomania, 새뮤얼 샌드멜(Samuel Sandmel)의 용어] 작업이 되었다. 또 어떤 사람에게는 세계적인 성경학자나 신학자들의 정통 학설에 이의를 제기할 기회를 제공했다.[2] 하지만 어떤 사람에게는 16세기의 분열을 다시 견고히 하는 계기가 되었다.

---

1 이 주제에 관한 최근의 많은 작업 중에서도 특히 두 권으로 된 *Justification and Variegated Nomism* (vol. 1, *The Complexities of Second Temple Judaism*; vol. 2, *The Paradoxes of Paul*), ed. Donald Carson, Peter T. O'Brien, and Mark A. Seifrid (Grand Rapids: Baker, 2001, 2004); Mark A. Husbands and Daniel J. Treier, eds., *Justification: What's at Stake in the Current Debates* (Downers Grove: InterVarsity, 2004); Bruce L. McCormack, ed., *Justification in Perspective: Historical Developments and Contemporary Challenges* (Grand Rapids: Baker, 2006); David E. Aune, ed., *Rereading Paul Together: Protestant and Catholic Perspectives on Justification* (Grand Rapids: Baker, 2006); Wayne C. Stumme, ed., *The Gospel of Justification in Christ: Where Does the Church Stand Today?* (Grand Rapids: Eerdmans, 2006); 그리고 Douglas A. Campbell, *The Deliverance of God: An Apocalyptic Rereading of Justification in Paul* (Grand Rapids: Eerdmans, 2009)을 보라.
2 예를 들면, N. T. Wright가 통탄하는 말을 보라. "다양한 방식으로 묵살되고 비웃음을 사고 비난과 저주를 받은 의견들에 내 이름이 연결되어 있다"("New Perspectives on Paul", in McCormack, ed., *Justification in Perspective*, pp. 243-264, 이 내용은 p. 243). 또한 그는 더 일반적인 바울에 관한 자신의 관점과 관련해 "정기적으로…융단 폭격을 받는다"라고 묘사한다(p. 247).

칭의를 둘러싼 적절한 신학 논쟁과 더불어 덜 고상하지만 이해할 만한 종파 간 다툼도 늘 존재했다. 하지만 칭의를 둘러싼 현재 상황의 적어도 몇 가지 측면에는 또 다른 더 미묘한 (그리고 따라서 더 위험한) 신학적 이유도 있을 수 있다. 디트리히 본회퍼(Dietrich Bonhoeffer)의 말을 바꾸어 표현하자면, 일부 기독교회는 값싼 칭의에 매료되어 있다. 값싼 칭의는 공의 없는 칭의, 사랑 없는 믿음, 변화 없는 선언이다.

하지만 동시에 칭의를 공부하는, 특히 루터의 관점에서 공부하는 많은 학생이 그 교리를 재고하기 시작했다.[3] 프린스턴 신학교 신학자 조지 헌싱어(George Hunsinger)는 심지어 "참여로서의 믿음이…종교개혁의 심장"이며, "오직 믿음에 의한 칭의 교리의 핵심 열쇠"라고까지 말했다.[4] 이처럼 루터와 다른 종교개혁가들을 재고함으로써 종교개혁 구원론의 강조점이 선언이나 법적 허구에서 실제적인 참여로, 그리고 나아가 '신성화'(루터의 글에서도 발견되는 용어)로 이동했다.[5]

그것은 바울 연구에서도 마찬가지여서 왕성한 재고 작업이 진행 중이다. 특히 믿음과 참여의 관계를 둘러싼 작업이 뜨겁다. 본 장에서 우리는 본회퍼를 따라 바울의 값비싼 칭의를 주장하려 한다. 혹은 좀 더 학문적인 용어를 쓰자면, 칭의와 믿음에 대해 얄팍한 기술이 아닌 '두터운'(thick)

---

3 특히 핀란드 학파가 앞장서서 주장하는 루터 재해석에 대해서는 Tuomo Mannermaa, *Christ Present in Faith: Luther's View of Justification* (Minneapolis: Fortress, 2005; orig. 1989), 그리고 Carl E. Braaten and Robert W. Jenson, eds., *Union with Christ: The New Finnish Interpretation of Luther* (Grand Rapids: Eerdmans, 1998)를 보라.

4 George Hunsinger, "Fides Christo Formata: Luther, Barth, and the Joint Declaration", in Stumme, ed., *The Gospel of Justification in Christ*, pp. 69-84, 이 내용은 p. 75. 나는 Hunsinger의 일반적인 방향성에는 뜻이 같지만, 그는 믿음과 사랑을 아주 비바울적인 (그리고 다소 논쟁적이고 반가톨릭적인) 방식으로 구분한다(특히 p. 79를 보라).

5 Hunsinger, "*Fides Christo Formata*", pp. 73-77(p. 77의 'divinization')를 보라. 루터에 관해서는 또한 Bruce D. Marshall, "Justification as Declaration and Deification", *IJST* 4 (2002): pp. 3-28를 보라.

기술을 해 보려 한다.[6]

바울의 글에서 두 가지 기본적인 구원론 모델인 법적 (혹은 법정적) 모델과 참여적 모델을 찾는 것은 바울 연구에서는 진부한 일이다. [예를 들면, 바트 어만(Bart Ehrman)의 대중적인 저서와 더글러스 캠벨의 전문적인 연구를 보라.[7]] 실제로 샌더스(E. P. Sanders)는 "다양한 구원론 용어 사이의 관계"가 "바울 주해의 골칫거리"라고 언급했다.[8] 본 장은 바울 구원론을 위한 새로운 모델을, 그리고 칭의와 참여, 두 가지 모두에 관한 새로운 이해를 제안할 것인데, 이미 다른 바울 학자들도 비슷한 관점을 개진하기 시작했다.[9]

---

6 Simon Gathercole이 N. T. Wright가 칭의를 정의한 내용('하나님과의 언약 안에 있는 것으로 산정되는 것')의 특징을 '최소한의' 그리고 '최소주의적'이라고 (올바로 혹은 잘못) 묘사할 때, 그는 이러한 요구를 인식하고 있다. Gathercole의 "The Doctrine of Justification in Paul and Beyond: Some Proposals", in McCormack, ed., *Justification in Perspective*, pp. 219-241, 이 내용은 pp. 228-229를 보라.
7 로마서를 특별히 언급하는 Bart Ehrman, *The New Testament: A Historical Introduction to the Early Christian Writings*, 3rd ed. (New York: Oxford University Press, 2004), pp. 353-357 (p. 357에는 훌륭한 도표가 포함되어 있다). Ehrman은 두 모델이 구분되지만 상보적이고 양립 가능하다고 본다(그리고 바울도 그렇게 보았다고 생각한다). Douglas A. Campbell [*The Quest for Paul's Gospel: A Suggested Strategy* (London/New York: Clark, 2005)]은 세 가지 모델을 규정하지만, 실제로는 두 개의 모델로 수렴된다. 법적 모델(이신칭의, justification by faith, 줄여서 JF)과 참여적 모델('성령론적인 참여적 순교적 종말론', pneumatologically participatory martyrological eschatology, PPME). 세 번째 모델인 '구원역사적'(salvation-historical, SH) 모델은 Campbell의 관심을 거의 받지 못했는데, 그는 구원역사적 관심사를 자기 버전의 참여적 모델(PPME)에 포함시켰다. Campbell은 또한 네 번째 가능성도 규정하는데, 이는 모델이 아니라 '접근법'으로, 이를 '반신학적'(anti-theological, AT)이라고 불렀다. 이 접근법은 바울 구원론을 상황적인, 비체계적인, 그리고/또는 혼란스러운 것으로 보는 사람들을 가리킨다.
8 E. P. Sanders, *Paul and Palestinian Judaism: A Comparison of Patterns of Religion* (Philadelphia: Fortress, 1977), p. 508.
9 비슷한 관점으로는 앞으로 논의할 Scott Schauf, Martinus de Boer, Robert C. Tannehill의 최근 논문을 보라. 여기서 본 장이 2006년 11월 Pauline Soteriology Group of the Society of Biblical Literature 모임에서 발표한 논문의 개정이라는 사실을 언급해야겠다. 당시 모임에서 Robert Tannehill은 아주 비슷한 결론을 도출한 논문을 발표했었다[지금은 "Participation in Christ: A Central Theme in Pauline Soteriology", *The Shape of the Gospel: New Testament*

본 장에서 제시할 모델에는 알베르트 슈바이처(Albert Schweitzer), 샌더스, 리처드 헤이스 그리고 더 최근의 학자로 더글러스 캠벨의 목소리가 반영되어 있을 것이다. 하지만 나는 법적(이신칭의) 모델(따라서 많은 전통적인 독자들)을 우위에 두거나, 법적 모델을 참여적 모델 아래에 포섭하거나(예를 들면, 슈바이처와 샌더스[10]), 참여적 모델을 지지해 법적 모델을 거부하거나(예를 들면, 더글러스 캠벨[11]), 나아가 이 두 모델을 상보적 관계로 허용하기보다는 (예를 들면, 어만), 바울에게는 **하나의** 구원론 모델이 있었다고 주장하고 싶다. 그것은 언약을 성취하는 그리스도의 행위에 참여하는 것으로 이해되

Essays (Eugene: Cascade, 2007), pp. 223-237에 실렸다]. 당시에는 우리 모두 상대의 논문을 알지 못했고, 서로의 논문에 상대의 출간된 작업을 명시적으로 언급하지도 않았다. 하지만 나중에 서로 논문을 공유했고 관련된 의견을 주고받았다. 이 최근 논문에서 Tannehill의 작업은 그의 선구적 작업인 *Dying and Rising with Christ: A Study in Pauline Theology* (Berlin: Töpelmann, 1966)에 기초했다.

10 Sanders는 그의 대표작 *Paul and Palestinian Judaism*에서 주권의 전이(transfer of lordships)로서 바울의 참여 언어를 강조한다(특히 pp. 466-472, 497-500를 보라). Sanders는 바울이 '참여적' 범주와 '법정적' 범주를 구분하지 않으며, 오히려 그 둘을 인류의 곤경, 일탈과 속박에 관한 두 개의 서로 다른 평가(p. 508)에 상응하는 두 종류의 '전이 용어'(pp. 497, 501)로 함께 유지했다[예를 들면, pp. 472, 502, 508와 더불어 501. "바울은 두 갈래로 나뉜 정신을 가지지 않았다"(또한 p. 507를 보라)]고 주장한다. 하지만 또한 그는 "소위 [바울 안의] '이신칭의' 교리는 여전히 일차적으로 부정적 범주로서, 율법에 순종하는 것이 구원을 위한 필수조건 내지 충분조건이라는 관점을 겨냥한다"고 주장하고(p. 492), 바울은 "법정적 범주를 가지고 작업하긴 하지만, 일차적으로 그 범주에 관심이 있었던 것은 아니며", 그 이유는 "그의 신학의 진정한 핵심은 참여 범주에 있었기 때문이다. **바울 자신이 이런 식으로 범주를 구분하는 것은 아니지만 말이다**"라고 강조한다(p. 502; 샌더스의 강조). 나아가, "일단 법정적 범주와 참여적 범주 사이의 [비바울적인] 구분을 설정한다면, 바울이 '진정으로' 생각했던 방식에 대해 더 많은 것을 말해 주는 것은 틀림없이 참여적 범주다"(p. 507). 실제로, Sanders는 바울의 '법정적' 언어가 "때때로 '참여적' 범주를 봉사하는 데 동원되지만, 그 반대는 아니다"라고 말한다(p. 503). 또한 Sanders는 의가 오직 법정적 범주라는 주장도, 나아가 의가 일차적으로는 법정적이라는 주장도 거부한다(예를 들면, pp. 494-495, 506).

11 *The Quest for Paul's Gospel* 중에서. Campbell은 이신칭의를 자신의 참여 모델에 통합하겠다고 주장하지만, 이신칭의를 향한 그의 격렬한 비판적 공격은 사실상 그 교리를 대체하려는 시도와 다를 바 없다. 이를테면, 그는 롬 1:1-17과 3:21-5:2을 "JF[이신칭의] 모델을 제거하는" 방식으로 독해하는 것이 가능하다고 본다(p. 206). 그의 목적은 JF를 "주해상 제거하되"(p. 4) "진정성 있게"(p. 7) 제거하는 것이다! 그의 *The Deliverance of God*은 훨씬 더 논쟁적이다.

는 '십자가에 못 박힘'에 의한 칭의, 더 구체적으로 말하면 '함께 십자가에 못 박힘'에 의한 칭의다.[12] 이 제안은 리처드 헤이스가 제시한 언약적·내러티브적·참여적 칭의 해석과 비슷하지만, 그것을 더 충분히 발전시킨 것이며,[13] 그러한 해석 틀의 약간 다른 측면을 강조한 것이다.

갈라디아서 2:15-21과 로마서 6:1-7:6을 바울서신의 다른 구절들(특히 롬 5:1-11; 고후 5:14-21; 그리고 다시 한번 빌 2:6-11)과 연관해서 자세히 들여다보면, 바울이 믿음을 '함께 십자가에 못 박힘'으로 이해했고, '이신칭의'를 메시아 예수와 '함께 십자가에 못 박힘'을 통한 새로운 생명/부활로 혹은

---

12 독자들은 내가 이 내용을 기독교 교리로서 칭의(어떤 의미에서는 그렇지만)보다는 **바울이 말하는** 칭의에 관한 새로운 해석이라고 주장한다는 점에 주목해야 한다. (물론 나도 나 자신의 이전 바울에 관한 연구를 토대로 하는 이야기라서 여기서 새로운 점은 사실 그 연구의 확장일 뿐이라는 것을 언급해야 한다.) David Aune는 Alistair McGrath의 기념비적 작품(*Iustitia Dei*, p. 224)에 의존해 다음과 같이 언급하는데, 내 생각에 옳은 이야기다. "칼뱅을 따라 루터도 그리스도와 신자가 칭의 안에서 인격적으로 연합된다는 개념(예를 들면, *unio mystica*)을 가지고 있었지만, 멜란히톤(Melanchthon)은 이 입장을 버렸다." Aune는 멜란히톤에게 "개신교의 규준이 된 법정적 칭의 개념의 발전에 대한 일차적인 책임이 있다"고 주장한다("Recent Readings of Paul Relating to Justification by Faith", in Aune, *Rereading Paul Together*, pp. 188-245, 이 내용은 p. 231 n. 230). 루터 해석의 핀란드 학파는 루터에 관한 Aune의 입장을 강력하게 긍정할 것이며, Hunsinger(앞서 n. 4에 인용된 "*Fides Christo Formata*")도 그럴 것이다. 칼뱅의 칭의 이해가 법정적이었고, 그리스도의 의가 신자에게 전가된다는 개념을 포함했으며, '표준적인 개신교 관점'의 원천이라는 관점을 알고 싶다면, Bruce L. McCormack, "*Justitia Aliena*: Karl Barth in Conversation with the Evangelical Doctrine of Imputed Righteousness", in McCormack, ed., *Justification in Perspective*, pp. 167-196, 이 내용은 pp. 169-172를 보라. McCormack은 칼뱅 신학 속에 그리스도와의 연합 개념이 존재함을 부인하지 않지만, 그것을 칼뱅의 구원론에서 별개 요소로 간주한다(p. 170). 하지만 McCormack 자신은 필자의 것과 가까운 '언약적 존재론' 모델을 제안하면서, "그 핵심에서 법정주의(forensicism)는 심오하게 존재론적이며", "우리의 본질적인 모습은 언약 관계를 수립한 신적 행위의 결과다"라고 주장한다("What's at Stake in Current Debates over Justification: The Crisis of Protestantism in the West", in Husbands and Treier, eds., *Justification: What's at Stake in the Current Debates*, pp. 81-117, 이 내용은 p. 115).

13 Richard B. Hays, *The Faith of Jesus Christ: The Narrative Substructure of Galatians 3:1-4:11*, 2nd ed. (Grand Rapids: Eerdmans, 2001), pp. xxix-xxxiii, 210-215; 그리고 Hays, "Justification", in *ABD*, ed. David Noel Freedman (6 vols.; New York: Doubleday, 1992), 3.1129-3.1133, 특히 pp. 1130-1132를 보라.

"'함께 십자가에 못 박힘'에 의한 칭의"로, 따라서 본질상 참여적인 것으로 이해했음을 알 수 있다. 본 장은 바울의 십자가 중심 참여적 구원론 논리 내부의 서로 연결된 몇 가지 측면을 조사하고, 그러면서 또한 그 구원론과 관련해 현대를 위한 성찰과 실천을 담은 생산적인 신학적 제언을 간략하게 제시해 보겠다.

더 구체적으로 말하면, 바울에게는 **두 가지** 구원론 모델(법정적 모델과 참여적 모델)이 아니라 **하나의** 모델이 있었는데, 그것은 '함께 십자가에 못 박힘'에 의한 칭의로서, 그 의미는 언약의 정수를 담은 그리스도의 행위, 즉 그리스도가 십자가 위에서 보인 그 믿음과 사랑의 행위에 참여함으로써 하나님 및 이웃과의 올바른 언약 관계가 회복된다는 것이다. 그리고 그리스도의 이 한번의 행위는 율법의 '수직적' 요구와 '수평적' 요구 모두를 성취해서, 그 행위에 참여하는 사람들도 그와 동일한 생명을 주는 율법 성취를 경험하며, 그 경험 안에서 죽음을 통한 부활이라는 과정, 그 역설적이고 기독론에 기초한 과정을 시작한다. 말하자면, 그들은 십자가에 못 박힌 그리스도와 동화되는 과정(십자가화·그리스도화)에 첫발을 내딛게 되며, 그리스도는 하나님의 형상이기에 그것은 곧 하나님화(theoformity) 혹은 신화(deification)의 과정이기도 하다.[14]

---

14 서론과 1장에서 언급했듯이, '신화'와 '테오시스'(하나님처럼 되어가는 과정)라는 용어는 동방 정교회에서는 핵심 용어였지만, 서방 교회에서는 상대적으로 덜 알려지거나 아예 사용되지 않았다. 훨씬 덜 알려진 용어인 '그리스도화'는 신화에 특별한 의미를 더해 주는데, Panayiotis Nellas, *Deification in Christ: Orthodox Perspectives on the Nature of the Human Person*, trans. Norman Russell (Crestwood: St. Vladimir's Seminary Press, 1997)와 같은 일부 정교회 학자들이 사용한다. 1장 n. 94에서 언급했듯이 Nellas는 그리스도화를 매우 강조해서, 신화는 명백히 '그리스도를 닮음'으로 이해되며 다른 어떤 내용으로도 채울 수 없다고 말한다. 아래에서 나는, 1장에서도 한 작업이지만, 정반대의 해석학적 움직임을 보일 것이며, 십자가화가 궁극적으로 신화이며, 따라서 우리의 신론(즉, 정당한 신학—하나님에 관한 교리)도 기독론적으로 이해되어야 함을 강조할 것이다. 테오시스와 칭의의 관련성에 대해서는 다른 작업들 가운데서도 William G. Rusch, "How the Eastern Fathers Understood What the Western Church

줄임말이나 머리글자로 구원론 모델을 요약하는 더글러스 캠벨의 사례[이를테면, '이신칭의'(justification by faith)를 JF로, '성령론적인 참여적 순교적 종말론'(pneumatologically participatory martyrological eschatology)을 PPME로 지칭]를 모방하자면,[15] 우리는 이 모델에 머리글자를 따라 JCC(justification by co-crucifixion; '함께 십자가에 못 박힘'에 의한 칭의)라는 이름을 붙일 수 있다.

하지만 본 장의 논제를 개진하기에 앞서, 잠시 멈춰 바울의 구원론을 연구하는 방법론에 관해 전략적으로 생각해 보자.

간략한 방법론 소개

현재 바울 신학 (그리고 실제로는 기독교 신학) 관련 논의에서 가장 논란이 많은 주제 중 두 가지(혹은 아마도 세 가지)인 칭의, 십자가 그리고 구원에 관한 바울의 이해와 경험을 단 한 장으로 다루는 것은 주제넘은 시도로 비칠 수 있다. 그래서 우리는 함께 묶어서 대략 바울의 구원론으로 지칭할 수 있는 이 연관된 주제들의 해석을 위한 다섯 원칙을 가지고 시작하고자 한다. 그 원칙들은 다음과 같다.

1. **맥락의 특수성을 인식한다.** 캘빈 로츨(Calvin Roetzel)의 가르침을 따라 우리는 바울 신학의 핵심 용어를 바울 자신이 정의하도록 허용할 필요가 있고, 그것은 대체로 그의 서신을 세심하게 읽음으로써 가능하

Meant by Justification", in *Justification by Faith: Lutherans and Catholics in Dialogue VII* (Minneapolis: Augsburg, 1985), pp. 131-142; Marshall, "Justification as Declaration and Deification" (focusing on Luther); 그리고 Veli-Matti Kärkkäinen, *One with God: Salvation as Deification and Justification* (Collegeville: Liturgical, 2005)을 보라.

15 Campbell, *The Quest for Paul's Gospel*, p. 4를 보라.

다.[16] 이 말은 다른 성경이나 유대교 문헌을 무시한다는 의미가 아니다. 결코 그렇지 않다. 하지만 바울서신 이외 자료가 바울 자신의 말을 압도하거나, 바울서신 자체의 문맥에서 가지는 의미와 무관한 틀을 억지로 부과해서는 안 된다. 달리 말해, 우리는 바울의 창의성, 특히 그리스도의 십자가, 부활, 성령의 선물에 비추어 발휘된 그의 창의성을 허용해야 한다.

2. **신중하게 연결 작업을 진행한다.** 우리는 바울 자신이 충분하게 혹은 드러내 놓고 하나의 패턴이나 이미지로 점들을 연결해 주지 않는 지점에서, 그의 생각 속 점들을 연결하는 작업을 대신 마무리해야 할지도 모른다. 심지어는 천천히 주의 깊게 관찰하면서, 바울 자신도 그가 상정한다고 인식하지 못한 패턴을 우리가 창조해서 점을 이어야 할지도 모른다.

3. **신학적 상호보완성을 인식한다.** 바울의 편지에는 확실히 수많은 모순과 서로 대립하는 내용이 존재한다.[17] 하지만 우리는 잠재적으로 그릇된 대립쌍일지도 모를 내용—**잠재적이라는 점**을 강조하고 싶다—을 만들어 내지 않도록 조심해야 한다. 이를테면, 하나님의 주도 **대** 인간의 반응, 구원론 **대** 교회론, 법정적 선언 **대** 참여, 언약 **대** 묵시, 경계 표지 **대** 도덕적 노력, 믿음 **대** 순종, 순종의 죽음 **대** 희생의 죽음, 속죄 **대** 화해, 십자가 처형 **대** 부활 같은 대립쌍 말이다.[18]

---

16 '신학실천가'(theologizer)로서 바울을 논하면서 Roetzel은 바울의 "기본 전제는, 사람들이 그가 **하나님·그리스도·십자가·의** 등 용어로 의도한 의미를 배울 때, 그가 그 용어들이 등장하는 맥락에서 그것들을 어떻게 활용하는지 관찰함으로써 배운다는 것이다"라고 진술한다[*Paul: The Man and the Myth* (Minneapolis: Fortress, 1999), p. 97].

17 당연히 J. Louis Martyn, "Apocalyptic Antinomies", in *Theological Issues in the Letters of Paul* (Edinburgh: Clark/Nashville: Abingdon, 1997), pp. 111-123를 보라.

18 유사하지만 독립적인 방식으로 Francis Watson[*Paul and the Hermeneutics of Faith* (London/New York: Clark, 2004), pp. 323-329] 역시, Sanders의 *Paul and Palestinian Judaism* 출간

동시에 나는 바울의 (소위) '신학'과 그의 (소위) '윤리'를 분리해서는 절대 안 된다고 생각한다. 리처드 헤이스의 말처럼 "바울의 사고에서는 신학과 윤리 사이의 유의미한 구분이 존재하지 않는다. 왜냐하면 바울의 신학['구원론'이란 단어로 바꿀 수도 있겠다]은 근본적으로 사람들을 그리스도의 형상으로 탈바꿈시키는 하나님의 사역에 관한 설명이기 때문이다."[19] 따라서 (예를 들면) 신학적 이유로든 (주장하기로는) 언어적 이유로든[예를 들어, 지즐러(Ziesler)],[20] '칭의'를 '정의'에서 분리하는 모든 바울 구원론에 대해 우리는 과연 바울을 적절하게 해석한 것인지 즉각 의심해야 한다.

4. **바울 신학의 경험적 특징을 인식한다.** 바울의 신학과 윤리 사이의 공생 관계를 상기시켜 준 것에 대해 리처드 헤이스에게 감사한다면, 루크 존슨(Luke Johnson)에게도 매우 큰 고마움을 가져야 한다. 그는 신약 연구는 다양한 신약 문서를 작성했던 사람들과 그 문서를 듣고 읽었던 사람들의 경험을 무시해서는 안 된다는 점을 반복해서 일

이후 등장한 제2성전기 유대교와 성경 본문 자체(특히 레위기) 모두의 해석에서 '그릇된 이분법'을 상정하는 것에 대해 경고한다. James Dunn은 칭의와 참여를 논의할 때 '양자택일식 주해'에 대해 경고한다[James D. G. Dunn, *The Theology of Paul the Apostle* (Grand Rapids: Eerdmans, 1998), pp. 395-396].

19 Richard B. Hays, *The Moral Vision of the New Testament: A Contemporary Introduction to New Testament Ethics* (San Francisco: HarperCollins, 1996), p. 46. 『신약의 윤리적 비전』 (IVP). Hays의 말이 옳다면(나는 분명히 그의 말이 옳다고 생각한다), 바울의 구원론만이 아닌 더 넓게는 바울의 신학에서 진짜 알맹이는, 우리가 앞서 정의했던 그 테오시스다. 이 장이 진행됨에 따라 이 내용을 더 분명하게 확인하게 될 것이다.

20 John Ziesler[*Pauline Christianity*, The Oxford Bible Series, rev. ed. (New York/Oxford: Oxford University Press, 1990), p. 101]는 (소위) '칭의'(관계)를 뜻하는 *dik*-용어와 '의'를 뜻하는 *dik*-용어 사이를 갈라놓고, 심지어 갈 2:15-21 같은 단일 단락에서도 그 둘을 구분한다. 그는 바울이 2:15 이후 몇 절에서는 '칭의' 주제를 논하다가 2:20에서는 '새로운 생명'으로 주제를 변경한다고 주장하지만, 그가 서로 다르다고 하는 이 두 주제인 칭의와 새로운 생명은 둘 다 '믿음에 의해' 발생한다!

깨워 주었다.²¹ 바울과 관련해 로이 해리스빌(Roy Harrisville)이 사용한 용어인 '바울의 경험적 신학'(pauline experiential theology)은 조금 어설프기는 해도 특히 적절해 보인다.²²

5. **유연한 일관성을 인식한다.** 마지막으로 나는 라이트와 더글러스 캠벨 같은 해석자들의 의견, 즉 우리가 바울 구원론에 접근할 때 한편으로는 우연적인 내용에 집중하는 세심한 주해와, 다른 한편으로는 일관적인 큰 그림에 집중하는 대담하고 개괄적인 묘사 사이에서 균형을 잡아야 한다는 의견에 동의하면서, 잠시 동안은 후자의 작업에 더 기울 것이다. 하지만 그런 작업을 할 때, 일관성과 기계적 동일성을 혼동해서는 안 된다.²³

이렇게 방법론상의 원칙을 제시했으니, 이제 바울의 '함께 십자가에 못 박힘'에 의한 칭의(JCC) 이해를 조심스럽게 개진할 수 있다.

언약의 요구와 칭의의 의미

바울의 칭의에서 첫 번째 고려해야 할 측면은 다음과 같다. 즉, 율법은 사람이 현재의 생명 그리고/혹은 종말론적 생명(칭의)을 경험하기 위해 수직적이고 수평적인 언약 준수(하나님 사랑과 이웃 사랑)를 요구한다. 앞으로 살

---

21 예를 들면, Luke Timothy Johnson, *Religious Experience in Earliest Christianity: A Missing Dimension in New Testament Study* (Minneapolis: Fortress, 1998)를 보라. 이 주제에 대한 내 관심은 다음 책에서 열매를 맺었다. *Cruciformity: Paul's Narrative Spirituality of the Cross* (Grand Rapids: Eerdmans, 2001).
22 Roy A. Harrisville, *Fracture: The Cross as Irreconcilable in the Language and Thought of the Biblical Writers* (Grand Rapids: Eerdmans 2006), pp. 104-109.
23 나는 이러한 갈망을 Campbell의 *The Quest for Paul's Gospel*과 N. T. Wright의 *Paul: In Fresh Perspective*(Minneapolis: Fortress, 2005) 둘 다에서 감지했다.

펴보겠지만 바울도 여기에 동의한다.

언약의 요구

월터 브루그만(Walter Brueggemann)은 그의 『구약신학』에서 이스라엘에게 언약 관계의 요구는 조항 하나로, 즉 하나님을 사랑하는 것의 표현으로서 사람들을 사랑하는 것으로 요약될 수 있다고 말한다.[24] 브루그만이 하나님 사랑과 이웃 사랑, 이 두 요구를 과도하게 융합한 것같긴 하지만, 두 요구 모두가 언약적 삶의 기초이며 서로 불가분하다는 점에서는 분명히 맞는 말이다. 우리는 언약 준수 및 언약 파기와 관련된 이 불가분한 두 범주를 직관적으로 구분해서, 율법과 죄, 각각의 수직적(하나님 지향) 차원과 수평적(사람 지향) 차원을 언급할 수 있다. 말하자면, 하나님 사랑과 이웃 사랑, 하나님을 향한 죄와 이웃을 향한 죄로 구분할 수 있다. 또한 브루그만은 미가 6:8 같은 본문을 보면, 성경 속 하나님은 이스라엘뿐만 아니라 모든 사람이 이 수직적 사랑과 수평적 사랑의 공생을 표현하기를 기대한다고 주장한다.[25]

이러한 사고방식은 모세에게 주어진 율법의 두 돌판 혹은 서판과 관련된 것이 확실해 보인다(출 31:18). 이스라엘의 성경을 읽는 모든 유대인이 본능적으로 이렇게 둘로 나뉘지만 서로 연결된 언약적 양식을 따라 생각했다고 한다면 지나친 말이겠지만, 공관복음서를 보면 예수가 바로 이런 방식으로 가르쳤다(막 12:28-34; 참조. 마 22:36-40과 눅 10:25-28). 또한 같은 시대의 유명한 유대교 작가 중 몇몇도, 예를 들면 필론(Philo)과 요세푸스(Jo-

---

24 Walter Brueggemann, *Theology of The Old Testament: Testimony, Dispute, Advocacy* (Minneapolis: Fortress, 1997), p. 424; 참조. p. 429와 '이스라엘의 언약 의무'에 관한 논의 전체 (pp. 417-434). 『구약신학』(CLC).

25 Brueggemann, *Theology of the Old Testament*, pp. 460-461.

sephus)뿐만 아니라 『희년서』와 『열두 족장의 유언』의 저자도 그런 식으로 생각했다.[26] 그렇다면 바울은 어땠을까?

바울과 죄(들)

바울이 보기에 인간의 문제에는 다양한 측면이 있다. 한편으로는, 하나의 세력으로서 죄(Sin, 단수)의 문제가 있다. 그 죄와 관련해 사람들에게 필요한 것은 그 죄로부터의 해방 혹은 속량이다(롬 3:9, 24; 6:7; 갈 3:22). 다른 한편으로는, 죄들(sins, 복수)의 문제가 있다. 그 죄들과 관련해 사람들에게 필요한 것은 용서다(롬 1:18-32; 3:10-18, 25). 로마서 3:21-26에 표현된 대로, 바울의 십자가 신학은 이 두 가지 필요, 즉 죄로부터의 속량과 죄들의 속죄 둘 다에 대한 답변이다. 많은 바울 학도는 세력으로서 죄에 대한 바울의 독특한 이해는 강조하고, 바울에게 죄들(복수)이 가졌던 중요성은 과소평가하는 경향이 있다. 하지만 이 둘은 밀접하게 관련되어 있다. 사람에게는 '-**로부터의** 자유'와 '-**를 향한** 자유'가 둘 다 필요하다. 말하자면, 죄로부

---

26 『희년서』 20:2를 보라. "그리고 그[아브라함]가 그들[그의 아들들과 손자들]에게 이르되, 너희는 주의 길을 지키며, 의를 행하고 각각 이웃을 사랑하며, 모든 사람 가운데 이 같은 일을 행하라. 너희 각자는 땅에서 공정과 의를 행하는 방식으로 서로를 대하라." 이어서 저자는 한편으로 '음행과 부정', 다른 한편으로 우상숭배에 대해 경고한다(20:3-10). 비슷하게 『열두 족장의 유언』은 다음과 같은 본문을 포함한다. "주님과 네 이웃을 사랑하라"(『잇사갈의 유언』 5:2); "네 생명을 다해 주님을 사랑하고, 진실한 마음으로 서로 사랑하라"(『단의 유언』 5:3); "주님을 경외하며 네 이웃을 사랑하라…하나님을 경외하며 이웃을 사랑하는 자는 벨리알의 영에 미혹되지 않으니, 하나님을 경외함으로 보호받기 때문이다. 또한 그는 사람이나 짐승의 계략에도 지배당하지 않으니, 그가 가진 이웃을 향한 사랑 덕분에 주님의 도움을 받기 때문이다"(『베냐민의 유언』 3:3-5). 이러한 본문과 다른 본문들은 '음행' 혹은 '성적인 부도덕'이 이웃 사랑과 반대됨을 분명히 하지만, 이웃 사랑의 실패를 성적인 죄에 제한하지는 않는다. 오히려 다른 '수평적' 죄에는 분노, 비방, 거짓말, 불법 그리고 가난한 사람과 약한 사람에게 연민을 가지지 못하는 것 등이 포함된다. 요세푸스가 *dikaiosynē*를 *eusebeia*의 필수 요소로 본 것에 관해서는, Mark A. Seifrid, "Paul's Use of Righteousness Language Against Its Hellenistic Background", in Carson, *et al*., eds., *Justification and Variegated Nomism*, vol. 2, pp. 39-74, 이 내용은 pp. 45-49를 보라.

터의 해방도 필요하고, 죄들/범죄들을 의로운/올바른 행위로 대체할 새로운 힘도 필요하다. 바울은 죄들 자체에 기본적인 이분법적 구조 혹은 패턴이 있다고 보았다. 율법의 두 돌판과 유대교의 전통처럼 바울도 인간의 언약적 책임을 (그리고 언약적 실패를) 두 범주로, 즉 하나님과의 관계와 관련된 것들과 타인과의 관계와 관련된 것들로 구분했다.[27]

바울은 이 두 가지 언약적 범주, 즉 수직적 범주와 수평적 범주를 두 가지 방식으로 언급할 수 있었다. 먼저 이 범주들의 부정적 측면으로서, 수직적/수평적 언약의 **위반**을 말한다. 바울은 그 두 범주를 『희년서』와 마찬가지로 우상숭배와 (성적) 부도덕['포르네이아'(*porneia*)]으로 요약할 수 있었는데, 그것은 일반적인 유대교의 (그리고 초기 그리스도인들의) 관행을 수용한 것이었다. 이러한 관점은 고린도전서(뒤에서 자세히 살펴볼 것이다)와 로마서에서 드러나는데, 거기서 바울은 지혜서 14:12-31을 따른 것으로 보인다. 지혜서의 해당 본문은 우상숭배를 "음행의 시작"이라고, 또한 "모든 악의 시작이요 원인이요 마지막"이라고 부른다(지혜서 14:12, 27; 참조. 롬 1:18-32).[28] 유대인과 그리스도인은 일반적으로 두 번째 돌판의 위반 중에서 성적 부도덕을 가장 악질적이고 대표적인 사안으로 강조했다.[29] 실제로 바울은 성

---

27 바울의 성경 해석은 그가 필론, 요세푸스 등 다른 유대인처럼 십계명을 두 부분으로 구분했음을 시사한다는 관점에 대해서는 Watson, *Paul and the Hermeneutics of Faith*, pp. 305-314, 특히 p. 311와 314를 보라.

28 고린도전서에 관해서는 Roy E. Ciampa and Brian S. Rosner, "The Structure and Argument of 1 Corinthians: A Biblical/Jewish Approach", *NTS* 52 (2006): pp. 205-218를 보라. 그들은 고린도전서가 "성적 부도덕[4:18-7:40]과 우상숭배[8-14장]를 다루는 전통적인 유대교식 접근의 초기 기독교식 재구성"이라는 점을 발견했다(p. 218; 참조. pp. 210-211). 하지만 분열(1-4장)과 불공정한 재판(6:1-11)에 관한 단락이 포함되었다는 사실은, 고린도에서 일어난 수평적 범죄를 바울은 단순한 음행 이상의 문제로 보았고 더 넓게 불의(*adikia*)로 정의할 수 있었음을 시사한다(*adikoi*가 등장하는 6:9을 보라).

29 William Loader, *The Septuagint, Sexuality and the New Testament* (Grand Rapids: Eerdmans, 2004), p. 7를 보라.

적인 죄들을 강조한다. 하지만 수평적 언약 위반에 관한 그의 이해를 그런 죄들에만 제한하는 것이 아님이 확실하며, 로마서 1:18-32이 그런 점을 보여 준다.[30]

로마서 1:18에서 바울은 죄의 두 가지 기본 범주로 '아세베이아'(asebeia)와 '아디키아'(adikia), 즉 경건하지 않음과 불의를 언급하는데, 각각 하나님을 향한 죄와 동료 인간을 향한 죄다.[31] 이 둘은 대체로 우상숭배와 부도덕에 상응한다. 물론 '아디키아'가 '포르네이아'보다 더 넓고 포괄적이지만 말이다. 로마서 1장은 자주 이방인을 기소하는 내용으로 읽힌다. 하지만 본문 자체가 금송아지 사건을 암시한다는 점(1:23; 참조. 시 106:19-20), 그리고 이어지는 장들의 내용을 감안하면, 바울은 불의뿐만 아니라 우상숭배도 보편적인 (이방인과 유대인의) 인간의 처지로 보았던 것이 분명하다.[32] (바울이 '포르네이아'를 '아디키아'의 한 형태이자 사랑의 실패로 보았다는 사실은 살전 4:3-6에 분명하게 나타난다.) 바울이 죄 혹은 언약 위반을 두 가지 기본 범주로 구분했다는 사실은 고린도전서에도 명백히 드러난다. 거기서 바울은 명령법 '피하라'['퓨게인'(pheugein)]를 딱 두 차례 사용하는데, 한번은 음행을 피하라(고전 6:18)고, 다른 한번은 우상숭배하는 일을 피하라(고전 10:14)다. 게다가 이 용어들은 고린도전서 10장의 관심사를 요약하는데, 거기서 바울은 (롬 1:23처럼) 금송아지 내러티브에 의존해 넓게는 인류, 좁게는 하나님의 백성이 직면한 기본적인 실존적 문제, 즉 수직적·수평적 실패인 우상숭배와 부도덕을 묘사한다.

---

30 간략하지만 유익한 논의로 Joel Marcus, "The New Testament and Idolatry", *Int* 60 (2006): pp. 152-164, 이 내용은 pp. 154-155를 보라.
31 또한 예를 들면, Keck, *Romans*, ANTC (Nashville: Abingdon, 2005), p. 59, 그리고 Charles H. Talbert, *Romans*, Smith & Helwys Bible Commentary (Macon: Smith & Helwys, 2002), p. 57를 보라.
32 또한 예를 들면, Watson, *Paul and the Hermeneutics of Faith*, p. 411도 그렇게 본다.

바울의 세계관에서 죄들(복수)이라는 현실은 죄 용서를 가져올 희생제물을 요구한다. 앞서 언급했듯이 바울은 한편으로 **죄**(Sin)의 문제와 해결책, 다른 한편으로 **죄들**(sins)의 문제와 해결책 사이에 내재적 연관성도 있다고 보았는데, 그는 두 문제 모두에 대한 해결책이 마음의 할례와 능력을 부여하는 성령의 선물을 통한 언약의 내면화에 있다고 믿었다(롬 2:25-29; 8:1-8). 당연히 그는 또한 죄 용서를 받고 해방된 사람들이 과거 의롭게 되기 전 삶의 방식을 특징짓던 죄를 더는 짓지 않고, 대신 그러한 죄와 정반대되는 행동을 할 것으로 기대하고 믿었다. 사실 어떤 공동체가 (혹은 개인이) '율법의 정당한 요구'[디카이오마, *dikaiōma*]가 성취되는 사람들(롬 8:4)로 묘사되는 것은 오로지 그러한 행함 안에서만 가능하다. 따라서 칭의 혹은 '올바르게 함'(rightwising)에는 반드시 죄 용서가 포함되어야 하지만, 단순한 죄 용서 이상이어야 한다. 그것은 로마서 1장의 역전, 즉 인간의 '아세베이아'와 '아디키아'의 역전이어야 한다. 달리 말해, 탈바꿈 없는 칭의는 있을 수 없다. 의롭게 된 사람들은 성령의 능력에 힘입어 '아세베이아'와 '아디키아'를 '피스티스'(*pistis*)와 '디카이오쉬네'(*dikaiosynē*)/'아가페'(*agapē*)로 대체하는 과정을 시작한 사람들이며, 그럼으로써 율법의 두 돌판을 성취한다.[33]

---

[33] Francis Watson은 바울이 두 차례 인용하는(갈 5:14; 롬 13:9) 레 19:18이 그 사도에게는 "십계명의 두 번째 돌판과 '그 외의 다른 계명'(롬 13:8-10)까지도 요약하는" 구절이었으며, 이 요약 구절이 계속해서 '그리스도인 회중을 위한 규준'이었다고 주장하는데, 이는 옳은 말이다(*Paul and the Hermeneutics of Faith*, p. 520). 하지만 여기에서 파생되는 Watson의 주장은 이렇다. 즉, 바울은 (생명으로 인도하는 길로서 주의 율례와 규례를 지키는 것에 관한) 레 18:5이 '율법의 비기독교적 구원론의 요약'이라는 사실을 알고, 인접한 두 구절 중 하나는 거부하고(레 18:5) 다른 하나는 수용하는데(레 19:18), 이 점은 바울이 토라 내부에서 '복수의 목소리', '모순', '긴장과 불일치'를 발견했음을 보여 준다(pp. 520-521)는 주장으로, 나는 이 주장에 충분한 근거를 찾지 못했다. (자세한 논의를 원한다면 그의 책 pp. 314-353를 보라.) Watson은 또한 바울에게는 레 18:5(율법 준수가 생명으로 인도한다) 거부가 그의 레 19:18 해석보다 그의 토라 해석의 '전체 구조'에 더 근본적이며, 따라서 레 19:18 해석보다 레 18:5 거부를 제거하는 것이 오히려 그 전체 구조에 영향을 미칠 것이라고 주장했다(p. 521, 내 생각에는 잘못된 해석이다). 나 같으면 오히려, 율법의 율례와 규례가 하나님을 향한 자기희생(믿음)과 타인을 향한

이제 이러한 칭의 이해에 대해 알아보자.

칭의의 의미

넓게는 제2성전기 유대교 문헌에서 혹은 좁게는 바울서신에서 그리스어 동사 '디카이오오'(dikaioō) 및 관련 단어들로 표현되어 있는 '칭의' 개념은 때때로 편협한 '어휘 연구'의 대상이 되었고, 마치 단순하게 그 단어 자체가 등장하는 경우만 분석하면 이 광범위한 신학 개념에 관한 모든 것을 발견할 수 있다는 듯이 연구되었다. 하지만 유대교의 신학 개념으로서 칭의를 대상으로 삼는 모든 논의는 서로 겹치는 개념인 언약,[34] 생명,[35] 그리고 당연히 정의/의[그리스어 '디아키오쉬네'(dikaiosynē)][36]와 반드시 연결되어야 한다.

자기희생(사랑) 같은 개념 속에 요약되어 있는데, 그것이 그리스도와 성령으로 가능케 되었다는 사실(롬 8:3-4)을 바울이 발견했다고 주장할 것이다. 이러한 발견으로 인해 바울은 '그리스도의 율법'(갈 6:2; 고전 9:21) 같은 표현을 만들 수 있었다. 이 표현은 율법의 두 번째 돌판을 기독론적으로 해석한 내용을 담은 줄임말로서, 십자가 형태의 사랑을 강조한다.

[34] 따라서 나는 의가 언약적 관점에서 이해되어야 하지만, (N. T. Wright와 반대로) 단지 언약의 구성원 자격으로만 이해되어서는 안 된다고 주장하는 Simon Gathercole("The Doctrine of Justification in Paul and Beyond", pp. 236-237)에 전적으로 동의한다. Gathercole은 대신 의가 히브리어 성경과 초기 유대교 그리고 바울서신 안에서 '하나님이 요구하는 것을 행하는 것'으로 이해되어야 한다고 말하면서, 토대가 되는 본문으로 신 6:24-25을 인용한다. 하지만 나는 바울이 믿음을 단순히 '하나님의 약속을 신뢰하는 것'으로 이해했다는 Gathercole의 의견(p. 240)에는 동의하지 않는다. 그 내용은 바울의 믿음을 이해하는 데 필요조건이지만, 충분조건은 아니다.

[35] 나는 Francis Watson이 토라의 율법 준수의 목적(예. 레 18:5; 신 30장)으로서, 따라서 바울에게 칭의의 의미에서 본질적인 요소로서 (현재의 그리고/혹은 종말의 생명으로 이해된) '생명'을 강조한 것에 동의한다(*Paul and the Hermeneutics of Faith*, 예. pp. 53 n. 61, 437, 여러 곳).

[36] 영어에는 그리스어 단어군 *dikaioō*, *dikaiosynē* 등을 번역하기 위한 두 개의 단어군('just-'와 'right-')이 있어서, 하나님의 정의/의와 칭의 사이의 연관성, 칭의와 인간의 정의/의 사이의 연관성 그리고 심지어는 인간의 정의와 인간의 의 사이의 연관성을 이해하는 데 거대한 혼란을 부추겼다. 다양한 성경 번역이 다양한 (그리고 때로는 신학적 편견이 들어간) 방식으로 이 문제를 다루었다. John Reumann은 "오직 영어만이 성경 사전에 '의'와 '칭의' 항목이 따로 있는 듯하다"라고 지적했다("Justification and Justice in the New Testament", *HBT* 21 [1999]: pp. 26-45, 이 내용은 p. 28).

그렇다면 **바울에게** 칭의는 무엇이었는가? 내가 주장할 내용은 바울에게 칭의란 (하나님을 향한) '수직적' 혹은 신학적 관계 및 그와 불가분한 (타인을 향한) '수평적' 혹은 사회적 관계 모두에서 올바른 언약 관계의 수립 혹은 회복을 뜻하며,[37] 바울은 그것을 언급할 때 '피스티스'와 '아가페'를 가장 빈번하게 사용했고, 또한 거기에는 궁극적인 신원과 영광에 대한 확실한 소망이 포함되며, 이 모든 것은 그리스도와 성령에 비추어 이해되고 그리스도와 성령을 통해 경험된다는 것이다.[38]

혹은 내가 다른 곳에서 더 간결하게 표현했듯이

바울의 칭의는 다음과 같이 정의할 수 있다. 즉, **하나님께 '충성'하고 이웃**

---

[37] 이 내용과 관련해, Ziesler는 바른 길로 시작했다가 나중에 심각하고 비논리적인 잘못을 범하고 만다. 그는 LXX와 바울이 말하는 칭의가 단지 법적인 것이 아니라 "관계의 회복과 관련 있다"고 옳게 강조한다. 즉, 그것은 "잘못을 바로잡고, 사람들을 더도 말고 덜도 말고 언약 공동체 안에서 제대로 된 위치로 되돌려 놓는 것"이다(Pauline Christianity, p. 88). 하지만 그는 여전히 칭의를 죄 용서로 좁게 정의하고(칭의는 "죄 용서에 가깝다"며 롬 4:6-8을 인용), 칭의가 "새로운 품성의 수립"에 관한 것이 아님을 뜻한다는 그릇된 주장을 펼친다. Ziesler는 바울이 변화를 이야기할 때는 다른 언어를 사용한다고 주장하면서, 칭의를 "엄격하게 공동체로의 수용과 회복"에 제한하고, "(거기에 뒤따르긴 하지만) 품성의 변화"는 포함하지 않는 것으로 본다. 하지만 성경의 상징 세계 안에서 한 사람의 "언약 공동체 안에서 제대로 된 위치로"의 회복이 어찌 언약을 준수하는 사람으로의 변화를 수반하지 않을 수 있는가?

[38] 이러한 이해는 *Cruciformity; Apostle of the Crucified Lord: A Theological Introduction to Paul and His Letters* (Grand Rapids: Eerdmans, 2004); 그리고 *Reading Paul* (Eugene: Cascade, 2008)을 포함해 내가 쓴 바울에 관한 이전의 모든 책에서 취한 입장을 발전시킨 것이다. 이러한 점들에 추가로 나는 다음 내용도 덧붙이고 싶다. "그렇다면 칭의는 하나님과의 화해, 그리고 하나님의 언약 공동체 안의 구성원 자격에 관한 것이다. 바울에게 이것은 하나님의 주도와 은혜로 발생하며, 인간은 이것에 믿음, 즉 신뢰, 순종, 공적인 고백으로 반응한다. 믿음은 단지 복음에 반응하는 일회성 행위가 아니라, 그 자체로 일종의 십자가 처형과 부활인 하나님과의 지속적인 언약 관계이기에, 언약의 의무들이 이제 성취될 수 있다"(*Apostle of the Crucified Lord*, p. 138). 이 인용 단락의 마지막 부분은, 바울 신학은 그리스도와 성령을 중심으로 재구성된 유대교 신학이라는 이를테면 N. T. Wright의 통찰(*Paul: In Fresh Perspective*)과 더불어, 신약은 단지 개념만이 아닌 초기 그리스도인의 경험에 대한 증언이라는 이를테면 Luke Johnson의 통찰을 인정하려는 시도다. 이 두 번째 내용에 대해서는 또한 *Cruciformity*를 보라.

을 '사랑'하는 올바른 언약 관계의 수립 혹은 회복 그리고 심판의 날에 무죄 선고/신원 받을 것에 대한 확실한 '소망'.[39]

이것은 정말로 생명, 즉 현재와 미래 모두의 생명이요, 모든 유대인의 목표요, 언약의 본질적 내용이었고, 하나님의 선물인 율법의 목적이요, 바울에게는 하나님의 선물인 그리스도와 성령의 목적이었다.

칭의에 관한 실제 언어는 서로 맞물리는 다음 네 가지 영역에서 유래했다.

- 하나님의 특성을 언급하는 **신론** 영역: 하나님은 공정하시다.
- 도덕적 의무와 더불어 하나님과의 공동체적·언약적 관계를 언급하는 **언약** 영역: 하나님은 정의를 요구하신다.
- 재판관으로서 하나님의 사법적 이미지를 언급하는 **법적** 영역: 하나님은 심판하시고 용서하신다.
- 미래의 심판과 구원을 언급하는 **종말론적** 영역: 주님의 날에 하나님은 심판하시고, 인정과 생명을 (혹은 정죄와 죽음을) 주실 것이다.[40]

---

39 이것은 *Apostle of the Crucified Lord*, p. 138의 정의를 살짝 수정한 것이다(강조 추가). *Cruciformity*에서 나는 "그렇다면 칭의는 (1) 하나님과의 올바른 관계(언약)이며, 그 결과 (2) 타인과의 올바른(나아가 '경건한') 관계(미덕)와 (3) 심판의 날에 무죄 선언(신원)을 가져온다. 달리 말해, 칭의, 의 그리고 그와 관련된 영어 용어들은 **하나님 및 이웃과 관련된 언약적 신실함과 궁극적인 신적 승인**을 가리킨다"라고 썼다(p. 136). 비슷한 관점으로 Hays, "Justification", 특히 pp. 1130-1132를 보라.

40 첫 번째 내용(하나님의 특성)을 언급하지 않지만 비슷한 이야기를 하는 N. T. Wright, *What Saint Paul Really Said: Was Paul of Tarsus the Real Founder of Christianity?* (Grand Rapids: Eerdmans, 1997), pp. 117-118, 131를 보라.『톰 라이트 바울의 복음을 말하다』(에클레시아 북스). 하지만 나는 바울에게 칭의 '그 자체'는 은혜로 믿음으로 옮겨지는 "과정(Wright는 그것을 '부르심'의 의미로 본다)을 **지시하는** 것이 아니라", "내가 어떻게 하나님 백성의 구성원으로 선언되는가"(어떻게 사람들이 "의로운", '언약 내부의' 지위를 부여받는가")를 의미한다는 Wright의 견해에는 동의할 수 없다(*Paul: In Fresh Perspective*, pp. 121-122; 참조. p. 159; 또한 *What*

정의로운/의로운 자들은 하나님의 구별된 백성으로서, 정의로운/의로운 언약의 하나님과 현재 올바른 언약 관계에 있으며 미래에 그런 존재로 인정될 사람들이다.[41] 당연히 그리스도 안에서 ('메시아 안에서'가 더 나은 표현이다) 그 관계는 유대인과 이방인에게 공히 열려 있다.[42]

그렇다면 바울에게 칭의는 오로지 혹은 일차적으로 사법적 혹은 법정적 의미, 즉 사면이나 무죄 선고를 선언하는 신적 재판관 이미지가 아니었다. 그것도 칭의의 중요 의미 중 일부지만, 단지 일부일 뿐이다. 법정적 이미지는 그보다 넓은 언약적·관계적·참여적·변혁적 틀 안에서 이해되어야 한다. 그 틀을 확인하기 위해 로마서 5:1-11과 고린도후서 5:14-21을 살펴보자.

칭의 자체는 그 무엇보다도 언약적·관계적 실재라는 사실이 드러나는 곳이 로마서 5:1-11이다. 거기서 바울은 칭의와 화해를 동의적 평행법으로 제시한다. 먼저 9-10절이다.

[9] 그러면 이제 우리가 **그의 피로 말미암아 의롭다 하심을 받았으니**, 더욱 그로 말미암아 진노하심에서 구원을 받을 것이니, [10] 곧 우리가 원수 되었을 때에 **그의 아들의 죽으심으로 말미암아 하나님과 화해하게 되었은즉, 화해**

Saint Paul Really Said, pp. 113-120를 보라). 칭의/의의 성경 배경에 관한 간략하지만 탁월한 개관으로는 Joseph A. Fitzmyer, "Justification by Faith in Pauline Thought: A Catholic Perspective", in Aune, ed., *Rereading Paul Together*, pp. 77-94, 이 내용은 pp. 78-81을 보라.

41 Michael F. Bird[*The Saving Righteousness of God: Studies in Paul, Justification, and the New Perspective* (Carlisle: Paternoster, 2007), p. 4]는 칭의를 "그것을 통해 하나님이 새 시대의 맛보기로서 새로운 신분을 지닌, 새로운 언약 안에 있는 새 백성을 창조하는 행위"라고 정의한다. 이 정의는 일반적으로 매우 세련된 설명이지만, '신분'이라는 단어가 다소 문제 있다. 왜냐하면 화해와 새 창조가 요구하는 칭의의 변혁적 특징을 최소화하려는 특정 신학들의 분위기가 전달될 수 있기 때문이다.

42 하지만 이방인을 이방인인 **그대로** 언약 공동체로 환영하는 것이 칭의의 유일한 의미라는 것도, 혹은 나아가 일차적인 의미라고 하는 것도 그릇된 판단이다. 이방인의 포함은 칭의의 적절한 이해를 위해 필요한 차원이지만, 그것이 전부는 아니다.

하게 된 자로서는 더욱 그의 살아나심으로 말미암아 구원을 받을 것이니라.

9절의 "그의 피로 말미암아 의롭다 하심을 받았다"라는 표현의 의미가 10절에서 두 개의 병행 구절인 "그의 아들의 죽으심으로 말미암아 하나님과 화해하게 되었은즉"과 "화해하게 된 자로서는"으로 설명된다. 말하자면, 칭의는 하나님과 화해하게 된 것을 의미한다. 이것은 인간의 성취가 아닌 하나님의 행위다. 9-10절에 수동태가 세 번 등장한다는 사실이 그 점을 보여 준다. "우리가 의롭다 하심을 받았다", "우리가 화해하게 되었다", "화해하게 된 자로서는." 게다가 그것은 개인적 수준의 화해가 아니라, 하나님이 의도하신 행위요, 또한 공동체에 속한 백성이 경험하는 행위로서의 화해다. 로마서 5장 속 동사들의 주어는 '우리'이지 '나'가 아니다.

이러한 칭의와 화해의 동일시는 다음 절(롬 5:11)에서도 분명하다. 여기서는 화해가 선물이라는 점을 가리키기 위해, 의미상 수동의 강조점을 지닌 능동형 동사를 사용한다('이제 우리가 얻었다').⁴³ 이 절은 5장의 첫 절(5:1)과 함께 수미쌍관을 이루는데, 5장을 시작하는 이 절은 칭의를 이야기하면서 수동태를 이미 사용하며, 칭의가 지닌 관계적 특성을 '하나님과의 평화'라는 표현으로 이미 내비치고 있다.

> ¹ 그러므로 우리가 믿음으로 의롭다 하심을 얻었은즉, 우리 주 예수 그리스도로 말미암아 하나님으로 더불어 평화를 누리자.
>
> ¹¹ 이뿐 아니라 이제 우리로 화해를 얻게 하신 우리 주 예수 그리스도로 말

---

43 의미론상 이 문장에서 하나님은 우리에게, 즉 수령자에게 화해의 선물을 건넨 행위자다. 따라서 동사의 형태는 능동태('우리가 얻었다')이지만, 그 효력은 수동태다.

미암아 하나님 안에서 또한 자랑하느니라.

비슷한 방식으로 고린도후서 5:14-21은 하나님이 그리스도 안에서 행하신 것은 화해를 일으키는 것이었고, 그것은 그리스도 안에서 '하나님의 의[그리스어 '디카이오쉬네']가 되는 것'(5:21)으로 정의되는 화해라고 이야기한다. 이 본문은 나중에 다시 살펴보겠지만, 당장은 화해(5:18-20)와 의/칭의 언어(5:21)가 다시 한번 연결되어 있다는 사실에만 주목하자. 따라서 바울에게 '칭의'와 '화해'는 본질상 동의어다.[44] 화해로서 칭의는 죄들(sins, 복수; 즉, 범죄)의 용서(롬 3:25; 고후 5:19), 그리고 세력으로서 죄(Sin, 단수)로부터 해방(롬 3:24; 5:15-21)을 둘 다 포함한다. 죄들과 죄는 둘 다 사람이 하나님 및 타인과 맺는 관계에 영향을 미치기 때문에, 죄 용서와 해방은 그 고유 특성상 오직 타인과 연계되어서만, 즉 공동체 안에서 그리고 더 넓은 세계와의 관련성 안에서만 경험될 수 있는 실재다.

게다가 고린도후서 5:14-21은 화해/칭의 개념 자체에 고유한 내용으로 참여와 탈바꿈이 둘 다 포함된다고 이야기한다. 먼저, 우리는 "그리스도 안에"(5:17)와 "그 안에서"(5:21; 개역한글, "저의 안에서")라는 표현에서 참여를 확인할 수 있다.[45] 이 참여, '그리스도 안에 있음' 언급은 개인적이면서 동시에 공동체적인 의미로 이해되어야 한다. 각 신자가 그리스도 안에 있지만, 그리스도 자신이 한 몸, 즉 유대인과 이방인으로 구성된 한 언약 공동체를 구성한다. 마찬가지로 '그리스도 안에 있음'은 공동체적 현실이지만, 각 개

---

44 또한 Sanders, *Paul and Palestinian Judaism*, pp. 471-472도 그렇게 말한다. 추가로 Dunn, *Theology*, pp. 387-388를 보라.
45 또한 아마도 우리는 롬 3:24에서 칭의의 근원이 "그리스도 예수 안에 있는 속량"이라는 바울의 설명도 이런 식으로 이해해야 할 것이다. 즉, 그리스도의 죽음이 가져온 속량은 그 안에서, 그 안에 참여함으로 경험된다.

인에 의해 경험된다.

다음으로 우리는 고린도후서 5:14-21에서 탈바꿈이 화해/칭의의 고유 특징이라는 사실을 확인할 수 있는데, '새 창조'가 언급되고(5:17; 개역개정, "새로운 피조물"), '하나님의 의가 된다'는 표현이 나오며(5:21), 자신이 아닌 그리스도를 위한 삶으로 귀결되는 죽음과 부활의 이미지(5:14-15)가 나타나기 때문이다. 죽음과 부활 이미지는 특별히 흥미로운데, 그 이미지는 우리가 나중에 살펴볼 로마서 6장에 (그리고 갈 2장에도) 다시 등장할 것이다. 로마서와 갈라디아서를 살펴볼 때 확인하겠지만, 바울의 칭의 이해는 죽음과 부활 경험과 불가분하며, 그 경험의 토대는 그리스도 자신의 죽음과 부활이다(롬 4:25).

그렇다면 로마서 5장과 고린도후서 5장에 비추어 볼 때, 바울에게 칭의에는 다음과 같은 요소가 있다.

1. 칭의의 **객관적 기초** 혹은 **수단**은 하나님의 은혜로운 주도로 주어진 선물인 그리스도의 죽음(롬 5:1, 6-8, 9-11; 고후 5:18, 21), 그리고 (함축적으로는) 생명을 일으키는 하나님의 능력인 그리스도의 부활이다.

2. 칭의는 칭의/화해를 가져오는 **주관적 반응** 혹은 **양식**을 요구한다. 그 반응은 (항상 그런 것은 아니지만) 보통 명시적으로 '피스티스'라고 불리며, 통상 '믿음' 혹은 (동사 형태로) '믿는다'로 번역된다(롬 5:1; 고후 5:20; 참조. 롬 3:21-26; 10:9).

3. 칭의의 **실질적 내용**에는 화해·참여·탈바꿈이 포함된다(롬 5:1-2, 9-11; 고후 5:14-15, 17, 21).[46]

---

46 아리스토텔레스와 필론이 인과의 연쇄(형식적·내용적·효과적·최종적)를 뜻하기 위해 동원한 것과 같은 '인과'의 해석학적 렌즈를 사용한 처음 두 가지 측면(객관적 기초와 주관적 반응)에 대해, Peter Frick은 바울 안에서 구원의 **수단**(그리스도 안에서 베푼 하나님의 은혜로운 사랑

나는 이미 이 탈바꿈의 본질적 내용이 언약의 핵심인 하나님을 향한 충성과 이웃을 향한 사랑이라고 이야기했다. 하지만 왜 그런지 이해하려면, 이 세 가지 결론으로부터 생겨나는 다음 세 가지 질문에 답변해야 한다.

- 바울에게 그리스도의 죽음이 지니는 독특한 의미는 무엇인가?
- 그만의 독특한 '피스티스' 이해는 무엇인가?
- 그리스도의 죽음이 가진 의미가 한편으로는 '피스티스'의 의미와, 다른 한편으로는 칭의의 고유 특징으로서 탈바꿈의 의미와 어떻게 연결되는가?

이 질문에 답하다 보면 (그리스도와 우리의) 죽음과 부활 간의 밀접한 관련성도 확인하게 될 것이다. 사실 칭의는 죽음과 부활을 참여적으로 경험하는 것이다.

언약적 행동의 정수로서 그리스도의 죽음

우리가 고려해야 할 칭의의 다음 측면은 그리스도의 죽음을 언약 성취로 보는 바울의 독특한 해석이다.[47] 우리가 살펴볼 것은, 갈라디아서 2:15-21과 빌립보서 2:6-11에 따르면 그리스도의 십자가 처형은 수직적·수평적 언

에 의해 구성된 인과의 연쇄)과 구원의 **양식**(구원을 현실로 만드는 믿음의 반응) 사이의 구분을 확인할 수 있다고 제안한다["The Means and Mode of Salvation: A Hermeneutical Proposal for Clarifying Pauline Soteriology", *HBT* 29 (2007): pp. 203-222]. Frick은 "**구원의 수단과 양식 모두가 일치할 때만 우리는 바울이 말한 의미에서 구원을 이야기할 수 있다**"라고 옳게 강조한다(p. 221). Frick의 말은 단순하게 객관적 요소와 주관적 요소 둘 다 있어야만 구원이 있다는 의미이지만, 우리는 앞으로 바울에게 수단과 양식은 단순히 형식적 측면만이 아니라, 내용적 측면에서도 일치한다는 사실을 확인할 것이다.

약 준수를 동시에 보여 주며, 따라서 언약적 행동의 정수로서 율법의 두 돌판을 성취한다는 사실이다. 그리스도의 죽음에 관한 바울의 해석이 지닌 이러한 측면은 대체로 간과되어 왔고, 그 결과 칭의에 관한 이해가 크게 축소되고 말았다.

당연히 예수의 죽음은 신약에서 사랑의 행위로, 즉 하나님의 사랑 그리고/혹은 그리스도 자신의 사랑의 행위로 해석된다. 바울에 따르면, 그리스도의 죽음은 하나님 사랑의 증명(롬 5:6-8; 8:31-39)이요, 그리스도 자신의 사랑의 증명(갈 2:20; 그리고 함축적으로 롬 8:34-35과 고후 5:14)이다. 갈라디아서 2:20에서 우리는 그리스도 자신의 사랑의 행위로서 그의 죽음에 관한 간결한 표현을 볼 수 있다.

나를 사랑하사 나를 위하여 자기 자신을 주신 하나님의 아들. (NRSV)

혹은, 더 나은 번역으로

나를 위하여 자기 자신을 주심으로 나를 사랑하신 하나님의 아들.
(저자 사역)[48]

또한 바울은 그리스도의 죽음을 (아버지 하나님을 향한) 순종의 행위로,

---

47 이 말은 바울에게 그리스도 죽음의 의미가 '언약 성취'에만 한정된다는 주장이 아니다.
48 갈 2:20의 구절인 "나를 사랑하사 나를 위하여 자기 자신을 주신"은 '이사일의'(二詞一意, hendiadys), 문자 그대로 하면 '두 개를 통한 하나' 기법인 것이 거의 확실하다. 이것은 (이 경우에는 '그리고'로 연결된) 별개의 두 가지 문법 항목으로 실제 하나의 사건이나 물건을 가리키는 기법이다. 바울은 사랑의 행위와 그것과 별개인 죽음의 행위, 이렇게 별도의 두 '사건'을 가리키는 것이 아님이 확실하다. 따라서 우리는 이 본문을 "자기 자신을 주심으로 나를 사랑하신"으로 번역해야 한다.

그리고 그와 유사하게 '언약적 신실함' 혹은 '신실한 순종'이란 의미에서 '믿음'의 행위로 해석한다. 순종 주제가 가장 명확하게 진술된 곳은 빌립보서 2:8("죽기까지 순종하셨다"), 로마서 5:18-19("한 사람의 의로운 행위…한 사람이 순종하심으로"), 그리고 갈라디아서 1:4("하나님 곧 우리 아버지의 뜻을 따라")이다. 또한 최근 학계는 저작권 논란이 없는 바울의 편지에서 그리스어 문법이 모호한 일곱 구절, 즉 로마서 3:22, 26; 갈라디아서 2:16(2회), 20; 3:22; 빌립보서 3:9에서 그리스도의 죽음이 그의 '믿음' 혹은 '신실함'(피스티스)의 행위로 묘사될 수 있다고 주장한다.

전통적으로는 (적어도 종교개혁 이후로는) 그 모호한 구절들이 '그리스도를 믿음'으로 번역되었지만, 이 구절들을 소위 '주격 속격'의 사례로 해석해서 '그리스도의/하나님의 아들의 믿음[신실함]'으로 번역하는 주장이 필자를 포함해 많은 사람에게 설득력을 얻었다.[49] 만약 '그리스도의 믿음'이 정확한 번역이라면, 바울은 그리스도의 신실한 죽음이 하나님의 의를 구현하고 (롬 3:22), 칭의의 **양식**(롬 3:26)이자 칭의의 **수단**(갈 2:16; 3:22; 빌 3:9)이 되며,

---

49 '그리스도의 믿음' 해석에 관한 강력하고, 이제는 고전이 된 요약을 원한다면, Richard B. Hays, "*PISTIS CHRISTOU* and Pauline Theology: What Is at Stake?" in E. Elizabeth Johnson and David M. Hay, eds., *Pauline Theology IV: Looking Back, Pressing On* (Atlanta: Scholars, 1997), pp. 35-60를 보라. 이 논문은 Hays, *The Faith of Jesus Christ*, 2nd ed., pp. 272-297에 다시 실렸다. 또한 갈 2장에 대해서는 특히 J. Louis Martyn, *Galatians: A New Translation with Introduction and Commentary*, AB 33A (New York: Doubleday, 1997), pp. 263-275, 특히 pp. 269-275; Frank J. Matera *Galatians*, Sacra Pagina (Collegeville: Liturgical, 1992), pp. 100-102; 그리고 Hays, *The Faith of Jesus Christ*, 2d ed. 전부를 보라. 전통적인 해석에 대해서는 James D. G. Dunn, "Once More, *PISTIS CHRISTOU*", in the volume edited by Johnson and Hay, pp. 61-81를 보라. 이 논문은 Hays, *The Faith of Jesus Christ*, 2nd ed., pp. 249-271에 다시 실렸다. 나 자신의 입장에 대해서는 특히 *Cruciformity*, pp. 110-121를 보라. Paul Foster는 (그가 제2바울서신으로 여기는) 엡 3:12에도 주격 속격 *pistis Christou*가 들어 있으며, 그 사실은 저작권 논란이 없는 본문을 그렇게 읽는 것의 타당성을 뒷받침한다고 주장한다["The First Contribution to the *pistis Christou* Debate: A Study of Ephesians 3,12", *JSNT* 85 (2002): pp. 75-96]. 주격 속격의 사례로서 *pistis Christou* 본문 해석의 신학적 함의에 대해서는 David L. Stubbs, "The Shape of Soteriology and the *Pistis Christou* Debate", *SJT* 61 (2008): pp. 137-157를 보라.

얼마간은 현재 삶의 **방식**을 제시한다(갈 2:20)고 말한 것이다. 그것은 다음 표가 보여 주는 바와 같다.

	그리스도의 믿음: 저작권 논란이 없는 편지 본문	
	목적격 속격 ('그리스도를 믿음')	주격 속격 ('그리스도의 믿음')
롬 3:21 -22a	²¹하지만 이제는 율법 외에 하나님의 의가 나타났으니, 율법과 선지자들에게 증거를 받은 것이라. ²²곧 **예수 그리스도를 믿음**으로 말미암아 모든 믿는 자에게 미치는 하나님의 의니	²¹하지만 이제는 율법 외에 하나님의 의가 나타났으니, 율법과 선지자들에게 증거를 받은 것이라. ²²곧 **예수 그리스도의 믿음[신실함]**으로 말미암아 모든 믿는 자에게 미치는 하나님의 의니
롬 3:26	곧 이때에 그 자신이 의롭다는 것과 그가 **예수 믿는** 자를 의롭다 한다는 것을 나타내려 하심이라.	곧 이때에 그 자신이 의롭다는 것과 그가 **예수의 믿음[신실함]**을 가진[혹은 "공유하는"] 자를 의롭다 한다는 것을 나타내려 하심이라.
갈 2:16	사람이 의롭게 되는 것은 율법의 행위로 말미암음이 아니요, 오직 **예수 그리스도를 믿음**으로 말미암는 줄 알므로, 우리도 그리스도 예수를 믿나니, 이는 우리가 율법의 행위로써가 아니고 **그리스도를 믿음**으로써 의롭다 함을 얻으려 함이라. 율법의 행위로써는 의롭다 함을 얻을 사람이 없느니라.	사람이 의롭게 되는 것은 율법의 행위로 말미암음이 아니요 오직 **예수 그리스도의 믿음[신실함]**으로 말미암는 줄 알므로, 우리도 그리스도 예수를 믿나니, 이는 우리가 율법의 행위로써가 아니고 **그리스도의 믿음[신실함]**으로써 의롭다 함을 얻으려 함이라. 율법의 행위로써는 의롭다 함을 얻을 사람이 없느니라.
갈 2:20	이제 사는 것은 내가 아니요, 그리스도께서 내 안에 사시는 것이라. 이제 내가 육체 가운데 사는 것은 나를 사랑하사 나를 위하여 자기 자신을 버리신 **하나님의 아들을 믿는 믿음** 안에서 사는 것이라.	이제 사는 것은 내가 아니요, 그리스도께서 내 안에 사시는 것이라. 이제 내가 육체 가운데 사는 것은 나를 사랑하사 나를 위하여 자기 자신을 버리신 [혹은, "나를 위하여 자기 자신을 버리심으로 나를 사랑하신"] **하나님의 아들의 믿음[신실함]** 안에서 사는 것이라.

갈 3:22		그러나 성경이 모든 것을 죄의 권세 아래에 가두었으니, 이는 **예수 그리스도를 믿음**으로 말미암은 약속을 믿는 자들에게 주려 함이라.	그러나 성경이 모든 것을 죄의 권세 아래에 가두었으니, 이는 **예수 그리스도의 믿음[신실함]**으로 말미암는 약속을 믿는 자들에게 주려 함이라.
빌 3:9		그 안에서 발견되려 함이니, 내가 가진 의는 율법에서 난 것이 아니요, 오직 **그리스도를 믿음**으로 말미암은 것이니, 곧 믿음에 기초해 하나님께로부터 온 의라.	그 안에서 발견되려 함이니, 내가 가진 의는 율법에서 난 것이 아니요, 오직 **그리스도의 믿음[신실함]**으로 말미암은 것이니, 곧 믿음에 기초해 하나님께로부터 온 의라.

'피스티스 크리스투'와 그 병행 구절에 관한 이 새로운 독법은 바울에 관한 전체적인 이해에 매우 의미심장한 영향을 끼치고 있다. 하지만 이 해석에 관한 주장을 펼치는 것은 본 장의 범위를 넘어선다. 우리는 이 해석의 타당성을 전제하고 논의해 나갈 텐데, 앞으로의 논의가 역으로 이 해석을 강화해 줄 것이다. 지금 우리에게 가장 즉각적인 관심사는 앞서 언급한 해석, 말하자면 그리스도의 죽음을 '피스티스'와 '아가페', 이 두 가지로 이해하는 해석을 빌립보서 2장과 갈라디아서 2장에서 결합하는 것이다.

갈라디아서 2:15-21에서 바울은 우리의 칭의를 위한 예수의 죽음을 이야기하는 맥락에서 믿음을 세 번 언급하는데, (예수) 그리스도의 믿음(2:16, 두 번) 혹은 하나님의 아들의 믿음(2:20)으로 언급한다. 2:20에서 하나님의 아들의 이 신실한 행위는 구체적으로 그의 사랑의 행위로 묘사된다. "내가 사는 것은 나를 위하여 자기 자신을 버리심으로 나를 사랑하신 하나님의 아들의 믿음[신실함] 안에서 사는 것이라." 따라서 바울에게 그리스도의 십자가 죽음은 하나님을 향한 자기희생적 믿음(신실함)의 행위(2:16, 20)요, 동시에 인류를 향한 그의 자기희생적 사랑의 행위였다. 그것은 수직적 언약과 수평적 언약, 하나님을 향한 사랑과 이웃을 향한 사랑을 통합해서 성

취한 단일 행위였다.⁵⁰

본서 1장에서 살펴보았지만, 그리스도의 자기 비움과 이후의 높아짐에 관한 시적 본문인 빌립보서 2:6-11에서 바울은 그리스도의 죽음을 (암시적으로 하나님을 향한) 그의 순종으로, 그의 자기 낮춤의 절정(2:8)으로 묘사한다. 그 시의 본문 자체는 그 죽음을 명시적으로 사랑의 행위라고 부르지는 않는다. 하지만 바울은 그런 방식으로 그 죽음을 이해했던 것이 확실하다. 왜냐하면 바울이 빌립보 교인들을 향해 성령 안에서 사랑하는 삶의 즐거운 표현으로서 (기본적으로 같은 의미인 2:3과 2:4의 두 본문에서) 자기보다 타인의 이익을 살피라는 권면(2:1-4)의 토대로 그 시를 활용하기 때문이다.

¹그러므로 그리스도 안에 무슨 권면이나, **사랑**의 무슨 위로나, 성령의 무슨 교제나, 긍휼이나 자비가 있거든, ²마음을 같이하여 같은 **사랑**을 가지고, 뜻을 합하며, 한마음을 품어, ³아무 일에든지 이기적인 야망이나 허영으로 하지 말고, 오직 겸손한 마음으로 각각 자기보다 남을 낫게 여기고, ⁴각각 **자기 이익만이 아니라 타인의 이익을 살펴** 나의 기쁨을 충만하게 하라.

단어 '사랑'은 그 시를 도입하는 서문에 두 차례(2:1, 2) 등장하며, 그 시 자체만이 아니라 그 서문의 구조와 내용 모두가 사랑에 관한 바울의 다른 글들, 특히 고린도전서의 글과 유사하다. 실제로 고린도전서에서 사랑은 자기의 유익보다 타인의 유익을 구한다고 말할 때 빌립보서 2:4과 똑같은 그리스어 숙어를 사용한다(고전 13:5; 참조. 10:24, 33).⁵¹ 사랑에 관한 바울의 특

---

50 이 내용에 관한 추가 논의는 Gorman, *Cruciformity*, pp. 113-115, 162-163를 보라.
51 빌 2:4은 *mē ta heautōn hekastos skopountes alla [kai] ta heterōn hekastos*이지만, 고전 13:5은 [*hē agapē*] *ou zētei ta heautēs*, "사랑은 그 자신의 이익을 추구하지 않는다"(저자 사역)이다. 비슷한 생각이 롬 14-15장에는 다른 관용구로 표현되어 있는데, 거기서는 환대의 기초를 그리스

별한 이해를 명시적으로 권면하는 내용(1-2절에서 명명한 단어 '사랑'을 정의하는 3-4절)과 그리스도 내러티브(6-8절) 사이의 이처럼 분명한 유사성으로 보건대, 바울은 6-8절에 서술된 그리스도의 행위들을 단순히 그리스도의 순종만이 아닌, 동시에 그의 사랑으로도 이해했다.[52]

따라서 굉장히 핵심적인 이 두 본문이 보여 주듯이, 바울에게 그리스도의 죽음은 **하나님을 향한 믿음과 타인을 향한 사랑이 하나로 통합된 행위였다.**[53] 그리스도의 믿음과 사랑은 불가분해서 동전의 양면과 같다. 몇 명의 다른 바울 해석자도 그리스도의 죽음을 기술하는 요소로서 믿음과 사랑의 결합을 이전에 언급했었다.[54] 하지만 우리는 여기서 더 나아가, 이 믿음과 사랑의 결합이 긍정적으로는 율법의 두 돌판에 상응하고, 부정적으로는 믿음 없음과 불의, 혹은 우상숭배와 부도덕이라는 인간의 쌍둥이 실패에 대응한다는 사실을 볼 수 있어야 한다(이 내용에 대해서는 앞서 논의한 바 있다). 따라서 그리스도의 죽음은 단지 대리적인 메시아적 행위나 대속적 행위에만 그치지 않는다. 그 죽음은 더 구체적으로는, 그리고 더 중요하게는 **언약적** 행위의 정수로서, 신실하고 자애로운 한 죽음의 행위 안에 하

도가 자기 이익을 거부했다는 사실에 둔다(롬 15:1-3).
52　추가 논의는 Gorman, *Cruciformity*, pp. 164-169를 보라.
53　그리스도의 죽음을 믿음과 사랑 둘 다로 보는 이러한 해석은 또한 롬 5장의 기초일 수도 있는데, 롬 5:1-11의 지배적인 주제는 사랑(특히 하나님의 사랑), 5:12-21의 지배적인 주제는 순종이다.
54　이를테면, Richard B. Hays, "Crucified with Christ: A Synthesis of the Theology of 1 and 2 Thessalonians, Philemon, Philippians, and Galatians", in Jouette M. Bassler, ed., *Pauline Theology I: Thessalonians, Philippians, Galatians, Philemon* (Minneapolis: Fortress, 1991), pp. 227-246; 이 부분은 pp. 232-233, 243를 보라. 또한 그의 *Moral Vision*, pp. 27, 31를 보라. 마찬가지로 Bruce W. Longenecker, "Defining the Faithful Character of the Covenant Community: Galatians 2,15-21 and Beyond: A Response to Jan Lambrecht", in James D. G. Dunn, ed., *Paul and the Mosaic Law* (Grand Rapids: Eerdmans, 1996), pp. 75-98, 특히 88-89도 보라.

나님 사랑과 이웃 사랑이 연결되고 구체화된 것이었다.[55] 그리고 바울은 그리스도를 이스라엘의 메시아만이 아닌 아담의 대형(antitype)으로도 보기 때문에(롬 5:12-21; 고전 15:22, 45), 그러한 행위는 또한 **인간적** 행위의 정수이기도 하다.[56]

그와 동시에 우리는 그리스도의 죽음을 그의 충성과 사랑의 행위로 보는 이러한 이해를 1장에서 논의한 케노시스적 특성과 분리해서는 안 된다. 그리스도는, 사실은 그리스도 안에서 활동하시는 하나님은, 자신을 포기하는 결정을 내리고 그 가장 깊은 결핍의 차원에서 자신을 인류와 일치시켰으니, 그 차원은 죄였다.[57] 이 언약적인 케노시스적 믿음과 사랑의 행위는 "하나님이 인간의 곤경에 참여하신 것이었고, 그로 인해서 인간이 하나

---

[55] 바울에게 그리스도 죽음의 의미에 관한 이러한 해석은 논란의 표현인 *pistis christou*를 '그리스도의 믿음', 즉 하나님을 향한 그리스도의 언약적 헌신 혹은 충성심으로 보는 독법에 의존하지만(혹은 적어도 그 독법으로 크게 강화되지만), James D. G. Dunn은 이 독법을 수용하지 않는다. 이 사실이 부분적으로는 Dunn이 "그리스도의 죽음에 관한 바울의 신학화"에서 "그리스도의 죽음과 새 언약 개념 사이에" 어떤 유의한 연관성도 거부한다는 사실에 대한 설명이 될 것이다["Did Paul Have a Covenant Theology? Reflections on Romans 9:4 and 11:27", in *Celebrating Romans: Template for Pauline Theology: Essays in Honor of Robert Jewett*, ed. Sheila E. McGinn (Grand Rapids: Eerdmans, 2004), pp. 3-19; 이 내용은 p. 11]. 그 논문에서 Dunn은 "'언약'이 바울에게 일차적인 범주는 아니지만"(p. 11; 참조. 또한 pp. 7, 10, 14, 19), 그가 '언약'이란 용어와 주제를 사용할 때 그것은 유대교에 맞서 '대체주의적인 복음 대 율법'이란 대립 구도를 창조한 것이 아니라고 주장한다(pp. 14-16). Dunn은 오히려 바울이 "이스라엘이 자신을 하나님의 언약 백성으로 보는 자기 이해에 집단 내적인 기여를 하고 있었으며"(p. 19), 그 기여에서 (새) 언약 주제는 내면의 성령을 통한 "언약적 의무를 성취하는 더 효과적인 방식"(p. 17)을 뜻한다고 주장했다. 바울에게 언약의 중요성을 무시한 면에서는 Dunn의 설득력이 떨어지지만, 그가 성령에 힘입은 언약 성취에 관해 긍정적 내용은 절대적으로 옳다. 이 성령이 신실하고 자애로운, 십자가에 못 박힌 그리스도—따라서 신자들이 함께 십자가에 못 박히는, 언약을 성취하는 그 그리스도—의 성령이라는 사실로 인해 그리스도와 그의 죽음, 그리고 그 죽음이 우리에게 갖는 의미에 관한 바울의 신학은 **본질상 언약적**이다.
[56] 우리는 이미 1장에서 그리스도의 성육신과 죽음이 가진 케노시스적, 십자가 형태의 특징과 아담의 이기적 추구를 대조하는 이야기를 할 때, 이런 주장을 했었다. 여기서는 같은 실재를 아담의 불순종과 대조되는 믿음/순종과 사랑의 관점에서 바라본다.
[57] 예를 들면, 고후 5:21. 이 점에 관해서는 Tannehill, "Participation in Christ", pp. 225, 227, 228-229, 230, 235-236를 보라.

님의 아들에 참여하는 것이 가능해졌다."[58] 이제 이 부분을 살펴보자.

'함께 십자가에 못 박힘'에 의한 칭의(Justification by Co-Crucifixion)

다음으로 바울의 독특한 믿음(피스티스) 이해, 즉 믿음을 복음에 대한 인간의 반응으로, 그리고 칭의를 획득하는 수단으로 보는 이해를 살펴보고, 이어서 다시 한번 바울이 칭의 자체로 의도한 의미를 살펴보자. 우리는 바울이 그리스어 동사 '쉬스타우로오'(systauroō, '함께 십자가에 못 박다')를 수동태로 사용한 두 본문인 갈라디아서 2:15-21과 로마서 6:1-7:6에 초점을 맞출 것이고, 이 두 본문에서 믿음은 곧 그리스도와 '함께 십자가에 못 박힘'이라는 사실, 즉 믿음은 죽음 경험이라는 사실을 확인할 것이다. 바울에게 (하나님 및 타인과의 올바른 언약 관계의 회복인) 칭의는 율법 준수나 율법을 향한 열심을 통해서가 아니라, 언약 준수의 정수인 그리스도의 행위에 참여함을 통해서 일어나는 것이다. 따라서 이 올바른 언약 관계로의 회복은 죽음과 부활 경험 혹은 죽음을 통한 부활 경험이다.

갈라디아서 2:15-21

갈라디아서 2:15-21은 바울이 동사 '쉬스타우로오'를 사용하는 두 가지 사례 중 하나다. 물론 이 단락에는 '에르가 노무'(erga nomou, '율법의 행위')와 '피스티스 크리스투'(pistis Christou, '그리스도를 믿음/그리스도의 믿음')를 포함해, 바울의 신학 사전의 다른 핵심 용어도 들어 있다. 갈라디아서 2:15-21을 해석하는 사람들은 대부분 이 단락에서 두 가지 주요 주장을 발견할 것이

---

58 Tannehill, "Participation in Christ", p. 229. 하지만 Tannehill은 여기서 개진하고 있는 언약적 해석을 제시하지 않는다.

다. 첫째, 이 용어들을 어떻게 이해하든 상관없이, 바울은 칭의를 '에르가 노무'가 아닌 '피스티스 크리스투'를 통해 얻는다고 주장한다. 둘째, 바울은 그리스도 안에 있는 사람들을 '그리스도와 함께 십자가에 못 박힌' 사람들로도 묘사할 수 있으며, 이 표현은 비유적으로 율법에 대한 그들의 죽음 혹은 율법으로부터 그들의 분리, 그리고 그 뒤에 이어지는 믿음의 삶을 가리킨다고 주장한다. 어떤 식으로든 그 본문은 두 가지 실존적 현실, 즉 칭의와 (비유적 의미에서) 십자가에 못 박힘을 언급하는 것으로 이해된다.

하지만 갈라디아서 2:15-21이 (관련은 있지만) 별개의 경험인 그 두 가지 현실을 가리킨다는 이러한 해석은 정말로 부실하다. 이 두 개의 내용은 반드시 **동일한** 현실의 서로 연결된 측면으로 이해되어야 한다.[59] 16절과 21절은, 그와는 다른 주제를 다루는 19-20절(그리스도와 함께 십자가에 못 박힘 경험)의 앞뒤로 수미쌍관을 형성하고 있는 단순한 병행 진술(주제는 그리스도의 죽음에 기초한 이신칭의)이 아니다. 오히려 19-20절은 율법의 행위에 의한 칭의가 십자가를 무의미하고 헛되며 불필요한 것으로 만드는 **이유**를 보여 준다. 그 이유는 칭의가 십자가에 참여함으로, 즉 십자가에 함께 못 박힘으로 이루어지기 때문이다. 이것이 바로 문맥상 바울이 율법의 행위와 믿음을 대조하면서 의도한 의미다.

칭의를 재정의하는 바울

최근에 나온 세 편의 논문은 이러한 해석의 전체적인 핵심을 옹호하면서, 갈라디아서 2:20을 둘러싼 문맥이 그 본문에서 바울이 칭의를 재정의하고

---

59 이 점은 이미 루터와 칼뱅도 인식했으나, 후대 해석자들은 한편으로는 믿음과 칭의, 다른 한편으로는 그리스도와의 연합과 성화 사이를 분리하는 경향이 있다. Stephen Chester, "When the Old Was New: Reformation Perspectives on Galatians 2:16", *Exp Tim* 119 (2007-2008): pp. 320-329, 특히 pp. 325-327, 328-329를 보라.

있음을 보여 준다고 또한 주장한다.[60] 먼저, 갈라디아서 2:20에서 관한 논문에서 스콧 쇼프(Scott Schauf)는 대부분 해석자가 이 절을 바울의 칭의 논의에서 떼어 내 바울의 '신비주의' 혹은 '참여주의' 신학의 최고 사례로 활용하면서 이 본문을 로마서 6장 같은 본문과 연결할 뿐 정작 근접 문맥과는 연결하지 않는다고 불평하는데, 이는 맞는 말이다.[61] 쇼프는 특히 2:20과 2:21의 긴밀한 연관성을 강조한다.

[20]사는 것은 더는 내가 아니요, 오직 내 안에 사는 것은 그리스도시라. 이제 내가 육체 가운데 사는 삶은 나를 사랑하셔서 나를 위하여 자기 자신을 주신 하나님의 아들을 믿음으로 사는 것이라. [21]내가 하나님의 은혜를 폐하지 아니하노니, 만일 칭의가 율법을 통해 온다면, 그리스도께서 헛되이 죽으셨느니라. (NRSV)

쇼프는 2:21이 "2:15-20에 포함된 주장 전체를 갈무리하며", 그 절이 "특히 20절을 기반으로 삼는다"고 주장하는데, 이 역시 맞는 말이다.[62] 쇼프에게 2:20은 "그 사람이 유대인인지 혹은 이방인인지에 대한 아무런 고려 없이

60　Scott Schauf, "Galatians 2.20 in Context", *NTS* 52 (2006): pp. 86-101; Martinus C. de Boer, "Paul's Use and Interpretation of a Justification Tradition in Galatians 2.15-21", *JSNT* 28 (2005): pp. 189-216; 그리고 Tannehill, "Participation in Christ"를 보라. Robert A. Bryant는 그의 책 *The Risen Crucified Christ in Galatia*, SBLDS 185 (Atlanta: Society of Biblical Literature, 2001)에서 "그리스도와 함께 십자가에 못 박히다"는 "하나님과 적절한 관계가 아니었던 사람이 어떻게 하나님과 올바른 관계가 되는지를 기술하기" 위한 바울의 "놀라운 표현"이라고 주장한다(p. 169). 하지만 Bryant는 이 '놀라운 표현'의 의미를 완전히 개진하지는 않은 채, 그 표현이 다른 곳에서 다른 뉘앙스를 가질 수도 있지만(p. 169 n. 14) 갈 2장에서는 하나님과의 올바른 관계의 기반으로서 율법을 버리고 대신 그리스도를 신뢰하는 것을 의미한다(p. 169)고 이야기한다. 이러한 갈 2장 이해가 부정확한 것은 아니지만, 불행하게도 너무 일반적이며 불완전하다.
61　Schauf, "Galatians 2.20."
62　Schauf, "Galatians 2.20", p. 96.

그리스도인을 묘사한 내용"이다.[63] 그는 2:20의 칭의 설명에서 네 가지 핵심 특징을 발견한다. (1) 칭의의 원천으로서 그리스도의 자애로운 십자가 위의 죽음, (2) 모든 그리스도인에게 공통인 의롭게 하는 경험으로서 그리스도와 함께 십자가에 못 박힘, (3) 신적 입양의 지표이자 성령 받음의 결과인 그리스도의 내주, 그리고 (4) 그리스도 안에서의 적합한 실존으로서, 율법의 행위가 아닌 믿음의 삶.[64] 쇼프의 갈라디아서 2:20 분석은 대체로 설득력이 있다. 하지만 그는 2:20이 칭의에 관한 내용이라는 논제를 뒷받침하는 데 있어서 믿음과 '그리스도와 함께 십자가에 못 박힘', 이 두 용어가 동의어라는 사실을 입증할 정도로 이 두 용어 사이의 연관성을 충분히 보여 주지는 못했다. 이 내용은 나중에 다시 살펴보겠다.

쇼프와 비슷하지만 더 조심스럽게 마르틴 더부르(Martin de Boer)가 갈라디아서 2:15-21에 관한 주의 깊은 연구에서 내세운 주장은, 바울은 2:16a에 표현된 칭의관, 즉 그와 게바 및 갈라디아의 새로운 설교자가 공유하던, 심지어 공식화되어 있던 미래적·법정적 칭의관을 2:19-20에서 재구성하고 있었다는 것이다. 바울은 먼저 이 공유된 칭의관을 폭넓게 이해되던 율법의 행위로부터 강력하게 분리한다(2:16의 나머지 부분). (믿는 사람들에게) 칭의는 율법의 행위가 아닌 '피스티스 크리스투'에서 온다는 바울의 주장은 그가 2:19-21에서 더 분명하게 제시할 내용을 넌지시 비치는데, 즉 칭의는 그저 **미래의** 것만이 아닌 **현재의** 것이기도 하다는 것이다.[65] 바울이 2:21에서 드러내 놓고 칭의 주제로 돌아올 때, 그것은 그리스도와 '함께 십자가에 못 박힘'을 이야기한 후였으니, 그렇기에 '그리스도 안에 참여'를 칭의와 관

---

63 Schauf, "Galatians 2.20", p. 97.
64 Schauf, "Galatians 2.20", pp. 98-101.
65 de Boer, "A Justification Tradition", pp. 210-211.

련짓는다.⁶⁶ 더부르가 '법적인 나'의 죽음이라고 부른 것,⁶⁷ 즉 죽음과 같은 율법과의 단절 및 십자가에 못 박힌 그리스도와의 동일시가 뜻하는 것은, 바울이 칭의를 참여로 보되 (롬 6장처럼) 성례전적인 의미의 참여가 아니라, "유대교의 우주론적 묵시적 종말론에서 유래한 범주와 모티프에서 정보를 얻고 형성된바" 현재에 하나님의 바로잡는 힘을 경험한다는 의미의 참여로 보았다는 것이다.⁶⁸ 따라서 더부르가 말하길, **명시적이지는** 않지만 **문맥상** 바울은 칭의를 현재적이고 참여적인 것으로 재정의했으며, 따라서 미래적이고 법정적인 관점은 불충분한 것이 되었다.⁶⁹

더부르의 논문은 과녁에 명중했지만, 두 가지 내용을 추가하면 그의 논지를 더 강화하고 확장할 수 있다. 첫째, 더부르는 너무 망설인 나머지 문맥만 칭의의 재정의를 암시할 뿐 "그 어떤 명시적 재정의도 나타나지 않는다"라고 말한다.⁷⁰ 물론 바울이 "칭의는 '함께 십자가에 못 박힘'으로 이루어진다"라고 특정해서 말하지는 않지만, 2:19a과 2:19b-20a의 병행 언어는 그 자체로 그러한 주장을 하고 있다. 단지 문맥상 암시하는 정도가 아니다.

2:19a   (a)   내가 율법으로 말미암아 율법에 대하여 죽었나니
              [나의 이전 칭의의 원천]
         (b)   이는 하나님에 대하여 살려 함이라
2:19b-20a (a′) 내가 그리스도와 함께 십자가에 못 박혔나니
              [나의 새로운 칭의의 원천]
         (a″) 사는 것은 더는 내가 아니요,

---

66 de Boer, "A Justification Tradition", pp. 210-215.
67 de Boer, "A Justification Tradition", p. 213.
68 de Boer, "A Justification Tradition", p. 213 n. 33, p. 215.
69 de Boer, "A Justification Tradition", pp. 214-215.
70 de Boer, "A Justification Tradition", pp. 215.

(b′)　오직 내 안에 사는 것은 그리스도시라.
(b″)　이제 내가 육체 가운데 사는 삶은 하나님의 아들의 믿음 [신실함]으로[71] 사는 것이라.

2:19-20에서 확실히 바울은 칭의에 **뒤따르는** 어떤 경험에 관해 이야기하는 것이 아니라, 칭의 자체, 말하자면 이제는 율법 준수 대신 '함께 십자가에 못 박힘'에 의해 일어나는 것으로 이해되는 칭의에 관해 이야기한다. 더부르는 많은 해석자가 저질렀던 실수, 즉 아이러니하게도 2:19-20의 (적어도 암시적으로 드러나는) '함께 십자가에 못 박힘'을 2:16-18과 2:21의 칭의와 분리해 왔던 실수를 교정했다. 하지만 단지 문맥만이 아닌 2:19-20 본문 자체도 이 '함께 십자가에 못 박힘'이 바울 자신이 칭의로 의도했던 의미라는 사실을 우리에게 알려 주는데, 그것은 쇼프가 주장했던 내용이다.[72]

하지만 더 정확하게 이야기하자면(그리고 이것은 더부르에 대한 나의 두 번째 반응이며, 쇼프에게도 적용되는 내용이다), 우리는 바울이 칭의만 재정의한 것이 아니라, 그럼으로써 믿음도 재정의한다고 말해야 한다. 바울에게 **'믿음에 의한'** 칭의는 곧 **'함께 십자가에 못 박힘'**에 의한 칭의다. "예수 그리스도 안으로['에이스'(eis)] 믿게 된"(2:16) 사람들(이 표현은 믿음으로 복음에 긍정적으로 반응하고, 따라서 그리스도 밖에서 그리스도 안으로 옮겨온 사람들을 의미한다), 그리고 율법의 행위를 행함이 아니라 '피스티스 크리스투'에 의해 의롭게 된 사람들은 (바울이 자신을 대표적인 인물로 내세워 표현한 것으로 받아들인다면) 살기 위해 율법에 대해 죽고 그리스도와 함께 십자가에 못 박힌 사람들로 이후에 다시 묘사된다. 바울에게 믿음은 죽음 경험, 즉 율법(그리고/혹은 육체)에

71　혹은, 가능성은 더 낮지만, "하나님의 아들을 믿음으로."
72　Schauf는 또한 2:20이 칭의에 관한 것이라는 주장을 문맥이 뒷받침한다는 데 동의한다("Galatians 2:20", p. 101).

대한 죽음이요 그리스도와 함께 죽음이라는 결론을 부정하기는 힘들다.[73] (갈 3:27의 유사한 전이 언어가 암시하듯이, 이 믿음은 세례에서도 그와 같은 의미로 인식될 것이다. 물론 여기서 강조는 믿음에 있다.[74])

나아가 바울은 믿음을 '함께 십자가에 못 박힘'으로 정의하고 그 '함께 십자가에 못 박힘'의 결과를 삶/생명 – '하나님'에 대해 살려 함, 내 안에 사시는 그리스도(2:19-20) – 으로 정의함으로써, 칭의를 죽은 자의 부활, 즉 죽은 자의 현재적 부활과 연결한다. '나'는 십자가에 못 박혔지만, 또한 새로운 '나'로서 산다. 죽음과 새로운 삶 사이의 논리적이고 암시적인 감추어진 연결 고리는 당연히 부활이다. 이신칭의는 죽은 자로부터의 부활을 뜻한다. 다시 말해, 의롭게 하는 믿음은 본질상 참여적이고 변혁적이다.[75]

로버트 태너힐(Robert Tannehill)도 바울의 참여 신학에 관한 그의 논문에서 이러한 해석 노선을 취한다. 태너힐은 바울이 "율법의 행위가 아닌 믿음으로부터 오는 칭의를 열렬하게 주장하면서…그의 주장을 그리스도 안에 참여함의 관점에서 표현한다"라고 주장한다.[76] 그는 "바울이 열정적인 두 본문[갈 2:15-21과 빌 3:2-11]에서 칭의의 기초는 율법의 행위가 아닌 믿음이라는 그의 주장을 그리스도 안에 참여함이라는 우월한 가치

---

73 당연히 이방인들은 (유대교) 율법에 대해 죽을 필요는 없지만, 육체 및 세상과 관련해서는 십자가에 못 박힘이 필요할 것이다(갈 5:24; 6:14). 그런 본문은 아마도 유대인에게만 적용될 수 있는 율법에 대한 죽음이란 현실과 병행하면서도 그 현실을 포함하는, 이방인과 유대인에게 공히 적용될 수 있는, 바울의 더 일반적인 이미지를 표현한 것으로 이해될 수 있다. 유대인과 이방인 모두에게 믿음은 죽음을 뜻한다.
74 "그리스도 안으로[eis] 믿음"(2:16)과 세례의 병행은 명백하다. "누구든지 그리스도 안으로[eis; 개역개정, "그리스도와 합하기 위하여"] 세례를 받은 자는 그리스도로 옷 입었느니라"(갈 3:27).
75 우리는 앞서 고후 5:14-21에 관한 논의에서 이미 참여와 변혁의 요소를 확인했다. 또한 참여의 공동체적 특성을 강조한 Daniel G. Powers의 다음 작품도 보라. *Salvation through Participation: An Examination of the Notion of the Believers' Corporate Unity with Christ in Early Christian Soteriology*, Contributions to Biblical Exegesis and Theology (Leuven: Peeters, 2001), pp. 119-125.
76 Tannehill, "Participation in Christ", p. 229.

와 현실의 토대 위에 세운다"라고 주장한다. 이 두 본문은 바울이 말한 믿음의 의미에서 간과되어 왔지만 중요한 차원을 암시한다.[77] 갈라디아서 2:19-20에 대해 태너힐은 구체적으로 다음과 같이 이야기한다.

> 여기에서 그리스도의 죽음은 실질적 효력을 지닌 해방과 변혁의 사건으로 선언된다. **왜냐하면 바울 자신이 그 사건으로 이끌려 들어가 그 사건을 경험했으며**, 그 결과 그리스도 안에 참여하게 되었는데, 그분이 바울 안의 새로운 생명력이기 때문이다. 이어지는 문장에 중요한 설명이 제시된다. 갈 2:20b에서 바울은 "그리스도가 내 안에 사신다"는 진술을 정식화하는데, 일정 부분 그 목적은 그의 새로운 삶을 앞서 도입한 믿음 주제(2:16을 보라)와 관련짓기 위해서였다. "이제 내가 육체 가운데 사는 삶은 믿음으로, 즉 나를 사랑하셔서 나를 위하여 자기 자신을 주신 하나님의 아들의 믿음으로 사는 것이라." 이것은 우리가 앞 문장에서 만났던, 자기를 포기하신 하나님의 아들이다. 그분은 곤경 가운데 있는 인류와 자신을 일치시키기 위해 자신의 유익을 포기하신 하나님의 아들이며, 그 포기는 심지어 십자가 위에서 죽음에까지 이른다(빌 2:8).[78]

태너힐이 '함께 십자가에 못 박힘'과 '함께 부활함' 같은 정밀한 언어를 사용하지는 않지만, 분명히 그는 바울이 '믿음으로부터 오는'[from faith; 그리스어 '에크 피스테오스'(ek pisteōs)에 대한 태너힐의 번역] 칭의를 그리스도의 죽음과 부활에 참여함의 관점에서 진술한 것으로 보았다. 믿음 그 자체가 그리스도의 죽음에 참여하는 것으로 독특하게 정의되고 있는 것이다.[79]

---

77 Tannehill, "Participation in Christ", p. 229.
78 Tannehill, "Participation in Christ", pp. 229-230; 강조 추가.
79 개인적인 의견 교환(2008년 1월 25일)에서 Tannehill은 내가 제안한 표현인 "'함께 십자가에

헤이스와 라이트, 나 자신, 그리고 다른 많은 사람과 마찬가지로 태너힐은 이곳과 다른 곳의 '피스티스 크리스투' 어구를 주격 속격의 사례로 읽는다('그리스도의 믿음').[80] 하지만 우리의 분석 결과, 갈라디아서 2:15-21은 두 개의 '피스티스 크리스투'(그리스도의 믿음/그리스도를 믿음) 본문을 어떻게 해석하는지와 무관하게 믿음과 칭의 둘 다에 관한 바울의 이해가 그리스도의 십자가와, 그리고 그 안에 참여하는 것과 불가분하게 연결되어 있다는 점을 분명하게 보여 준다. 루터교 신약학자인 로이 해리스빌이 신약의 십자가에 관한 그의 책에서 직설적으로 말했듯이, "죄인의 칭의는 그리스도와 함께 십자가에 못 박힘 덕택에 확립된다"(갈 2:19).[81] 이렇게 해리스빌은 우리가 갈라디아서 2:15-21 분석을 통해 도출한 결론을 간결하게 요약한다. 따라서 믿음 혹은 칭의에 관한 그 외 모든 이해는 바울의 이해에 미치지 못한다.

바울의 재정의가 지닌 신학적 중요성

그렇다면 이신칭의는 '죽음-그리고-부활'(death-and-resurrection) 경험이다. 이 주장과 관련해 강조해야 할 중요한 세 가지 신학적 논평이 있다.

첫째, 칭의는 결코 자기 발생적 경험이 아니다. "내가 그리스도와 함께

못 박힘'에 의한 칭의"(justification by co-crucifixion)에 대해 우리 각자가 바울에 관해 주장하고 있는 내용의 '훌륭한 요약적 표현'이라는 반응을 주었다.

80 Tannehill("Participation in Christ", p. 230)이 주격 해석을 받아들이되, 다음과 같은 조건을 둔다고 강조한 것은 옳다. "조건: 그리스도의 믿음(=그의 신실한 순종)은 다른 사람이 참여할 수 있도록 초대하는 믿음의 영역을 열어젖힌 창시적 사건이다.…그의 백성들이 그리스도를 믿을 때, 그들은 이 새로운 종말론적 현실로 들어간다. 그들은 그리스도 안에 참여하고 그의 믿음을 공유한다."

81 Harrisville, *Fracture*, p. 76. 칭의의 법정적 특징을 강조해 온 Mark Seifrid조차 갈 2:18-21은 "십자가에 못 박히고 부활하신 그리스도 안에 참여함의 관점에서 칭의[참조. 2:15-17]를 설명한다"고 말한다("Paul's Use of Righteousness Language", p. 53).

십자가에 못 박혔다'의 수동태는 외부의 행위자가 존재함을 함축하며, 그 것이 하나님이 주도한 행위임을 드러낸다. 바울이 갈라디아서 3:1-5에서 말하듯이, 하나님이 십자가에 못 박힌 그리스도를 '밝히 드러냈'고, 갈라디아 신자들은 성령을 받았으며, '믿음'으로 응답했다.[82] 이 말이 가질 수 있는 유일한 의미는, 그게 어떤 식이었든 성령이 '함께 십자가에 못 박힘'과 '함께 부활함'의 경험을 갈라디아 신자들에게 일으켰다는 것이다. 여기서 하나님의 주도와 인간의 반응에 관한 신비를 풀 수는 없지만, 믿음이 (그리고 구체적으로는 '함께 십자가에 못 박힘'과 '함께 부활함'이) 자신의 구원을 개시하거나 가져온다고 이해하는 그 어떤 반(半)펠라기우스주의식 혹은 펠라기우스주의식 해석도 배제해야 한다.

둘째, 칭의는 사적 경험이 아닌 공적·공동체적 경험이다. 십자가에 못 박힌 그리스도가 밝히 드러난 것을 보고 그에 대한 반응으로 '피스티스'를 표현한 사람들은 "그리스도를[그리스어 '에이스'(eis); '안으로'] 믿게 된다"(갈 2:16). 갈라디아서 3:27의 병행 언어는 이 경험이 세례라는 사건, 그리스도의 죽음과 부활에 자신을 일치시키는 공적인 사건 안에서 일어난다고 혹은 적어도 표현된다고 암시한다. "누구든지 그리스도 안으로[그리스어 '에이스'(eis)] 세례를 받은 자는 그리스도로 옷 입었느니라." 그리고 그리스도 안으로 세례를 받는다는 것은 곧 세례를 받고 함께 십자가에 못 박히고 함께 부활하고 의롭게 된 동료 그리스도 거주민들로 구성된 다양한 공동체 안으로 편입된다는 의미다(갈 3:28).

셋째, 칭의는 죽음과 부활 둘 다의 경험이며, 이 두 가지가 모두 강조되

82　대안적 설명으로 어떤 학자는, 어색한 구절인 3:2의 '믿음의 들음'(akoēs pisteōs)을 갈라디아 교인들이 예수의 믿음(신실함)에 관해 들은 것을 가리킨다고 이해한다. 그런 해석은 내가 여기서 주장하는 내용을 뒷받침해 주기는 하지만, 이 본문이 예수의 믿음을 가리키는 것인지는 아직 확신이 없다.

어야 한다. 그런데 부활이 가져오는 새로운 삶으로의 부활은 지속적인 십자가에 못 박힘 상태로의 부활이다. 내가 십자가에 못 '박혔다'가 현재 완료 시제인 것은 내가 '여전히' 십자가에 못 박힌다는 의미다. 따라서 이신칭의는 무엇보다도 참여적인 십자가에 못 박힘으로 이해되어야 하며, 역설적이게도 그것이 생명을 준다(참조. 고후 4:7-15). 믿음을 발동하고, 그럼으로써 그리스도와 함께 십자가에 못 박힌 사람은 새로운 삶으로 부활하지만, 늘 십자가에 못 박힌 상태를 유지한다[그래서 갈 2:19의 '쉬스타우로오'가 완료 시제이며, 그것은 롬 6:6도 마찬가지다(아래 설명을 보라)]. 왜냐하면, 그 혹은 그녀는 부활하신 그리스도를 통해서 활기를 얻는데, 바울에게 (그리고 더 일반적으로는 신약에서) 그분은 언제나 여전히 십자가에 못 박힌 그리스도이기 때문이다(예를 들면, 고전 2:2; 참조. 요 20:20, 27; 계 5:6). 미로슬라브 볼프가 이 본문을 논평하며 말했듯이, 자아는 "하나의 같은 과정에 의해서, 즉 믿음과 세례를 통해 그리스도의 죽음과 부활에 참여함에 의해서 '탈중심화'되고 또한 '재중심화'된다."[83] 볼프는 계속해서 다음과 같이 말한다.

'그리스도와 함께 십자가에 못 박힘'으로써 자아는 새로운 중심을 얻게 된다. 이제 자아 안에 그리스도가 사시고, 그리스도와 함께 자아가 살게 된다.…자아의 중심(내부와 외부 모두의 중심)은 예수 그리스도의 이야기이며, 그가 곧 자아의 이야기가 된다. 더 정확하게는 그 중심은 십자가에 못 박히고 부활하신 예수 그리스도로서, 그가 자아의 구조 자체의 필수 요소가 되었다.[84]

---

83 Volf, *Exclusion and Embrace: A Theological Explanation of Identity, Otherness, and Reconciliation* (Nashville: Abingdon, 1996), p. 70.
84 Volf, *Exclusion and Embrace*, p. 70.

믿음을 십자가에 못 박힘으로 보는 이러한 이해를 강화하는 것은, (바울이 1인칭으로 자신을 대표로 제시해 서술한) 신자의 경험은 단지 그리스도와 함께 죽는 것만이 아니라, 또한 율법에 대한 죽음(갈 2:19), 세상에 대한 죽음(갈 6:14), 그리고 육체의 죽음(갈 5:24)이기도 하다는 바울의 주장이다. 육체의 죽음, 세상에 대한 죽음이 언급된다는 사실은 또한 갈라디아서 2:15-21이 오로지 율법으로부터 해방이라는 유대인만의 경험으로 읽혀서는 안 됨을 보여 준다. 그보다는 **모든** 신자가 '함께 십자가에 못 박힘'으로 그리스도 안에서 실존을 시작하고 지속하는 것이다.[85] 갈라디아서 2:19-21은 '함께 십자가에 못 박힘'이 언약 안으로 들어가는 방법이자 언약 **안에 머무르는** 방법임을 시사한다.

다시 한번 우리는, 신자들이 최초에 그리고 계속해서 함께 십자가에 못 박히는 그분이 **부활하신, 십자가에 못 박히신 그리스도**(the resurrected crucified Christ)[86]라는 사실을 강조해야 한다. 이 점은 기독론과 구원론 두 측면 모두에서 다음 두 가지 의미로 중요하다. 첫째, 다시 일어나신 혹은 부활하신 그리스도를 경험하는 것으로서 '함께 십자가에 못 박힘'은 단지 은유에 불과한 것이 아니라, 그분의 임재가 신자를 탈바꿈시키고 신자에게 활기를 불어넣는 살아 있는 인격이신 분과의 만남에 관한 적절한 묘사다. "사는 것은 더는 내가 아니요, 오직 내 안에 사는 것은 그리스도시라. 이제 내가 육체 가운데 사는 삶은 자기 자신을 주심으로 나를 사랑하신 하나님의 아들의 신실함으로 사는 것이라." 더글러스 캠벨의 말처럼, "이것은 단

---

85 2:15-21의 첫 몇 절은 유대인만의 경험을 가리키지만 2:20은 보편적인 것이라는 De Boer("A Justification Tradition", pp. 212-215)의 지적은 옳다. Wright(*Paul: In Fresh Perspective*, pp. 112-113)는 이 단락 전체가 오로지 유대인 신자들만의 경험에 관한 것이라고 암시한다.
86 내가 다른 곳에서도 사용한 이 표현은 Bryant의 책 제목인 *The Risen Crucified Christ in Galatia*보다 바울의 의도를 더 잘 담고 있다. 물론, 우리는 각자 십자가에 못 박힘과 부활 사이의 기독론적 연관성에 대해 같은 주장을 하고 있지만 말이다.

순히 '이미타티오 크리스티'가 아니다!" 왜냐하면 "하나님은 [신자들에게]… 그리스도를 모방하라기보다는(아마도 이것은 불가능한 과제일 것이다) **그 안에 거주해서 혹은 그 안에 내주해서** 하나님의 성령이 그리스도인을 그리스도의 모습으로 적극적으로 재형성하게 하라고 요청하기" 때문이다.[87] 역사적 예수의 충성과 사랑 안에서 알려진 선재하신 하나님의 아들의 케노시스가 부활하신 그리스도의 현실을 계속해서 정의하며, 따라서 그분이 생기를 불어넣은 사람들의 현실도 계속해서 정의한다.[88] 둘째, 그렇다면 우리가 1장에서 확인했듯이, 부활하신 분은 여전히 십자가에 못 박히신 분이다. 케제만의 유명한 말처럼 "십자가는 부활하신 분의 서명이다."[89] 앞에서 묘사한 바 '십자가화로서-현재적-부활'의 역설적 특징을 요구하고 허용하는 것이 비로 이 기독론적 현실이다.

요약하자면, 우리는 갈라디아서 2:15-21의 칭의는 참여적인 '죽음-그리고-부활' 경험이며, 다음과 같은 특징을 가진다고 말할 수 있다.

1. 이 경험은 믿음(명시적으로, 2:16)과 세례(암시적으로, 참조. 갈 3:27)에 의해 그리스도 바깥에서 그리스도 안으로의 주권 전이를 통해 그리스도 안으로 들어온 사람들에게 일어난다. "우리는 그리스도 예수를

---

87 Campbell, *The Quest for Paul's Gospel*, p. 93, 강조 추가. 불행하게도 Campbell은 성령의 사역으로서 더 일반적인 십자가화보다는 고난 속에서의 충성을 때때로 과도하게 강조한다. 이 부분은 나중에 다시 살펴볼 것이다.
88 참조. 갈 2:19-20을 논평하는 Hays(*Moral Vision*, p. 32). "예수 그리스도의 믿음(신실함)은 우리 삶 속에 활기를 불어넣는 힘이 되었다."
89 Ernst Käsemann, "The Saving Significance of the Death of Jesus in Paul", in *Perspectives on Paul*, trans. Margaret Kohl (Philadelphia: Fortress, 1971; repr. Mifflintown: Sigler, 1996), pp. 32-59, 이 부분은 p. 56를 보라. 갈라디아서 연구를 기초로 이 격언을 길게 재진술한 최근 작업으로 Bryant, *The Risen Crucified Christ in Galatia*를 보라. 그가 갈 2:15-21(실제로는 2:11-21)을 다루는 부분은 pp. 150-151와 pp. 166-170다.

['에이스'(eis)] 믿게 되었고"(2:16), "그리스도 안에서 의롭게 된다."⁹⁰

2. 이 경험은 칭의의 수단으로서 율법에 대한 '죽음'을 요구한다. "내가 율법으로 말미암아 율법에 대하여 죽었다"(2:19).

3. 이 경험은 '함께 십자가에 못 박힘', 자아의 죽음으로 이해되는 믿음을 통해 이루어진다. "내가 그리스도와 함께 십자가에 못 박혔나니, 사는 것은 더는 내가 아니다"(2:19-20).

4. 이 경험은 자아가 새로운 삶으로 부활하는 것이어서, 이신칭의는 십자가에 못 박힘('함께 십자가에 못 박힘')을 통한 부활을 의미한다고 할 수 있다. "이는 하나님에 대하여 살려 함이라.…이제 내가 육체 가운데 사는 삶"(2:19-20).

5. 이 경험에는 현재의 참여적·언약적·변혁적 특징(2:19-20)과 더불어 (이 편지의 더 넓은 맥락에서) 미래의 참여적·변혁적 차원도 있다.⁹¹

6. 이 경험은 구체적으로는 살아 계신 그리스도와의 참여적 관계, 그리고 따라서 하나님에 '대하여' 사는 삶에 관한 것이다. "이는 하나님에 대하여 살려 함이라.…내 안에 사는 것은 그리스도시라"(2:19-20).

7. 이 경험을 특징짓는 것은 하나님의 아들 그리스도의 믿음과 사랑(하나님과 타인을 향한 자기 기부)이다. "나는 나를 위해 자기 자신을 주심으로 나를 사랑하신 하나님의 아들의 신실함으로 산다"(2:20, 저자 사역).

---

90 Hays는 '그리스도 안에 참여'와 '칭의'의 양립가능성이 "[적어도 갈라디아서 안에서는] 갈 2:17에서 가장 분명하게 나타나며", 2:17에서는 "칭의와 그리스도 안에 참여가 융합되어 있다"고 언급한다(*The Faith of Jesus Christ*, 2nd ed., p. 212). 또한 3:1-5이 믿음 자체는 성령으로 힘을 얻는다고, 혹은 믿음 자체는 성령의 작용에 대한 반응이라고 암시한다는 사실을 반드시 언급해야겠다.

91 본문 전체에서 바울의 분명한 강조는 현재 경험에 있다. 물론 2:16은 칭의에 미래적 차원도 있음을 암시하지만 말이다. "의롭다 함을 얻을 사람이 없다." 하지만 칭의의 이 미래적 차원도 참여적이며, 단순히 법정적인 것만이 아니다. 갈 5:5의 '의의 소망'이라는 표현에는 단지 미래의 무죄 선고만이 아닌, 미래의 온전한 탈바꿈이 함축되어 있다.

이제 로마서 6장을 살펴보자. 거기서 우리는 갈라디아서 2장과의 의미심장한 유사성을 발견할 것이다.

로마서 6:1-7:6

로마서 6장은 '쉬스타우로오'가 등장하는 두 번째 본문이다(6:6). 갈라디아서 2장과 마찬가지로 로마서 6장에서도 생명은 죽음에서, '함께 십자가에 못 박힘'에서 온다. 로마서 6장(더 정확하게는 6:1-7:6)은 갈라디아서 2:15-21의 확장판이다.[92] 사실 우리는 로마서 3:20-8:39을 갈라디아서 2:15-21의 확장판으로 보아야 한다. 말하자면, 믿음으로 얻는 칭의, '함께 십자가에 못 박힘'으로 얻는 칭의를 다른 청중을 위해 더 자세하게 논의한 내용인 것이다. 여기서 중요한 점은 ('함께 십자가에 못 박힘' 언어를 포함한) 갈라디아서 2:19-20을 (칭의 언어를 포함한) 갈라디아서 2:15-18 및 2:21에서 떼어 낼 수 없었듯이, 문제의 그 표현인 '쉬스타우로오'가 실제로 등장하는 로마서 6장도 로마서 5, 7, 8장에서 떼어 낼 수 없다는 것이다. 로마서 전반부 상당 부분을 본질상 갈라디아서 2:15-21의 확장판이라고 본다면, 갈라디아서 2:15-21에서 '참여적' 언어가 19-20절 전까지 부재했던 것이 큰 의미가 없었듯이, 로마서 6장 전까지 '참여적' 언어가 부재한 것도 마찬가지로 큰 의미가 없다. 비슷하게 갈라디아서 2:19-20에 '칭의'와 '믿음' 언어가 부재한 것이 큰 의미가 없었듯이, 종종 언급되는 내용인 로마서 5:1-11 이후 몇 장에 그 언어들이 부재한 것도 큰 의미가 없다.

갈라디아서에서도, 로마서에서도, 이러한 언어상의 변화가 있다고 해서 그것이 바울이 두 개의 구원론 모델을 가지고 작업했다거나, 참여가 칭의에 '추가된' 경험이라는 의미는 아니다. 물론 해석자들은 보통 로마서

---

[92] 이것은 암묵적인 Tannehill의 입장이기도 하다("Participation in Christ", pp. 229, 235).

5-8장을 이신칭의의 **결과**에 관한 논의로 이해해 왔다. 가장 흔한 접근은 그 결과를 다양한 형태의 해방으로, 특히 진노와 죄, 죽음으로부터의 해방으로 보는 것이다. 하지만 로마서 5-8장은 '함께 십자가에 못 박힘'과 그리스도 안에 참여함으로 이해된 이신칭의의 **의미**에 관한 논의로 보는 것이 가장 정확하다. 말하자면, **이 장들(롬 5-8장)에 서술된 현실들은 칭의의 결과가 아니라 칭의를 구성하는 내용이다.**[93]

그렇다면, 칭의에 관한 오해를 일으킨 원인 중 하나가 로마서 5-8장에 관한, 특히 6장과 5:1-11의 관계에 관한 그릇된 이해다. 많은 해석자는 그 두 본문을 선후 관계 혹은 보충 관계로 보았다. 말하자면, '성화'(6장)는 시간순으로 혹은/그리고 논리순으로 칭의(5:1-11) 뒤에 온다는 것이다.

5:12-8:29에 '칭의'와 '믿음' 언어가 부족하기는 해도, 이런 해석은 로마서를 근본적으로 오독한 것이다.[94] 우리는 구원의 서정(*ordo salutis*) 같은 선형적인 방식으로 로마서 5-8장을 읽으려는 유혹에 저항해야 한다. 그보다는 마크 세이프리드(Mark Seifrid)의 용어를 사용하자면, 그 본문을 '관점의 관점에서'(perspectivally) 읽어야 한다.[95] 즉, 그 장들은 같은 현실에 관한 몇 가지 관점을 제시한다. 바울에게 로마서 6장은 이신칭의를 보충하거나, 이신칭의의 효력 혹은 결과를 단순히 설명하는 부분이 아니라, 오히려 이신칭의를 **정의하는** 부분이다. 로버트 태너힐도 비슷한 결론을 도출한다.

---

93 나의 *Apostle of the Crucified Lord*, pp. 363-379에 있는 논의를 보라.
94 '전통 개신교' 해석에 반대해 이 관점에 동의하는 사례로는 Talbert, *Romans*, pp. 162-163; Thomas R. Schreiner, *Romans*(Grand Rapids: Baker, 1998), pp. 298-299, 319를 보라. 『BECNT 로마서』(부흥과개혁사).
95 Carson, et al., eds., *Justification and Variegated Nomism*, vol. 2, pp. 105-145에 수록된 Mark A. Seifrid, "Unrighteous by Faith: Apostolic Proclamation in Romans 1:18-3:20." 이 부분은 (다른 사안을 논의하는) p. 107 n. 5에 있다.

바울이 롬 5:12-21과 6:1-7:6에서 그리스도와 함께 죽음과 일어남을 이야기하고 아담과 그리스도를 초(超)개인적 인물로 기술하면서 참여적 언어로 이동할 때, 그는 구원론에서 새로운 주제로 이동하는 것이 아니라, 그리스도 예수 안의 속량이 어떻게 일어났는지에 관한 추가 통찰을 제공하고 그 함의를 설명함으로써 그의 구원론을 심화시키는 것이다.[96]

5:1-11에 뒤이어 바울은 칭의 이전의 실존과 칭의 이후의 실존을 대조하는, 상당히 충분하게 발전시킨 세 쌍의 대립 명제를 다음과 같이 제시한다. 아담 안의 삶 대 그리스도 안의 삶(5:12-21), 죄에 종노릇 대 하나님께 종노릇(6:1-7:6), 그리고 육신 안의 삶 대 성령 안의 삶(7:7-8:39). (이 삼위일체적 구성은 5:1-11의 삼위일체적 특징에 대응한다.) 우리는 이런 내용을 바울의 '칭의 이분법', 아니 더 나은 표현으로 '칭의 대립 명제'라고 부를 수 있다. 6장 첫 부분은 이신칭의의 확장된 정의로서, 이신칭의를 '함께 십자가에 못 박힘'에 의한 부활로 정의하면서, 이것을 세례 때 일어나는 일로 설명한다. 세례 때 신자는 아담에서 그리스도로, 죄에서 하나님으로, 육신에서 성령으로 이동하는데, 달리 말해 그 순간은 신자가 믿음으로 의롭게 되고, 올바른 언약 관계로 회복되며, 그리스도와 함께 십자가에 못 박히고 장사되고 부활하는 때다.

갈라디아서 2:15-21과 로마서 6:1-7:6의 유사성이 이러한 로마서 해석을 뒷받침한다. 우리는 갈라디아서 2:15-21에서 칭의가 일곱 가지 구체적 차원을 지닌 참여적 죽음-그리고-부활 경험이라는 사실을 확인했고, 그 일곱 가지 내용을 앞서 열거했다. 비슷하게 로마서 6:1-7:6에 기술된 내용도 그와 유사한 차원을 지닌 참여적 죽음-그리고-부활 경험이다.

---

96 Tannehill, "Participation in Christ", p. 235.

1. 이 경험은 세례(명시적으로 6:3, "그리스도 예수 안으로 세례를 받은"; 참조. 6:11, 23)와 믿음(암시적으로, 더 넓은 문맥에서; 5:1을 보라)에 의해 그리스도 바깥에서 그리스도 안으로의 주권 전이를 통해 그리스도 안으로 들어온 사람들에게 일어난다.
2. 이 경험은 칭의의 수단으로서 율법에 대한 '죽음'을 요구하며("너희가 그리스도의 몸으로 말미암아 율법에 대하여 죽었다", 7:4), 또한 죄에 대한 죽음도 요구한다("죄에 대하여 죽은", 6:2; "죄의 몸이 멸하여 다시는 우리가 죄에게 종노릇 하지 아니하려 함", 6:6; "죄에 대하여는 죽은", 6:11).
3. 이 경험은 '함께 십자가에 못 박힘', 자아의 죽음이다. "그의 죽으심 안으로 세례 받은"(6:3); "그의 죽으심 안으로 세례를 받음으로 그와 함께 장사되었나니"(6:4); "그의 죽으심을 본받아 연합한"(6:5); "우리 옛 자아가 그와 함께 십자가에 못 박힌"(6:6); "우리가 그리스도와 함께 죽었으면"(6:8).
4. 이 경험은 새로운 삶으로의 부활이다. "그리스도를 죽은 자 가운데서 살리심과 같이…우리로 또한 새 생명 가운데서 행하게 하려 함"(6:4); "죽음에서 생명으로 옮겨진 자"(6:13); "율법에 대하여 죽고…성령의 새로운 생명으로"(7:4, 6).[97]

---

[97] 일부 신약학자들은 바울 사상 속 현재적 부활 개념을 맹목적·독단적으로 반대하는 것으로 보이며, 미래적 부활만을 고집한다. 갈 2장과 롬 6장(그리고 롬 8장)이 보여 주듯이, 이것은 완전히 틀린 생각이다. 부활하신 그리스도가 신자들 안에 살면서 그들에게 새 생명을 주신다. 바울에게 이것은 현재 몸 **안에서의** 부활로, 나중에 일어날 몸의 부활을 예견한다(예. 롬 8:11을 보라). 유익한 논의는 N. T. Wright, *The Resurrection of the Son of God*, Christian Origins and the Question of God, vol. 3 (Minneapolis: Fortress, 2003), pp. 248-254에서 찾을 수 있다. 『하나님의 아들의 부활』(CH북스). Wright는 "세례를 받을 때 그리스도인은 메시아와 함께 죽을 뿐만 아니라 **마찬가지로 그와 함께 부활한다**"고 올바르게 주장한다(p. 252; Wright의 강조). 또한 Campbell은 *The Quest for Paul's Gospel*, pp. 205-206에서 "[바울은] 그리스도인을 현재 부활해 있는 분이신 그리스도의 생명에 자리매김함으로써, 그리스도인이 종말론적 구원의 예비 단계로 자리매김되었다고 [단언한다]"(p. 206)고 말했다.

5. 이 경험에는 현재의 참여적·언약적·변혁적 특징(전체적인 바울의 강조점)과 더불어 미래의 참여적·변혁적 차원도 있다. "분명히 우리가 그와 부활을 본받아 연합한 자가 되리라"(6:5b); "영생"(6:22, 23).[98]

6. 이 경험은 구체적으로는 살아 계신 그리스도와의 참여적 관계, 그리고 따라서 하나님에 '대하여' 사는 삶에 관한 것이다. "그리스도 예수 안에서 하나님을 대하여 산 자"(6:11); "너희가 다른 이, 곧 죽은 자 가운데서 살아나신 이에게 속해서, 우리로 하나님을 위하여 열매를 맺히게 하려 함"(7:4b).

7. 이 경험의 함축적인 토대는 (문맥상) 그리스도의 믿음/순종과 사랑이며(5:19; 8:34-35), 따라서 이 경험의 특징은 하나님의 자기 계시와 거룩함 및 정의/의의 삶이다. "너희 지체를 불의('아디키아')의 무기로 죄에게 내주지 말고, 오직 너희 자신을 죽음에서 생명으로 옮겨진 자 같이 하나님께 드리며, 너희 지체를 의의 무기로 하나님께 드리라"(6:13);[99] "너희가 의에게 종이 되었느니라"(6:18; 참조. 6:19b); "너희가 거룩함에 이르는 열매를 맺었으니"(6:22); 참조. 롬 12:1-2.

---

98 참조. 빌 3:21.
99 참조. 롬 6:16에서 신자가 자신을 드리는 대상은 순종인데, 우리는 여기서 순종을 그리스도의 순종(5:19)을 가리키는, 그리고 따라서 그리스도 자신을 가리키는 제유법으로 이해해야 한다. 여기서도 '의'가 가리키는 것은 의로운 아들을 통해 세상을 바로잡는 하나님의 계획일 것이며, 따라서 그리스도를 닮은 순종과 사랑(참조. 8:29-30, 여기에서 그리스도를 닮음은 구원론적 목표다)일 가능성이 가장 크다. 다시 한번 나는 이러한 연관성의 일부를 Andy Johnson과의 개인적 서신 교환(2006년 10월) 덕택에 알게 되었다. 그 편지에서 그는 또한 "그리스도 자신의 몸은 하나님이 그의 '디카이오쉬네'(*dikaiosynē*)를 증명하신 도구이기에, 함께 십자가에 못 박힘으로 의롭게 되고 세례를 받고 그의 '피스티스'(*pistis*)에 참여하는 사람들이 그들 자신의 몸을 하나님의 묵시적 침입의 무기/도구로 드리라는 요구를 받는다는 것은 놀라운 사실이 아니다. 자신의 우주를 1:18이하에 묘사된 혼돈으로부터 되찾으려는 하나님의 묵시적 침입은 그들의 몸이라는 무기/도구를 통해 계속해서 전진한다"고 말했다.

이와 같은 갈라디아서 2:15-21과 로마서 6:1-7:6의 유사성은 아래 표처럼 요약할 수 있다.

칭의에 관한 갈 2:15-21과 롬 6:1-7:6의 유사성

칭의의 특징	갈 2:15-21(믿음에 의한)	롬 6:1-7:6(세례에 의한)
1. 그리스도 안으로의 전이	"우리도 그리스도 예수를['에이스'] 믿나니"(2:16); "그리스도 안에서 의롭게 되려"(2:17); 참조. 3:27	"그리스도 예수 안으로 세례를 받은"(6:3); "그리스도 예수 안에서 하나님께 대하여는 살아 있는"(6:11); "그리스도 예수 우리 주 안에 있는 영생"(6:23)
2. 율법 혹은 '율법과 죄'에 대해 죽음	"내가 율법으로 말미암아 율법에 대하여 죽었나니"(2:19)	"너희도 그리스도의 몸으로 말미암아 율법에 대하여 죽임을 당하였으니"(7:4); 참조. "죄에 대하여 죽은"(6:2); "죄의 몸이 죽어 다시는 우리가 죄에게 종노릇 하지 아니하려 함"(6:6); "죄에 대하여는 죽은"(6:11)
3. '함께 십자가에 못 박힘'(수동태로 표현), 자아의 죽음	"내가 그리스도와 함께 십자가에 못 박혔나니, 그런즉 이제는 사는 것이 내가 아니요"(2:19-20)	"그의 죽으심 안으로 세례를 받은"(6:3); "그의 죽으심 안으로 세례를 받음으로 그와 함께 장사되었나니"(6:4); "그의 죽으심과 같은 모양으로 연합한 자가 되었으면"(6:5); "우리의 옛 자아가 예수와 함께 십자가에 못 박힌 것"(6:6); "우리가 그리스도와 함께 죽었으면"(6:8)
4. 새로운 삶으로 부활	"이는 하나님에 대하여 살려 함이라.…이제 내가 육체 가운데 사는 삶은"(2:19-20)	"그리스도를 죽은 자 가운데서 살리심과 같이 우리로 또한 새 생명 가운데서 행하게 하려 함이라"(6:4); "그리스도 예수 안에서 하나님께 대하여는 살아 있는"(6:11); "죽음에서 생명으로 옮겨진 자"(6:13); "율법에 대하여 죽임을 당하였으니…영의 새로운 것으로"(7:4, 6)

칭의의 특징	갈 2:15-21(믿음에 의한)	롬 6:1-7:6(세례에 의한)
5. 현재적·미래적 차원	2:19-20은 현재적 차원; 미래적 차원, "의롭다 함을 얻을 육체가 없느니라"(2:16)	곳곳에 현재적 차원; 미래적 차원, "그의 부활과 같은 모양으로 연합한 자도 되리라"(6:5b); "영생"(6:22, 23)
6. 그리스도와 함께, 그리고 하나님에 대한 참여	"이는 하나님에 대하여 살려 함이라.…내 안에 그리스도께서 사시는 것이라"(2:19-20)	"그리스도 예수 안에서 하나님께 대하여는 살아 있는"(6:11); "이는 [너희가] 다른 이, 곧 죽은 자 가운데서 살아나신 이에게 속해서, 우리가 하나님을 위하여 열매를 맺게 하려 함이라"(7:4b)
7. 믿음과 사랑(그리스도의 것 그리고 우리의 것); 즉, 하나님과의 그리고 타인과의 적절한 언약 관계	"예수 그리스도의 믿음으로…그리스도의 믿음으로써"(2:16); "우리도 그리스도 예수를['에이스'] 믿나니"(2:16); "나를 위하여 자기 자신을 주심으로 나를 사랑하신 하나님의 아들의 믿음으로 사는 것이라"(2:20, 저자 사역). 참조. 신자의 믿음과 사랑을 명시적으로 거론하는 5:6	"또한 너희 지체를 불의의 무기로 죄에게 내주지 말고, 오직 너희 자신을 죽음에서 생명으로 옮겨진 자같이 하나님께 드리며, 너희 지체를 의의 무기로 하나님께 드리라"(6:13); "의에게 종이 되었느니라"(6:18; 참조. 6:19b); "거룩함에 이르는 열매를 맺었으니"(6:22). 참조. 그리스도의 믿음/순종과 사랑을 명시적으로 거론하는 5:19; 8:34-35

 물론 로마서와 갈라디아서는 강조점 면에서 어느 정도 차이가 있다. 두 본문 모두에 '그리스도 안에' 있음 언어가 등장하지만(갈 2:17; 롬 6:3, 11), 내면의 그리스도(갈 2:20a) 같은 구체적인 언어가 로마서에서는 8장에 가서야 등장한다(9-11절). 게다가 로마서의 죽음 언어는 더 확장되어, 죄로부터의 해방 및 죄에 대한 죽음까지 포함하고 이를 강조한다. 하지만 이러한 개념도 갈라디아서 2:15-21에 함축되어 있을 수 있으며, 그 개념은 육체로부터의 해방과 육체를 십자가에 못 박음 개념(갈 5:13, 24)과 유사한 면이 있다.[100] 마지막으로 의롭게 된/십자가에 못 박힌 공동체에 사랑을 기대한다는 내

용이 갈라디아서 2:20에는 분명히 함축되어 있지만, 로마서에서는 12-15장에 이르러서야 명시적으로 나타나는데, 로마서 12-15장에서 그러한 기대의 토대는 갈라디아서와 마찬가지로 그리스도의 사랑이다(15:1-3).[101]

하지만 이런 내용은 새로운 상황을 위해 메시지를 확장하다 보니 나타난 사소한 강조점의 차이에 불과하다. 반면 더 의미심장한 유사점의 존재는 바울이 **갈라디아서 2:15-21에서 기술한 것과 동일한 실재를 로마서 6:1-7:6에서도 기술하고 있음**을 매우 분명하게 보여 준다. 즉, 로마서 6:1-7:6도 그리스도와 함께 십자가에 못 박히고 부활하는 참여적 경험으로 이해된 이신칭의를 기술하고 있다. 두 본문 모두에서 바울은 그가 율법폐기론적 복음을 설파한다는 비난에 답변하는 것으로 보인다(갈 2:17; 5:1, 13; 롬 3:8; 5:20; 6:1, 15). 바울의 요점은, 믿음과 세례 안에서 일어나는 것은 '[악한] 현 시대'(갈 1:4)로부터의, 그리고 죄 그 자체(롬 3:9; 6:6)로부터의 묵시적 해방의 시작으로서, 그것은 그리스도와 동떨어진 인간 실존의 특징인, 언약적으로 역기능적인 불경건과 불의의 역전이고, 따라서 이방인과 유대인 모두를 위한 개인적이고도 집단적인 언약적 실존의 시작이며, 그 표지는 믿음과 사랑이라는 것이다. 로마서와 갈라디아서 모두가 말하는 바는, 그러한 공동체 안에서 율법이, 혹은 그리스도의 모습을 띤(갈 6:2) 율법의 '정당한 요구'(롬 8:4)가 성취되고 있다는 것이다(갈 5:14; 6:2; 롬 13:8-10).[102]

---

[100] 그리스어 *sarx*가 5:13 NRSV 역본에서는 '방종'(self-indulgence)으로 번역되는 바람에 감추어졌다.
[101] 하지만 그와 동시에 우리는 사랑하라는 요청이 사실 갈 2:20에는 암시적으로만 존재했고, 상당히 나중인 5:6-15에서야 명시적으로 등장한다는 사실을 기억해야 한다.
[102] 나는 롬 5:18과 롬 8:4의 연관성을 Andy Johnson과의 개인적인 서신 교환을 통해 배웠다. 바울이 칭의의 기초로서 *erga nomou*나 율법 그 자체를 거부했다고 해서, 그가 율법 자체를 거부했다거나 나아가 신자들이 행해야 할 대상으로서 율법을 거부했다는 의미는 아니다. 실제로 아이러니하게도, 그리고 역설적이게도, 율법을 정말로 (성취하는) 사람들은, 아니 더 정확하게는 그리스도의 성령의 사역을 통해 그들 안에서 율법이 성취되는 사람들은 오직 신자들뿐이며, 그

이 말이 맞다면, 우리는 바울이 말하는 믿음과 세례의 관계를 다시 한 번 재검토할 필요가 있다. 갈라디아서 2장은 믿음에 관한 내용이고, 로마서 6장은 세례에 관한 내용이다. 하지만 이것은 별로 중요치 않은 구분이다. 이렇게 구분된다고 해서, 세례가 믿음의 보완(또는 대안)이며 어떤 의미든 믿음과 같은 종류의 효과나 구조를 가진다는 의미도 아니며, 그럴 수도 없다. 그 반대의 경우도 마찬가지다. 오히려 이 두 장이 보여 주는 것은 바울에게 믿음과 세례는 신학적으로 같은 영역을 공유하는 개념으로, 세례가 믿음의 공적 표현인 것만큼이나 믿음은 세례의 본질이라는 사실이다. 그래서 바울은 믿음에 대해 서술한 내용을 세례에 대한 내용으로도 서술할 수 있었고, 그 역도 가능했다.[103] 왜냐하면 적어도 인간의 반응이라는 측면에서는 이 두 가지가 함께 영향을 발휘해 그리스도 안으로의 전이를, 그리고 따라서 그 안에서의 참여적 칭의를 가져오기 때문이다.

그렇다고 해서 믿음이, 그리고 따라서 칭의가 인간의 업적이라는 의미는 아니다. 물론 믿음이란 반응과, 세례를 통한 그 믿음의 표현은 선택이 아닌 필수다. 모든 '피스티스 크리스투' 본문이 보여 주듯이, 그리스도의 믿음은 여전히 인간 편에서 보이는 믿음의 반응을 요구한다.[104] 하지만 다시

들은 율법(의 행위)에 의한 칭의를 추구하지 않는다. Richard Hays는 *The Conversion of the Imagination: Paul as Interpreter of Israel's Scripture* (Grand Rapids: Eerdmans, 2005; originally published in 1996), pp. 143-162에 수록된 그의 논문 "The Role of Scripture in Paul's Ethics"에서 일반적으로 바울에 관한 이 주제를 설득력 있게 주장했다(특히 관련 있는 것은 pp. 148-151). 『상상력의 전환』(QTM). Hays가 알려 주듯이, 핵심 본문은 롬 13:9-10, 갈 5:14, 롬 8:3-4(세 본문 모두에 동사 '성취하다'가 등장한다)이며, 또한 롬 2:26-29a과 빌 3:2-3도 추가할 수 있다.

103 E. P. Sanders의 작업을 기초 삼아, Jouette M. Bassler, *Navigating Paul: An Introduction to Key Theological Concepts* (Louisville: Westminster John Knox, 2007), p. 31도 믿음을 논의하면서 비슷한 주장을 간략하게 펼친다.

104 Tannehill은 모든 *pistis Christou* 본문에서 그리스도의 믿음과 그에 반응하는 인간의 믿음 패턴을 올바르게 언급한다("Participation in Christ", pp. 232-233).

한번 우리는 하나님이 이 모든 것의 주도자이자 일차적 행위자라는 사실을 강조해야 한다. 그 사실은 바울이 구원 사건을 묘사하기 위해 사용한 많은 수동 분사 및 주동사에서 확인된다. 의롭다 하심을 받은(고전 6:11), 세례를 받은(롬 6:3; 갈 3:27; 고전 1:13; 12:13), 씻음을 받은(고전 6:11), 십자가에 못 박힌(롬 6:6; 갈 2:20; 6:14), 장사 된(롬 6:4), 해방된(롬 6:18) 등에서 확인되는 이 중요한 문법 현상은 구원의 원천이 자아의 외부에 있다는 점을, 나아가 의의 '외적인'(alien) 특징을 암시한다. 복음에 믿음으로 반응하는 것은 사람이지만, 의롭다 하시고 (세례를 시행하는 인간 대리자를 통해) 씻으시고 십자가에 못 박으시고 일으키시고 해방하시는 분은 하나님이다.

혹자는 질서정연한 구원 서정을 선호하겠지만, 바울은 세례와 칭의, 그리고 심지어 성화까지도 신학적으로 같은 영역을 공유하는 개념으로 본다. "[너희가] 주 예수 그리스도의 이름과 우리 하나님의 성령 안에서 씻음과 거룩함과 의롭다 하심을 받았느니라"(고전 6:11).[105] 바울은 "그리고 그와 동시에 너희는 하나님의 은혜와 능력으로 십자가에 못 박히고 일으켜졌느니라"라고 말할 것이다.

바울이 말하는 '믿음'에 관한 이해 다듬기

지금까지 이 장, 특히 로마서와 갈라디아서에 관한 이 단락의 주장은 바울에게 칭의는 정말로 믿음에 의한 것이지만, 그 믿음이 '함께 십자가에 못 박힘'으로 이해된 믿음이라는 것이었다. 바울에게 그리스도의 믿음(신실함) 안에 드러난 하나님의 신실하심에 관한 좋은 소식에 대한 적합한 반응은 인간의 믿음이다. ('크리스투'를 주격 속격으로 이해한) 그리스도의 믿음을 우리

---

[105] 이 내용은 Dunn의 *Theology*를 언급하는 Campbell, *The Quest for Paul's Gospel*, p. 49도 강조한다.

의 믿음이 만난다(갈 2:16). 방금 언급했듯이 우리가 제안 중인 구원론 모델은 인간의 믿음을 진지하게 받아들이기 때문에, 이 내용을 조금 더 자세히 풀어 설명할 필요가 있다.

바울의 믿음 이해는 복잡하다. 믿음은 복음에 대한 총체적 순종의 반응이다(롬 1:5; 16:26). 또한 앞서 살펴보았듯이, 예수의 십자가 못 박힘 경험 안으로 들어가는 **죽음 경험**이기도 하다. 역설적이게도 믿음으로 불리는 이 죽음 경험이 현재와 미래 모두의 생명을 낳는다. 이 내용을 아래와 같이 도표화할 수 있다.

믿음 → 칭의 = (a) 현재의 언약 관계와
(b) 미래의 무죄 선언/의

십자가에 못 박힘 → 부활 = (a) 현재의 새로운 생명과
(b) 미래의 육체적 부활

한 사람이 그리스도 안으로, 그리고 살아 계신 주님이신 그의 통치 영역 안으로 들어가는 그때(갈 2:19-20; 롬 6:1-11), 그리스도도 (혹은 그리스도의 영도) 그 사람 안으로 들어간다(롬 8:9-11). 그리고 그 아들의 영(갈 4:6)은 사랑과 믿음(신실함)의 영이신데(갈 5:22), 그것은 그 아들이 사랑과 신실함의 화신이기 때문이다(갈 2:20).[106] 따라서 인간의 믿음은 충성과 사랑을 통합한 그리스도의 행위와의 친밀한 동일시다. 다음 단락에서 더 자세하게 살펴보겠지만, 그 결과는 하나님을 향한 우리 자신의 믿음(충성)과 타인을 향한 사랑이 **불가분하다**는 것이다(갈 5:6).

이러한 믿음 해석은 공로나 '행위 구원'에 관한 것이 아니라, 그리스도의

---

[106] 갈라디아서의 성령에 관한 더 자세한 논의는 아래 3장 pp. 186-189를 참조하라.

신실하고 자애로운 죽음에 참여함을 실제로 구성하는 요소가 무엇인가에 관한 것이다.

바울은 하나님의 의롭다 하심이 의미하는 바가 새로운 마음을 가진 유대인과 이방인으로 구성된 공동체의 창조라고 믿었다. 이들은 외적 할례가 아닌 내적 할례를 통해 새로운 마음을 갖게 되고(롬 2:25-29), 성령의 능력에 힘입어 하나님을 향한 신실한 삶과 타인을 향한 자애로운 삶을 살며, 그럼으로써 '율법의 정당한 요구'를 성취한다(롬 8:3-4). 그리스도의 성육신과 죽음의 핵심 목표는 그런 공동체를 창조하는 것이었다(갈 5:6, 13-14; 롬 8:3-4; 고후 5:21).[107]

하지만 바울이 믿음을 '율법의 행위'와 분리한 것(롬 3:28; 갈 2:16)은 이 주장과 모순되지 않는가? 아니, 모순되지 않는다. 바울이 믿음을 율법의 행위와 분리한 것에는 두 가지 의미가 있다. 첫째, **칭의가** 율법을 소유한 사람(즉, 유대인)만이 아닌 **모든 사람에게 열려 있다**는 것을 뜻한다. 둘째, 칭의가 **하나님의 반응**이 뒤따르는 **인간의 주도**가 아니라, **인간의 반응**이 뒤따르는 **하나님의 주도**에 기초한다는 단언이다.

달리 말해, 행위가 아닌 믿음에 의한 칭의가 의미하는 바는, 칭의가 **특권**(수동)이나 **주도권**(능동)에 의하지 않고 **은혜에 힘입은 참여적 반응**에 의한다는 것이다.[108] 그것은 믿음에 의한 칭의가 동의나 신뢰로 좁게 해석된

---

107 또한 Francis Watson, *Paul, Judaism, and the Gentiles: Beyond the New Perspective*, rev. ed. (Grand Rapids: Eerdmans, 2007), pp. 298-300도 그렇게 이야기한다.
108 바울이 말하는 믿음의 종합적이고 참여적인 특징에 관한 연구로는 David M. Hay, "Paul's Understanding of Faith as Participation", in *Paul and His Theology*, Pauline Studies vol. 3, ed. Stanley E. Porter (Leiden/Boston: Brill, 2006), pp. 45-76를 보라. Hay는 "바울에게 믿음은 그리스도인이 그리스도 안에 영적으로 참여하는 양식 혹은 그리스도 안에서 영적으로 살아가는 양식"이고(p. 52; 참조. p. 46); 거기에는 "개인적 차원과 공동체적 차원이 둘 다" 존재하며, "인지적 확신과 신뢰, 신실함이란 요소가 결합"되어 있다(p. 46)고 이야기한다.

다는 의미가 **아니다.**[109] 이신칭의는 하나님의 호의(은혜)를 **이끌어 내려고 노력하거나** 그것을 **무시하는** 사람이 아닌, 하나님의 호의**에 적합하게 반응하는** 사람들을 하나님이 의롭다 하신다는 의미이며, 여기에는 유대인과 이방인의 구별이 없다. 결국 다음과 같이 말하는 것이 최선으로 보인다. 칭의는 사랑 안에 표현된 하나님의 신실함을 통해 이루어지는데, 그 사실은 사랑 안에 표현된 그리스도의 신실한 행위로 입증되었고, 이 사건에 인간은 하나님의 성령에 감동받고 힘을 입어 사랑으로 표현되는 신실함으로 반응한다. 즉, '함께 십자가에 못 박힘'으로 반응한다. 바울에게 중요한 것은 사랑을 '통해 효력을 발휘하는'(made effective through; NRSV 난외주) 믿음 혹은 사랑을 '통해 그 자체를 표현하는'(expressing itself through; NIV) 믿음이며(갈 5:6), 이는 신자들이 삶의 기준으로 삼는 믿음과 사랑의 십자가에 부합한다(갈 2:20). 다시 한번 **믿음과 사랑은, 그리고 믿음과 행동은 분리될 수 없다.**

반복의 위험을 감수하고서 강조하고 싶은 점은, 이 주장이 칭의가 행위에 의해 이루어진다거나 구원이 사랑에 의해 성취된다는 말과 같지 않다는 것이다. 오히려 이 주장은 이러한 종류의 죽음에 참여하는 것이 다른 방법이 아닌 언약적 충성의 방법으로만 가능하며, 그 이유는 그것이 바로 그 아들, 그의 죽음, 그의 성령, 그리고 그의 아버지의 특성이기 때문이라고 말한다. 십자가의 은혜가 요구하고 또한 가능케 하는 것이 바로 그것이다.[110]

사이먼 개더콜(Simon Gathercole)은 순종 혹은 '하나님이 요구하시는 것을 행함'이 죄인을 의롭다 하시는 하나님의 선언의 **토대**는 아니지만 바울의 칭의 이해에 고유한 특징이라고 설득력 있게 주장했는데, 여기서 우리는 그의 이런 주장에 부분적으로 동의하는 자신을 보며 좌절감을 느낄 수

---

109 또한 Watson, *Paul, Judaism, and the Gentiles*, rev. ed., pp. 212-213를 보라.
110 참여주의적 구원론 옹호자들 사이에 '잠복된 펠라기우스주의'가 스며들었다는 부적절한 공포는 Stubbs, "The Shape of Soteriology", p. 156도 언급한다.

도 있다.[111] 여기까지는 괜찮다. 그런데 동시에 개더콜은 (칭의의 "'도구적 원인' 의 대안"으로서 율법에 순종하는 것 대신) 하나님의 약속을 신뢰하는 것으로 이 해된 믿음이 곧 다음으로 '신적 결정'으로 이어지는 것이라고 주장한다.

> 신적 결정에 의해서 [하나님의 약속을 신뢰하는 이 믿음]이 의로운 것으로 여겨진다. 즉, 신자가 하나님의 모든 요구를 성취한 것으로 여겨진다. 그렇다면 칭의는…하나님의 창조적 행위로서, 그 신적 결정을 통해 신자는 하나님의 모든 요구를 행한 것이 된다.[112]

불행히도, 신적 선언을 통해 의가 전혀 없는 곳에서 의가 창조된다고 주장하는 개더콜의 '최소주의적'[113] 믿음 정의는 법적 허구―개더콜 자신이 경멸하는 바로 그것!―라는 막다른 골목으로 향할 수밖에 없다.[114] 논리적으로 우리는 이러한 접근과 법적 허구를 거부해야 하며, 다음 둘 중 하나를 선택해야 한다. 주해상으로 불완전한 의의 전가 교리로 돌아가든지, 아니면 믿음의 정의를 확장해서 그리스도의 의에 참여함을, 즉 (내 생각처럼) 그리스도의 '피스티스'와 '아가페'에 참여함을, 혹은 그리스도가 (개더콜의 표현처럼) '하나님의 모든 요구'를 행한 것에 참여함까지 포함하든지 말이다.[115]

---

111 Gathercole, "The Doctrine of Justification in Paul and Beyond", p. 240.
112 Gathercole, "The Doctrine of Justification in Paul and Beyond", p. 240.
113 앞서 언급했듯이 '최소주의적'이라는 표현은 Gathercole 자신이 N. T. Wright의 칭의 정의를 비판하면서 사용한 것이다("The Doctrine of Justification in Paul and Beyond", pp. 228-229).
114 Gathercole, "The Doctrine of Justification in Paul and Beyond", pp. 225-229와 앞선 논의를 보라.
115 Francis Watson도 바울이 말하는 믿음에 관한 최소주의적 혹은 얕은 이해를 가진다. 그는 바울에게 신실함 없는 믿음은 있을 수 없음을 인정하지만(*Paul and the Hermeneutics of Faith*, p. 161), 하나님의 구원 행위에 대한 적절한 반응으로서 '믿음'을 설명하기 위해 '인정'(acknowledgment)과 '동의'(consent) 같은 용어를 반복해서 사용한다(예를 들어, pp. 75, 160, 162, 179).

이 지점에서 바울의 믿음 개념을 조사한 더글러스 캠벨의 작업은 거의 출구를 찾을 뻔했다. 캠벨은 바울의 믿음 개념을 본질상 참여적이고 삼위일체론적인 것으로 정의하는데,[116] 나도 이 의견에 전적으로 동의한다. 하지만 흥미롭게도 그는 이 믿음 개념을 십자가와 직접 연결하지 않는다. 그 이유는 아마도 캠벨이 이신칭의 구원론 모델과, 그 모델의 이른바 '거래적인' 그리스도의 죽음(을 희생 제사로 보는) 이해에 매우 부정적이었고, 그 결과 부활과 묵시 범주를 강조하게 되었기 때문으로 보인다.[117] 그가 '그리스도의 십자가에 못 박힘'은 '[바울의] 구원 모델의 핵심을 차지하는 결정적 순간'이라고 주장함에도 말이다. 확실히 캠벨은 그리스도를 우리가 참여하는 특정 '행동과 특징'을 가진 분이며,[118] 현재의 '약함'[119]의 사례이자, '충성의 패러다임', 특히 고난 가운데서의 충성의 패러다임을 보여 주는 본보기로 이해한다.[120] 게다가 캠벨은 갈라디아서 2:20을 언급하면서 갈라디아서 5:6에서 요구되는 사랑은 하나님과 그리스도로부터 온다고 올바르게 말한다. 하지만 갈라디아서 2장과 로마서 6장에 관한 우리의 주해가 과녁에 명중했다면, 바울의 구원론과 관련해 참여로서의 믿음을 이야기할 때는 반드시 (단지 약함이나, 고난 가운데서의 충성이 아닌) '함께 십자가에 못 박힘'을 논의의 중심에 두어야 한다.[121]

116　Campbell, *The Quest for Paul's Gospel*, pp. 200-201.
117　Campbell, *The Quest for Paul's Gospel*, p. 93.
118　Campbell, *The Quest for Paul's Gospel*, p. 200; 구체적인 목록은 p. 205를 보라.
119　Campbell, *The Quest for Paul's Gospel*, 예를 들어, p. 53.
120　Campbell, *The Quest for Paul's Gospel*, pp. 201, 205; 참조. 강조점이 그리스도의 고난에 있는 pp. 92-93.
121　Campbell의 *Quest*에서 부활 대 속죄에 관한 부분은 예를 들면, p. 198에서 볼 수 있다. 흥미롭게도, Campbell의 책 전체에는 갈 2:19-20과 롬 6장이 사소하게 몇 번 언급될 뿐, 각각에 대한 일관된 주해는 등장하지 않는다. 그는 롬 5-8장을 갈 2:15-21(본서 pp. 122-123를 보라)이 아닌 갈 3:26-28의 확장판으로 이해한다(p. 110).

이보다 더 유익한 것이 앞서 논의한 로버트 태너힐의 접근이다. 태너힐은 바울이 믿음 자체에서 오는 칭의를 그리스도의 케노시스적이고 자애로운 죽음 '안으로 끌어당겨져' 그 죽음을 공유하는 것으로 보았으며, 그 결과는 '바울 안의 새로운 생명력이신 그리스도 안에 지속적인 참여함'이고, 그 그리스도는 마찬가지로 케노시스적이고 자애로운 그리스도라고 설득력 있게 주장한다.[122] 본 장에서 그리고 이 책 전체에서 우리는 태너힐과 같이 '참여적 의' 혹은 참여적 믿음에 의한 참여적 칭의를 주장하고 있는데, 전부다 그리스도의 죽음과 부활에 참여함을 뜻한다.

본 장의 서두로 돌아가면, 우리의 조사는 바울에게 두 가지 구원론 모델이 아닌 하나의 모델이 있다는 사실을 보여 주었다. 같은 결론에 도달하면서 주엣 바슬러(Jouette Bassler)는 두 가지 노선의 조화를 이야기한다.

> 오랫동안 바울서신 안에 존재하는 서로 독립된 불협화음으로 간주되었던 두 가지 사고 노선, 즉 이신칭의라는 법정적 개념(예. 롬 1-4장)과 그리스도 안으로의 세례라는 참여적 개념(예. 롬 5-8장)의 조화. 만약 믿음이 그리스도 안에 참여함을 수반한다면, **이 두 사고 노선은 하나로 합쳐진다.**[123]

본 장에서 펼친 주장의 관점에서 볼 때, 루터가 로마서 3:28을 해석했듯이, 그리고 대부분 개신교인이 주장해 왔듯이, 칭의는 오직 '믿음'으로만 된다고 여전히 말할 수 있을까? 어떤 종류든 믿음에 관한 최소주의적 이해를 가지고 하는 이야기라면, 그렇게 말할 수 없다. 하지만 믿음을 **십자가 형태의** 믿음으로 보는 이해, 믿음을 성령에 힘입어 그리스도의 신실하고

---

122 Tannehill, p. 229.
123 Bassler, *Navigating Paul*, p. 32(강조 추가).

자애로운 죽음에, 그리고 따라서 그의 십자가 형태의 부활 생명에 참여하는 반응으로 보는 바울의 이해를 수용하고 하는 이야기라면, 그렇게 말할 수 있다. 이런 이유로 바울은 칭의가 오직 믿음으로만 된다고 확언할 수 있었으며, 또한 극도로 신중한 태도로, 하나님의 심판과 칭의 선언이 율법을 **행함**을 근거로 이루어진다(롬 2:13)고도 확언할 수 있었다.[124] 이것은 그리스도의 순종/믿음/죽음 안에 나타난 사랑의 법으로서, 메시아의 법 혹은 메시아의 '내러티브 패턴'이며,[125] 이 법의 성취를 가능케 하는 것은 내주하시는 살아 계신 그리스도다.

물론 이번 장의 주장이 칭의에 요구되는 초기의 믿음 경험에 너무 과도한 짐을 지운 것이 아니냐고, 그럼으로써 칭의와 성화를 혹은 이와 유사한 신학적 구성물을 혼동하거나 뭉뚱그린 것이 아니냐고 따지는 사람도 있을 것이다. 이러한 이의 제기의 가장 강력한 논거는 바울이 칭의의 기초로서 믿음을, 특히 아브라함의 단순한 믿음을 논의하는 바울 자신의 말들일 것이다(갈 3장, 롬 4장). 그런 말들에서 우리가 만나는 것은 아마도 단순히 신뢰만에 의한 칭의일 것이다. "아브라함이 하나님을 믿었다." 하지만 바울이 말하는 믿음을 일차적으로 '신뢰'로 이해하려는 사람들조차도 아브라함의 믿음과 (그리스도인) 신자들의 믿음 사이에 차이가 있음을 분명히 인정한다.

---

124 Kent L. Yinger는 약간 다른 각도에서 같은 결론에 도달한다. 그의 *Paul, Judaism, and Judgment According to Deeds*, SNTSMS 105 (Cambridge: Cambridge University Press, 1999)를 보라. 또한 Watson, *Paul, Judaism, and the Gentiles*, rev. ed.을 보라. "행위에 의한 심판에 대한 믿음은 바울 신학에서 정말로 필수적인 부분이다. 단순히 사도가 그 자신의 신학적 입장과 조화시켜야 했는데 부주의하게도 그 작업을 깜빡 잊은, 유대교적 관점의 불행한 잔재가 아니다"(p. 213). 또한 롬 2:6-11에 대해 논평하는 N. T. Wright(*Resurrection*, p. 245)의 말을 보라. "사람들이 그들의 일생 동안 행한, 그리고 마지막 심판이 그것을 기준으로 주어지는 '선한 행위'에 대해 바울이 말하는 것을 '막을' 필요가 전혀 없다."

125 Gorman, *Cruciformity*, pp. 155-177, 특히 pp. 172-177, 그리고 Richard B. Hays, "Christology and Ethics in Galatians: The Law of Christ", *CBQ* 49 (1987): pp. 268-290를 보라.

특정 본문들이 말하는 '단순한 신뢰'조차도, 믿음 개념이 죽음 및 부활과 연결되는 로마서 4:16-25 같은 본문에서는 더 강력하고 더 '기독교적'인 의미로 들린다. 이것이 바로 우리의 믿음 이해가, 심지어 아브라함과 같은 '단순한' 믿음에 관한 이해도, 그리스도와 연관된 바울 자신과 신자들 자신의 믿음 경험을 통해 재구성된다고 말하는 바울의 방식이다.

따라서 지나치게 단순화해 '신뢰로서의 믿음' 본문이나 '장부 기입으로서의 칭의' 은유에 호소하는 것은, 바울의 믿음 및 칭의 이해를 설명하기에는 불충분하다. 물론, 믿음은 할례와 행위에 반대되는 것이며, 칭의는 삯이 아닌 선물 같은 것이다. 하지만 이러한 진리만으로는 믿음의 의미 전체를 포괄하지 못하며, 나아가 믿음의 본질적인 내용, 바울 특유의 내용을 제시하지도 못한다. 여기서 존 밀뱅크(John Milbank)가 고안하고, 다른 사람들 가운데서도 스티븐 파울이 바울에게 적용한 '비동일 반복'(non-identical repetition) 개념을 활용하는 것이 도움이 된다.[126] 바울이 다윗과 특히 아브라함을 이신칭의의 모델로 제시할 때, 그는 "그 사람들을 정확하게 모방하세요"라거나 "당신의 믿음은 그 사람들의 믿음의 **정확한** 복제품입니다"라고 말하는 것이 아니다. 오히려 그는 하나님에 대한 그 사람들의 반응에는 어떤 본질적인 특징이 있었는데, 그 특징이 하나님에 대한 당신의 반응에도 본질적이라고 말하는 것이다. 하지만 이 절대적으로 본질적인 특성도 그리스도 **이후의** 이신칭의의 실재를 모두 **포괄하지는** 못하며, 그럴 수도 없다. 왜냐하면 그 특성은 그리스도 **이전의** 현상이기 때문이다. 아브라함과 다윗이 이신칭의에 본질적인 칭의 측면을 보여 주기는 하지만, 그것들이 전부를 포괄하지는 못한다는 의미다. 왜 그런가? 그 측면들은 하나님 중심적(적

---

126 예를 들면, Stephen Fowl, "Christology and Ethics in Philippians 2:5-11", in *Where Christology Began: Essays on Philippians 2*, ed. Ralph P. Martin and Brian J. Dodd (Louisville: Westminster John Knox, 1998), pp. 140-153, 이 부분은 p. 148.

절한 내용이다)이지만, 그리스도 중심적이지 않으며, 그럴 수도 없기 때문이다. 그리스도가 나타나 십자가에 못 박히고 다시 살아난 순간, 칭의와 믿음은 비가역적으로 그리스도 중심적이 되었다. 비록 여전히 하나님 중심적이긴 해도 말이다. 그 최소한의 이유를 말하자면, 하나님이 이제는 그리스도 안에서 계시되었기 때문이다.[127]

요약: '함께 십자가에 못 박힘'에 의한 칭의

바울의 견해에 따르면, 그리스도의 십자가 처형이 부활로 이어진 것과 마찬가지로, '함께 십자가에 못 박힘'으로 이해된 믿음은 '함께 부활함'으로 이해된 칭의로 이어지는데, 이 부활은 현재에서의 새로운 생명과 미래에서의 영원한 생명, 둘 다를 뜻한다. 이 내용이 로마서 4:25의 의미를 설명해 주는데, 거기서 바울은 그리스도가 우리의 칭의(개역개정, "의롭다 하심")를 위해 살아나셨다고 말한다. 그리스도가 현재와 종말의 때 모두에 우리가 그리스도 그리고 하나님과 더불어 누리는 새로운 생명을 위해 살아나셨다는 것이며, 갈라디아서 2:15-21과 로마서 6:1-7:6이 증언하는 것이 바로 이 내용이다.

이제 방금 수행한 갈라디아서와 로마서 연구를 반영해 본 장 앞부분에서 제시한 칭의의 정의를 확장해 보자. 말하자면,

칭의는 그리스도의 죽음 안에 나타난 하나님의 은혜를 통한 그리고 우리가 성령에 힘입어 그분과 '함께 십자가에 못 박힘'을 통한 올바른 언약 관계— 하나님께 **충성**하고 이웃을 **사랑**하는 것—의 수립 혹은 회복이다. 따라서 칭의의 의미는 하나님의 백성 안에서 무죄 판결/신원에 대한 확실한 **소망**

---

[127] 또한 Seifrid, "Paul's Use of Righteousness Language", pp. 60-63를 보라.

을 가지고 새로운 생명으로 그리스도와 함께 부활함, 그리고 그렇기에 심판의 날에 영생으로 부활함이다.[128]

그렇다면 칭의는 현재의 생명과 미래의 (영원한) 생명에 관한 것이다. 언약도 생명에 관한 것이다. 그 현재의 형태로서 이 새 언약 생명은 십자가 형태의 믿음과 사랑의 생명인데, 그 이유는 부활하신 그리스도가 신실하고 자애로운, 십자가에 못 박힌 그리스도와 연속적이기 때문이다. 이제 그 새로운 생명에 대해 간략하게 알아보자.

'하나님의 의': 의롭게 된 사람들 안에서 믿음과 사랑의 공생

바울이 말하는 그리스도의 죽음과 믿음('피스티스')을 둘 다 살펴보았으니, 이제 본 장 앞부분에서 제기한 세 가지 질문 중 마지막에 도달했다. 즉, 그리스도의 죽음이 한편으로는 피스티스의 의미와, 다른 한편으로는 칭의의 내재된 특성인 탈바꿈의 중요성 및 특징과 어떤 연관성이 있는가? 우리는 이미 여러 지점에서 이 질문에 대한 답변을 미리 내비쳤다.

본 장의 전체적인 핵심 주장 중 하나는 그리스도의 신실하고 자애로운 죽음을 언약의 정수를 성취한 행위로 규정하고, 그 논리적 귀결로서 이신칭의를 그렇게 정의된 죽음에 참여함으로 해석한 것이다. 우리는 이미 믿음과 사랑의 결합으로 정의되는 어떤 실재에 참여한다는 것은 특정 결과를 가져올 수밖에 없다고 제안했다. 구체적으로 말하면, 그리스도와 함께

---

128 나의 책 *Reading Paul*, pp. 116-117와 152-153에서 가져온 내용으로, 바울이 수동태로 표현하는바 (다른 본문에서 칭의/화해도 그렇게 이야기하지만) 이 '함께 십자가에 못 박힘'이 인간의 성취가 아닌 신적 은혜의 결과라는 사실을 분명히 하기 위해 '성령에 힘입어'라는 표현을 추가했다.

십자가에 못 박히고 부활한 사람들은 그의 성령의 능력에 힘입어 언약 공동체로서 그의 믿음과 사랑을 구현할 것이다. 빌립보서 2:6-11과 갈라디아서 2:19-20 같은 본문이 묘사하는바 그리스도 안에서 발견되는 믿음과 사랑의 공생이 그 공동체 안에서도 발견될 것이다. 믿음과 사랑의 이러한 공생은 칭의에 덧붙여진 ('성화'나 '기독교 윤리' 같은) 부록이 아니라, 칭의 자체, 즉 올바른 언약 관계의 회복 자체의 구성 요소다.[129] 이미 살펴보았듯이, 칭의는 본질상 참여적이며 또한 변혁적이다.

이것은 예수의 죽음만이 아닌 인간의 조건에 관한 바울의 내러티브를 진지하게 받아들인다면 당연히 예상해야 하는 내용이다. 하나님과의 단절이 '수직적' 죄와 '수평적' 죄 둘 다로 인해 발생했고 둘 다로 표현되었듯이 (롬 1:18-32; 3:9-18), 하나님과의 화해 역시 수직적·수평적 두 측면 모두에서 온전한 언약 관계로의 회복에 관한 사안이다. 결국 하나님의 진노를 부르고 인간의 죄책과 언약적 실패에 대한 바울의 고발을 불러일으킨 것은 단지 배은망덕과 우상숭배만이 아니라, '인간을 향한 인간의 비인간성'이라는 현실이었다. 그 현실은 치명적인 폭력으로까지 나아갔고, 그러한 현실은 지적되고 심판받고 수리되어야 한다.

그리스도와 '함께 십자가에 못 박힘'과 '함께 부활함' 덕분에, 즉 참여적 믿음에 의한 참여적 칭의 덕분에, 그리스도 안에 있는 사람들 가운데서 죄의 지배는 무너졌다. 그들은 언약적 믿음과 사랑의 삶을 가능케 하는 성령의 능력에 참여하는 자가 되었다. 그리스도 안에 있는 사람들은 그리스도 죽음의 참된 목적을, 그리고 그들이 그 죽음에 참여하는 것의 참된 목적을 경험할 수 있으며, 그리스도 안에서 그들은 하나님의 의 혹은 정의가 될 수 있다(고후 5:21).

---

[129] 우리는 본서 3장에서 거룩함을 논하면서 이 중요한 문제를 다시 다룰 것이다.

고린도후서 5:21에 나오는 그리스도 안에서의 '상호 교환'(interchange)에 관한 바울의 주장—"우리를 위해 하나님이 죄를 알지도 못하신 자를 죄로 삼으신 것은, 그 안에서 우리로 하나님의 의[또는 정의: '디카이오쉬네']가 되게 하려 하심이라"—은 종종 해석자들을 당혹스럽게 했다.[130] '상호 교환' 언어는 단순히 모종의 법적 거래를 의미하는 것이 아님이 확실하다. 그보다는 인간의 죄가 그리스도 안에서 하나님의 의/정의로 변화될 때 그리스도와 하나님 모두의 생명 안에 참여하는 것을 암시한다. "언약 공동체의 본질적인 목적은 피조물인 인간을 향한 하나님의 의로운 설계를 드러내는 것이다."[131]

본 장에서 개진하고 앞에서 요약한 바울 구원론의 논리에 관한 설명에 비추어 볼 때, 우리는 바울에게 그리스도 안에서 '하나님의 의/정의'가 된다는 것은 곧 하나님의 언약 공동체로서 하나님의 화해하게 하는/의롭게 하는 사역에, 즉 하나님의 새 창조(고후 5:17)에 참여하고 그것을 구현한다는 의미라고 주장할 수 있다.[132] 캐서린 그리브(Katherine Grieb)가 말한 대로, "하나님이 그리스도 안에서 이룬 '새 창조/새 피조물'은 성령의 능력에 힘입은 현실에 속한다. 그것은 이전에는 불가능했던 것만큼이나 상상도 할 수 없었던 현실로서, 바로 고린도 공동체 안에서 구체화된 하나님 자신의 언

---

130 혹은 아마도 "하나님이 죄를 알지도 못하신 자를 우리를 대신하는 죄로 삼으신 것은, 우리로 그 안에서 하나님의 의가 되게 하려 하심이라"로 번역할 수도 있다. 바울에게 상호 교환에 대해서는 Morna D. Hooker의 고전적 논문인 "Interchange in Christ" and "Interchange and Atonement", in *From Adam to Christ: Essays on Paul* (New York/Cambridge: Cambridge University Press, 1990), pp. 13-25와 26-41를 보라.
131 Hays, "Justification", p. 1132.
132 '하나님의 의'를 바울에게 국한하는 N. T. Wright, "On Becoming the Righteousness of God: 2 Corinthians 5:21", in *Pauline Theology*, vol. 2, *1 & 2 Corinthians*, ed. David M. Hay (Minneapolis: Augsburg/Fortress, 1992), pp. 200-208에 반대하는 의견이다.

약적 의다."¹³³ 바울이 고린도후서 5장의 특정 구절에서 "이 말의 뜻은 신실함과 사랑의 백성이 된다는 것입니다"라고 말하는 것은 아니지만, 분명히 그는 비슷한 방식으로 수직적 관계와 수평적 관계 모두에 대해 이야기한다. 내적인 힘으로서 그리스도의 사랑이 '강권한다'(NIV; 참조. NAB) 혹은 '촉구한다'(NRSV)는 개념(5:14), 그리고 죽고 다시 사신 그리스도를 위해 산다는 개념(5:15)은 갈라디아서 2:19-20과 로마서 6:10-11을 연상시킨다.

구체적인 서신들 안에 나타난 믿음과 사랑의 공생

본 장의 핵심 서신 중 하나인 갈라디아서를 보면, 그리스도 안에 있는 사람들 사이에서 행해져야 할 믿음과 사랑의 공생이 아주 명백하게 드러난다. 바울은 갈라디아서 2:20에서 칭의를 재정의하면서 이 둘을 기독론적으로 결합한 후에 갈라디아서 5장에서 다시 칭의 주제로 돌아오는데, 거기서 그는 율법에 의한 칭의를 다시 한번 거부하고(5:2-4), 의롭게 된 사람들 가운데서 믿음과 소망의 공생(5:5)을, 그리고 상당히 강조해서 믿음과 사랑의 공생을 말한다. "중요한 것은 사랑을 통해 일하는 믿음뿐이니라"(5:6, NRSV). 이 말에서 우리는 2:20의 반향을 감지한다.¹³⁴ 우리는 이미 이 두 본문 사이의 의미심장한 연관성을 언급한 바 있다.

다른 곳에서 바울은 이 새로운 실존을 다르지만 무관하지 않은 수직적·수평적 용어로 묘사한다. 로마서 6장에서 하나님께 자신을 드리는 것과

---

133 A. Katherine Grieb, "'So That in Him We Might Become the Righteousness of God' (2 Cor 5:21): Some Theological Reflections on the Church Becoming Justice", *Ex Auditu* 22 (2006): pp. 58-80 (66). Grieb의 논문 전체는 주의 깊게 읽어 볼 가치가 있다.
134 갈 5:6과 2:20의 연관성에 대해서는 또한 Hays, "Christology and Ethics in Galatians"; Martyn, *Galatians*, p. 474; Matera, *Galatians*, pp. 183, 189를 보라. 흥미롭게도 이 두 구절의 연관성은 2006년 세계감리교협의회 선언문에도 두드러지게 나타나는데, 이 선언문은 1999년 가톨릭과 루터교가 발표한 '칭의 교리에 관한 공동 선언'에 공식적으로 동의한다고 밝혔다.

의/정의/거룩함의 삶은 불가분한 관계로 나타나는데, 그것은 특히 6:13에 잘 요약되어 있다. "더 이상 너희 지체를 악[불의, '아디키아스'(adikias)]의 도구[병기, '호플라'(hopla)]로 죄에게 드리지['파리스테미'(paristēmi)의 활용] 말고, 오직 너희 지체를 의[혹은 정의, '디카이오쉬네']의 도구[병기]로 하나님께 드리라."(참조, 특히 하나님에게, 그리고 의에 종노릇하는 것을 이야기하는 6:19, 22.) '아디키아' 언급은 1:18의 '아디키아'를 연상시킬 뿐만 아니라 그 '아디키아'의 역전을 묘사하려는 의도가 있고, 하나님께 자기를 드리는 것은 2:21에 기술된 내용, 즉 하나님께 영광을 돌리는 데 실패한 인간의 모습과 대조된다. "요컨대, [신자들은] 부활하신 주님이 그 자신의 확장된 인격 혹은 '몸' 안에서 아버지께 지속해서 순종하는 삶을 사시듯이, 신자들 안에서도 그분이 그런 삶을 사시길 허용하도록 부름받았다."[135]

마찬가지로 로마서 12:1-2에서 바울은 우리 몸을 하나님께 살아 있는 제사로 드림으로써 로마서 1장에 묘사된 상황이 역전됨을 가리키기 위해, '자신을 드림'과 같은 동사('파리스테미')를 사용한다. 여기에는 마음의 갱신(12:2; 참조, 1:21 및 명백한 1:28의 역전)과, 그 결과로서 이 세상 속에서의 행동과 관련된 하나님의 뜻을 분별하는 것이 포함된다. 따라서 칭의의 수직적 차원은 수평적 차원으로 이어지며, 이 차원은 이어지는 세 장(12:3-15:13)에서 십자가 형태의 사랑과 환대로 자세히 설명된다. 다시 말해, 12:1-2의 믿음은 그 서신의 나머지 부분에 기술된 사랑으로 자신을 표현한다.

또한 이 수직적 차원과 수평적 차원의 공생과 관련해서 고린도전후서를 짧게 살펴볼 수 있다. 앞서 언급했듯이 고린도전서에서 바울은 우상숭배와 부도덕/불의를 방지하려고 노력한다. 그의 목표는 이런 기본적인 언약적 실패를 대신해, 주 예수를 향한 배타적 헌신과 서로를 향한 십자가 형

---

[135] Brendan Byrne, *Romans*, Sacra Pagina (Collegeville: Liturgical, 1996), p. 193.

태의 사랑을 채우는 것이다. 이 둘의 공생이 아마도 가장 강력하게 등장하는 곳은 주님의 만찬에 관한 바울의 논의일 것이다(고전 10:1-22; 11:17-34).

고린도후서에서 바울은 전혀 다른 문제인 예루살렘의 가난한 자들을 위한 모금 문제를 논의하면서, 마케도니아 사람들을 십자가 형태의 관대와 정의의 모범이라며 칭찬한다. 왜냐하면 가난한 성도를 구제하는 행위를 통해 그들이 "먼저 자신을 주께 드리고, 또 하나님의 뜻을 따라 우리에게 주었기" 때문이다(고후 8:5; 참조. 8:9). 마케도니아 사람들은 그리스도, 즉 성육신과 십자가 처형을 통해 하나님의 정의와 자기희생적 관대를 먼저 구현한 그분(8:9; 참조. 9:15) 안에 있는 공동체가 하나님의 정의가 됨으로써 그 성육신과 죽음의 목적을 성취할 수 있음을 보여 주는 증거다. 말하자면, 그 **정의롭고 의로우신 분인 그리스도 안에서** 마케도니아 사람들과 고린도 사람들, 그리고 우리는 "타인을 향한 관대의 윤리 안에서…하나님의 정의와 교회의 정의가 교차하는" 장소가 될 수 있다.[136] 바울이 8:13-14에서 말하듯이, 그리스도 안에서 베푸신 하나님의 관대에 뿌리를 둔 이러한 관대는 노블레스 오블리주의 어떤 형태라기보다는, 어떤 사람들의 넉넉함과 다른 사람들의 부족함을 한데 아우르는 평등[그리스어 '이소테스'(isotēs)][137]의 세상을 이루고자 하는 하나님의 은혜로운 의도의 작은 실천적 예시다.

이러한 사례들은 바울이 믿음과 세례를 통해 그리스도 안으로 편입된 사람들의 삶 속에서 수직적 헌신과 수평적 헌신, 즉 믿음과 사랑의 불가분성을 바라보는 방식을 보여 준다. 이것이 바로 하나님 및 타인과 올바른 언약 관계에 있다는 것, 즉 의롭게 되었다는 것의 구체적인 의미다. 믿음에 대한 두터운 이해(하나님을 향한 참여적 충실, 충성, 순종)는 인류를 괴롭히는

---

136 Grieb, "So That in Him'", p. 59; 참조. p. 68.
137 NIV, NAB는 '평등'(equality); NRSV는 부실하게 '공정한 균형'(fair balance)으로 번역했다.

우상숭배와 강퍅한 마음을 역전시키고, 그럼으로써 하나님과의 관계에 대한 언약의 기대를 성취한다. 반면에 사랑은 서로를 학대하는 사람들의 모습을 역전시켜, 십자가 형태 정의의 모습으로 타인을 향한 언약의 의무를 성취한다.[138] 하지만 '피스티스'와 '아가페', 이 둘은 하나님의 형상이자 현현이신 그리스도 안에서 과거에도 지금도 결합되어 있기에, 서로 분리할 수 없다.

테오시스로서의 칭의

이제 본 장과 1장을 보다 더 뚜렷하게 연결하고 3장을 전망할 시점이 되었다. 우리의 주장은 다음과 같다. 신실하고 자애로운, 십자가에 못 박힌 그리스도가 하나님의 형상이요 자기 계시이기 때문에, '함께 십자가에 못 박힘'에 의한 칭의라는 역설적 과정 혹은 십자가에 못 박힌 그리스도와의 동화를 통한 부활의 의미는, '피스튜온테스'(*pisteuontes*, '신자들')가 곧 하나님의 아들 안에서 발견되는 충성과 사랑의 공생을 구현함으로써 하나님처럼 되어가는 사람들, 그리고 그럼으로써 테오시스의 과정을 경험하고 있는 사람들이라는 것이다.

이것은 무슨 뜻인가? 그리스도의 신실하고 자애로운 죽음이 하나님의 신실함과 사랑을 계시한 것이고 칭의가 그 죽음에 참여하는 것이라면, 결국 칭의는 하나님의 신실함과 사랑에 참여하는 것이 된다. 그렇다면 칭의

---

138 하지만 우리는 '언약' 언어의 존재가 바울에게 칭의가 오직 유대교적 현상일 뿐이라는 것을 의미한다고 생각해서는 안 된다. 롬 1장에서 바울은 언약의 렌즈로 세상의 곤경을 읽는다. 그렇지만 그는 출애굽기와 언약(금송아지 사건)뿐만 아니라 창세기와 창조도 암시하면서 실패한 인간 프로젝트를 기술하는데, 이 두 가지 암시는 모두 솔로몬의 지혜서에도 등장한다. 따라서 바울이 언약의 관점에서 고장이 났다면서 묘사하는 것은 온 세상의 곤경이다.

는 신화(deification) 혹은 테오시스의 과정이다.[139] 칭의의 본질적인 요소인 십자가화는 사실상 하나님화(theoformity) 혹은 테오시스이며, 그것은 이전 장에서 살펴본 바와 같다. 또한 이것은 하나님의 의 혹은 정의가 되는 것이 테오시스라는 의미이기도 하다.[140] 이것은 일차적으로 개인적 경험이 아니라 집단적 경험이다. 말하자면, **공동체적** 테오시스로서 **우리가** 그리스도 안에서 하나님의 의/정의가 된다.[141] 당연히 이 공동체적 테오시스는 1장 마지막에서 기술한 공동체적 케노시스와 다를 바 없다. 이 케노시스/테오시스의 과정은 결코 완결되지 않기에, 그 과정 자체가 칭의에서 동등하게 본질적인 요소인 소망의 중요성을 강화한다.

다음 장에서 더 자세하게 살펴보겠지만, 신화(deification)의 과정은 십자가 안에서 계시된 하나님처럼 되는 과정이지, 그 외의 다른 것이 아니다.[142] 조엘 마커스(Joel Marcus)가 도상학에 관한 캐빈 로우(C. Kavin Rowe)의 연구에 기초해 언급했듯이, 이교의 형상과 조각을 가리키는 데 흔히 사용되는

---

[139] 테오시스에 관한 유익한 개관으로 본서의 서론 부분을 참조하라. 루터가 칭의를 선언만이 아닌 신화(deification)로 이해했다는 설득력 있는 주장으로 Marshall, "Justification as Declaration and Deification"을 보라. Marshall의 주장, 그리고 가능한 이의 제기에 대한 그의 답변은 바울 해석에도 많은 도움이 된다.

[140] 바울 자신도, (앞선 논의에서) Katherine Grieb도 바울이 고후 5:21에서 말하는 탈바꿈을 기술하기 위해 테오시스라는 단어를 사용하지는 않지만, Stephen Finlan은 그것이 바로 정확히 바울이 논의하고 있는 내용이라고 주장한다["Can We Speak of *Theosis* in Paul?" in *Partakers of the Divine Nature: The History and Development of Deification in the Christian Traditions*, ed. Michael J. Christensen and Jeffery A. Wittung (Grand Rapids: Baker, 2007), pp. 68-80; 이 내용은 p. 75].

[141] 이것은 Grieb이 "**지극히 인간적인 교회**가, 도대체 어떤 의미에서 '하나님의 의'가 되는 것이 가능하단 말인가?"라는 질문을 정식화한 방식으로부터 도출하는 그의 주장이기도 하다("'So That in Him,'" p. 58, 강조 추가).

[142] 정말로 십자가가 하나님의 자기 계시라면, 성육신의 구원론과 십자가/속죄의 구원론 중 양자택일해야 한다는 것은 그릇된 이분법이다. 우리가 십자가에 참여할 때 우리는 성육신에도 참여하는 것이며, 그 역도 성립한다. 이 둘은 불가분한데, 그것은 심지어 2:6-11도 암시하는 바다. 거기에서 서술되는 그리스도 이야기에는 그리스도의 이타심의 두 단계, 즉 성육신과 죽음을 기술하는 두 구절이 있다(1장의 도표에서 [z1]과 [z2]).

용어인 '에이콘'(*eikōn*)이 보이지 않는 하나님의 형상으로서 예수를 가리키는 데 적용된다(고후 4:4; 참조. 골 1:15). 또한 그 용어는 신자들에게도 사용되는데, 신자들은 "적어도 요약적으로는, 그리고 종말론적 약속으로서" 그리스도와 하나님의 형상을 품으며, 따라서 "그들이 사는 세상을 가득 채우고 있는 종교적 조각상이 아닌 움직이는 성상들인 '그[하나님]의 아들의 형상에 동화되도록 미리 정해진'(롬 8:29) 그들의 형제자매들 속에서 하나님의 모습을 찾는 사람들이다."[143]

바울 신학, 아니 바울 영성의 당연한 역설은, 이제 신자들이 응시하는 것은 높아진 그리스도 안에 나타난 하나님의 형상이지만, 그 그리스도는 계속해서 영원히 십자가에 못 박힌 분이기 때문에, 하나님의 형상 혹은 그 아들의 형상으로 그들이 지속적으로 변형되는 과정(고후 3:18)은 곧 그의 십자가 형태 내러티브 정체성에 참여하고 그의 십자가 형태 형상으로 탈바꿈되는 과정이라는 것이다.[144]

마커스가 언급한 적절한 종말론적 유보라는 것이 존재한다고 해서, 이 탈바꿈, 이 테오시스가 실제로 일어나는 것은 아니라고 생각해서는 안 된다. 물론 불완전하기는 하다. 하지만 바울에게 그 탈바꿈은 어떤 의미에서도 현재적이고 존재론적이지 않으며 오히려 (성령 덕분에 약간의 미리 맛봄은 있지만) 완전히 미래적이고 종말론적이라는 루터교 신학자 데이비드 브론도스(David Brondos)의 주장은 해당 본문을 제대로 이해하지 못한 것이다.[145]

---

143 Marcus, "Idolatry in the New Testament", p. 158.
144 부활한 (그리고 십자가에 못 박힌) 그리스도를 하나님의 영광으로 바라본 메르카바(*merkabah*) 유대인으로서 바울에 관해서는 Alan Segal, *Paul the Convert: The Apostolate and Apostasy of Saul the Pharisee* (New Haven: Yale University Press, 1990), pp. 334-371를 보라.
145 David A. Brondos, *Paul on the Cross: Reconstructing the Apostle's Story of Redemption* (Minneapolis: Fortress, 2006), 특히 pp. 151-189. Brondos(예. pp. 170, 173, 179)는 바울이 공관복음 전승의 '네 십자가를 지라'와 '자기를 부인하라' 언어를 (전혀 다르지 않은 개념의) 다른 언어로 전달했을 뿐이라고 주장한다. 물론 공관복음과 바울서신 사이에는 유사점도 있지

동료 루터교 신학자인 로이 해리스빌이 훨씬 더 핵심에 다가간 것으로 보이는데, 그는 "부활하고 높아지신 분이…그[그리스도]의 신적 능력을 통해… 그의 소유인 사람들 안에, 십자가 형태로 자신을 현현하신다"라는 바울의 확신을 이야기한다. 따라서 신자들은 '성육신한 그리스도의 현현'이다.[146]

바울 안의 (혹은 더 일반적으로는 교회와 관련해) 테오시스 개념에 대한 가능한 또 다른 비판을 가한 학자가 존 웹스터다. 웹스터는 삼위일체와 그 안에서 교회의 삶에 대한 사회적 해석과 비교해 교회의 '**외적인** 신성함'(alien sanctity)을 옹호했고, '신적인 거룩함에 존재론적으로 참여함' 개념을 반대했다.[147] 그는 교회의 거룩함이 '하나님에 의한 부르심과 신적인 혜택의 수용, 그리고 믿음의 순종 덕분'이라고 주장한다.[148] 거룩함에 관한 웹스터의 작업, 특히 신적인 거룩함에 관한 작업에는 수긍할 만한 내용이 많다(아래 3장을 보라). 하지만 불행하게도 그는 '신적인 거룩함에 존재론적으로 참여함'과 '믿음의 순종' 사이에 불필요하고도 그릇된 이분법을 설정했다. 사실 인간 편에서의 순종/믿음의 반응이란 것이 신실하고 자애로운 예수와 더불어 '함께 십자가에 못 박힘'(과 상호 거주)[149]이라면, 그리고 그 예수가 곧 하나님 자신의 충성과 사랑, 거룩함의 계시라면, 그 믿음의 순종도

만, 그 차이점도 의미론만이 아닌 개념 측면에서도 상당하다. 적어도 공관복음 기자들은 부활 이전의, 실재하는 역사적 인물에 관한 이야기 혹은 그 인물이 한 이야기를 기록한 반면, 바울의 경험은 성령에 의해 알려진, 부활-승귀하신 십자가에 못 박히신 그리스도에 관한 것이다. Brondos의 책을 간편하게 요약한 내용을 원한다면, pp. 191-195를 보라.

146 Harrisville, *Fracture*, pp. 122, 124. 당연히 이 개념은 '십자가화'에 관한 나 자신의 작업과 비슷하다. Harrisville은 다소 과도하게 개인주의적이어서 '현현'의 공동체적 차원을 무시하는데, 이는 '십자가화의 공동체들' 개념과 반대된다(Gorman, *Cruciformity*, pp. 349-367를 보라).

147 John Webster, *Holiness* (Grand Rapids: Eerdmans, 2003), pp. 56-57; 원서 강조.

148 Webster, *Holiness*, p. 57.

149 예를 들면, 롬 8장에 나오듯이, 우리 안의 그리스도 그리고 그리스도 안의 우리. 이러한 상호 거주 혹은 호혜적 관계를 지칭하는 전문 신학 용어가 페리코레시스(perichoresis)다. 이 용어는 무엇보다도 삼위일체의 각 인격 사이의 관계를 지칭하기 위해 사용되지만, 또한 하나님과 인간의 관계를 가리키는 데도 사용된다.

본질상 하나님의 존재에—혹은 적어도 그의 (당연히 본질을 내포하는[150]) 내러티브 정체성에—참여함이지 않을까?

하나님을 닮은 모습으로의 이런 탈바꿈, 이 테오시스는 어떻게 일어나는가? 그 내용을 아래와 같이 요약할 수 있다. 더 충분한 논의는 다음 장으로 넘기겠다.

바울에게 테오시스는 그리스도 안에 있는, 그리고 그 내부에 그리스도가 거하시는 개인과 특히 공동체 안에서 일어나며, 성령이 그 개인과 공동체를 그리스도의 십자가 모양 형상으로 빚고 형성해 나가실 때 일어난다. 그러나 이러한 탈바꿈의 과정에는 인간의 협력이 필요하며, 특히 높아지신 십자가에 못 박힌 분에 관한 묵상이 요구된다(고후 3:18).[151] 바울에게 이런 묵상이란 단순히 고대의 공허한 신비주의의 한 형태가 아니라, 십자가에 못 박힌 그리스도 사건을, 그리고 죽음에서 생명을 일으키는 역설적 능력(고후 4:7-12)의 내러티브 패턴을 지속해서 성찰하고 그 패턴에 자신을 일치시키는 것이었다. 이 모든 것을 가능케 하는 분은 개인과 공동체 안에서 일하시는 하나님 자신이다(빌 2:12-13). 이러한 지속적인 성찰과 동일시는 믿음과 세례라는 공적 행위로 시작되며, 그리스도 안에서 살아가는 각자의 삶을 통해 평생 지속된다. 이러한 이유로, 칭의와 성화를 구분하는 전통 개신교의 구분은 매우 본질적인 몇 가지 면에서 심각한 문제가 있다. 그러한 구분의 필연적 결과인 믿음과 사랑(혹은 행위)의 분리도 문제고, 특히 칭의와 정의의 분리도 그에 못지않게 심각한 문제다. 이제 이것들을 재결합하는 사안을 다뤄 보자.

---

150 Webster 자신이 설득력 있게 주장하듯이(pp. 39-43).
151 Matera, *2 Corinthians*, p. 97.

십자가 형태의 정의(justice): '함께 십자가에 못 박힘'에 의한 칭의의 윤리와 정치

기독교 신학 용어에서 '의'와 '정의'는 때때로 구분되어 사용된다. '의'는 개인적 관계와 거룩함을 지시하며, '정의'는 공적 사안이며 우리 감리교인이 '사회적 거룩함'이라고 부르는 것을 지시한다. 그러나 많은 사람이 지적했듯이, 성경 전통(예를 들면, 예언서와 예수)과 성경 사전(종종 '의'와 '정의'를 거의 동의어로 다룬다)은 둘 다 이러한 이분법에 반대한다. 그런데 이러한 통찰을 바울에게 적용한 사람은 거의 없는 실정이다. 하지만 바울의 칭의 신학에서 믿음과 사랑은 불가분하기에, 칭의는 영적일 뿐만 아니라 윤리적이며, 개인적일 뿐만 아니라 공동체적이고, 사적이지 않고 공적이다.

바울 자신이야말로 이러한 현실을 잘 보여 주는 사례다. 그는 공식적인 교회 핍박자였고, 폭력적인 제사장 영웅이었던 비느하스를 모방하는 방식으로 하나님 앞에서 자신의 칭의를 확보하려고 시도했던 것으로 보인다. 비느하스는 한 이스라엘 남자와 그의 미디안인 배우자를 죽여 이스라엘을 정결케 하고 하나님의 진노를 떠나게 한 인물이다(민 25:6-13). 시편 106:31(LXX 105:31)에 따르면, 비느하스는 그의 폭력적인 열심으로 의롭게 되었다. 그의 행위는 "그에게 의로 여겨졌다"['엘로기스테 아우토 에이스 디카이오쉬넨'(*elogisthē autō eis dikaiosynēn*)]. 이 그리스어 표현은 창세기 15:6(아브라함의 칭의에 관한 내용)과 로마서 4:3, 5, 9, 22-24의 병행 본문과 완전히 일치한다.[152]

바울이 의롭게 되고 하나님과 화해되었을 때, 그의 억압적이고 폭력적이었던 공적 행동은 극적으로 변했다. 그는 나중에 그러한 행동을 정확히 죄의 발현(롬 3:9-18)으로 묘사했는데, 바로 그 죄 때문에 하나님은, 이제 당신의 원수로 굳어진 반역적인 그의 백성과 더 넓은 인류의 문제를 처리하

---

[152] 우리는 4장에서 바울이 말하는 칭의/테오시스의 비폭력적 특징뿐만 아니라 비느하스와 바울의 관계 또한 더 충분하게 조사할 것이다.

셔야 했다. 당연히 하나님은 보복이나 폭력이 아닌 화해와 사랑, 즉 원수 사랑(롬 5:6-8, 10)으로 그 원수들을 처리하셨다. 말하자면, 응보적 정의가 아닌 회복적 정의(restorative justice)로 행하신 것이다. 따라서 칭의가 뿌리를 내리고 있는 신적 행위로 인해, 그리고 그 신적 행위에 비추어 칭의의 의미를 처음으로 구체적으로 설명한 그 사도의 생애로 인해, 칭의는 공적이고 관찰 가능한 사회적 면모를 지닌다. 게다가 살인을 통한 칭의를 거부하고 화해와 회복을 수용하기에, 칭의는 비폭력과 화해로 그 공개적인 모습을 드러낸다.[153]

브라이언 블라운트(Brian Blount)는 갈라디아서 5:6과 6:15을 논하면서 "칭의는 본질적 특징상 정적인 실재가 아니라 동적인 실재"라고 이야기했는데, 이 사실은 칭의가 '일하는' 이유가 구원을 얻기 위해서나 구원의 결과이기 때문이 아니라, 칭의 자체의 고유한 차원이기 때문임을 설명해 준다. "바울의 은혜 신학은 기념이 아닌 능력 부여에 관한 것이다."[154] 바울의 칭의를 해석하는 사람들 일부는 바울의 죄 이해를 지나치게 개인화했다. 종종 그들은 폭력과 불의가 만연한 인간 조건에 대한 바울의 분석과 하나님의 정의라는 취지 자체에 대한 바울의 헌신, 이 둘 다를 동시에 과소평가한다. 가브리엘 패크레(Gabriel Fackre)는 "칭의를 정의에서 떼어 내려는 유혹은 수그러들 줄 모른다"라고 썼다.[155] 이러한 유혹에 굴복한 사람들의 사

---

153 그중에서도 Miroslav Volf, "The Social Meaning of Reconciliation", *Int* 54 (2002): pp. 158-172를 보라. 또한 아래 4장을 보라.
154 Brian K. Blount, *Then the Whisper Put on Flesh: New Testament Ethics in an African American Context* (Nashville: Abingdon, 2001), p. 139. 또한 Blount는 "바울은 칭의와 성화를 실제로 분리하지 않는다. 보통 윤리와 동일시되는 성화는 칭의의 후속 조치가 아니라, 칭의 자체에 필수적인 부분이다"(p. 127)라고 올바르게 발언한다.
155 Gabriel Fackre, "Affirmations and Admonitions: Lutheran and Reformed", in Stumme, ed., *The Gospel of Justification in Christ*, pp. 1-26, 이 내용은 p. 25. 또한 법정적 칭의를 강조하면서도 정의와 칭의의 연관성을 말하는 사례로 Seifrid, "Paul's Use of Righteousness Language",

례로는, 이신칭의를 오직 일종의 법정적 죄 용서 선언으로만 보는 바울 해석자들, 그리고 죄에 관한 이해의 초점을 일차적으로 혹은 배타적으로 사적인 문제와 개인적인 관계에만 두는 사람들을 들 수 있다. 하지만 제대로 이해된 바울의 칭의는 그 '동적인' 특성에 대한 인식과, 그 결과로서 공적인 광장에서 회복적 정의를 추구하는 칭의의 구현을 포함한다.

로마서 1장을 보면, '아디키아', 즉 불의가 수평적 범주에서 근본적인 인간의 죄라는 것이 분명하다. 그러한 상태에 대한 '해결책'이라면 반드시 그 문제에 정면으로 답해야지,[156] 단지 로마서 1장과 다른 곳에서 자세히 나열되는 그러한 상태의 다양한 현상에 대한 죄 용서를 제공하는 데 그쳐서는 안 된다. 말하자면, 칭의는 정의를 가능케 하며 또한 현실화함으로써 불의에 대해 어떤 대응을 해야 한다. 바울은 로마서 12:1-2에서도 같은 이야기를 하는데, 그 본문에서 의롭게 된 공동체를 특징짓는 것은 단지 죄 용서가 아닌 탈바꿈으로서, 그 공동체의 삶이 더불어 구현하는 모습은 주석자 대부분이 올바로 지적하듯이 로마서 1장의 역전이다. 그 공동체는 그리스도 안에서 하나님의 정의가 된다(고후 5:21).

바울이 복음 안에서 경험하는 '디카이오쉬네'가 개인화될 수 없는 또 다른 이유가 있다. 그것은 성경이 요청하는 '체다카'(*tsedaqah*)든 로마가 주장하는 '유스티티아'(*iustitia*)든, 바울이 살았던 세계는 '디카이오쉬네'가 언제나 공적인 면모를 지녔던 세계이기 때문이다. 바울은 특히 성경의 요청을 긍정하고 로마의 주장에 도전했다. 그것은 아마도 유앙겔리온(*euangelion*, '복음')과 퀴리오스(*kyrios*, '주님') 같은 용어와 마찬가지로 디카이오쉬네('정의'/'의로움')와 관련해서도 그랬을 것이다. 즉, 바울은 그리스도 안에 나타난

---

pp. 52-63를 보라.
[156] 이 부분에 대해서는 Mark E. Biddle, *Missing the Mark: Sin and Its Consequences in Biblical Theology* (Nashville: Abingdon, 2005)를 보라.

하나님의 행위를 성경적 이상의 성취로 보았고, 로마의 가식은 그 실재를 모사한 허위에 불과하다고 생각했다.[157]

'함께 십자가에 못 박힘'에 의한 칭의는 약한 자들, 힘없는 자들과의 동일시(고전 1:18-2:5)와, 예언서와 기독론의 관점에서 이해된바 그들과 모두를 향한 관용과 정의의 행위를 요구한다. 따라서 엘사 타메스(Elsa Tamez) 같은 학자들이 제시한 바울 해석의 일부 근본적인 측면에는 오해의 소지도 있지만,[158] 다른 측면들, 특히 칭의와 정의의 필수적인 관련성에 대해서는 정확히 핵심을 지적했다. 타메스는 '칭의의 실천'이 '노예화하는 또 다른 율법'이 아니라, 반제국적이고 평등주의적이며 비공로적인 '은혜의 논리'에 따른 자연스러운 결과라고 설득력 있게 주장한다.[159]

바울에 따르면, 죄가 지배하는 불의한 세상에서 자신의 힘으로 참된 정의를 행할 수 있는 객관적·주관적 가능성은 전혀 없다(롬 3:9-10). 그렇기 때문에 하나님의 정의 선포가 기쁜 소식으로 등장하는 것이다(롬 3:21). 바울은 삶의 불안정성과 불의를 극복할 수 없는 인간의 무능력(인간은 불의의 희생자이자 책임자다)을 고려할 때, 하나님의 정의는 인간을 존엄하게 하고 참된 정의를 실현하는 존재로 만들어 준다고 결론 내린다.[160]

---

157 이 부분에 대해서는 N. T. Wright, "Paul's Gospel and Caesar's Empire", in *Paul and Politics: Ekklesia, Israel, Imperium, Interpretation: Essays in Honor of Krister Stendahl*, ed. Richard A. Horsley (Harrisburg: Trinity, 2000), pp. 160-183, 이 부분은 pp. 171-172; Richard E. DeMaris, "Can We Reread Paul Together Any Longer? Joseph A. Fitzmyer's View of Pauline Justification in Context", in Aune, ed., *Rereading Paul Together*, pp. 95-107, 이 내용은 pp. 105-107를 보라.
158 예를 들면, 그는 '희생제사적 신학'을 완전히 거부한다. "Justification as Good News for Women: A Re-Reading of Romans 1-8", trans. Sheila E. McGinn, in McGinn, ed., *Celebrating Romans*, pp. 177-189, 이 내용은 pp. 183-185.
159 Tamez, "Justification as Good News for Women", p. 185(인용 부호 안의 구절)와 pp. 180-181(반제국주의, 평등주의를 강조하는 부분).
160 Tamez, "Justification as Good News for Women", p. 181.

타메스는 이어서 말한다.

막다른 골목으로 이와 같이 묘사된 세계와 인류에게, 하나님의 정의에 관한 좋은 소식은 하나님이 그의 아들의 피를 통해 죄인을 용서한다는 것이 아니라['것만이 아니라'가 더 낫겠다], 하나님이['또한'을 추가해야겠다]…정의를 실천했다는 이유로 정죄받은 분을 다시 살림으로써…이 뒤집힌 세상을 변화시킬 기회를 준다는 것이다.[161]

이처럼 십자가 형태 정의를 요구하는 것의 어려움과 관련해 순진해서는 안 된다. 이 정의는 용서의 선언이나 나아가 모방의 요청, 그 이상을 요구한다. 이 정의는 **참여**를 요구하며, 폴 비쇼프(Paul Bischoff)가 다음과 같이 주장한 바와 같다. "인류와 함께 그리고 인류를 위해 고난을 당한 인격적이고 자애로운, 십자가에 못 박힌 하나님만이 무력한 그리스도가 인도하는 세상 속 십자가 형태 공동체를 통해 성육신되는 참여를 추구하는 신학적 비전이 들어설 공간을 창출할 수 있다."[162]

미로슬라브 볼프는 우리가 십자가 형태의 환대, 혹은 타인에 대한 십자가 형태의 포용이라고 부를 수 있는 것에 관한 비슷한 주장을 펴면서 테오시스 언어에 가까이 다가간다.

믿음과 세례를 통해 자아는 "나를 사랑하사 나를 위하여 자기 몸을 버리신 하나님의 아들"의 형상 안에서 재창조된다. 그 어떤 '헤게모니 중심성'도 자아를 [타인으로부터] 단절하지 못한다.…그리스도인에게는, 자기희생적

---

161 Tamez, "Justification as Good News for Women", p. 184.
162 Paul Bischoff, "Participation: Ecclesial Praxis with a Crucified God for the World", *JCTR* 8 (2003): pp. 19-36, 이 내용은 p. 20.

사랑이라는—가장 굳건하게 중심화되고 가장 철저하게 개방된—이 '탈중심화된 중심'이 자아라는 현관 앞에서 타자의 운명을 결정하는 문지기다.… 성령은 자아의 성채로 들어가, 자기희생적인 그리스도의 형상대로 자아를 빚음으로써 자아를 탈중심화하고, 포용적인 성령의 능력으로 배제의 힘에 저항할 수 있도록 자아의 의지를 해방시킨다.[163]

칭의의 사회적 의미는 그리스도의 형상으로 변화됨이라는 실재뿐만 아니라 공로 없는 은혜에 관한 보다 전통적인 강조점에서도 자라나온다.[164] 원수를 향한 하나님의 반응이 사랑이라면(롬 5:6-8), 그리고 이것이 바울 복음의 핵심이라면, 존 하워드 요더의 다음 주장은 불가피한 것으로 보인다. 바울은 "나와 내 원수가 새 인류 안에서, 나의 어떤 공로나 나 자신의 어떤 행위로도 말미암지 않고, 서로 하나가 되었다는 기쁜 소식"을 전하는데, 그 새 인류는 "그 이후로는, 나 스스로 타인의 생명을 좌지우지하려는 나의 끝없는 노력을 금지한다."[165] 분명히 이 말은—윤리적·정치적 실천으로서, 하나님뿐만 아니라 우리의—화해와 화평이 바울의 복음에 필수적이라는 의미다.[166] 이러한 실천들은 하나님 나라가 온전히 실현될 때 완전한 정의의 실현을 미리 내다보며 지금 시점에서 칭의를 나타내 보여 준다.[167]

---

163 Volf, *Exclusion and Embrace*, pp. 71, 92.
164 여기서 나는 은혜와 탈바꿈 사이에 그릇된 대조를 설정하려는 것이 아니라, 더 전통적인 바울 해석도 수직적 차원과 더불어 칭의의 사회적 또는 수평적 해석을 격려해야 한다고 제안하려는 것이다.
165 John Howard Yoder, *The Politics of Jesus: Behold the Man! Our Victorious Lamb*, 2nd ed. [Grand Rapids: Eerdmans, 1994 (orig. 1972)], p. 226. 『예수의 정치학』(알맹e).
166 Willard M. Swartley, *Covenant of Peace: The Missing Peace in New Testament Theology and Ethics* (Grand Rapids: Eerdmans, 2006), pp. 189-253도 살펴보라.
167 우주 전체를 포함해 미래의 하나님 나라와 칭의의 관련성에 대해서는 Peter Stuhlmacher, *Revisiting Paul's Doctrine of Justification* (Downers Grove: InterVarsity, 2001), 특히 pp. 33-53, 71-73와 더불어 "칭의는 궁극적으로 정의, 즉 세상을 바로잡으시는 하나님에 관한 것"이

바울은 고린도전서 6:1-11에서 그리스도 안에서 하나님의 의, 즉 정의가 된다는 것의 구체적인 사례를 제시하고, 그러면서 칭의와 정의가 불가분한 관계임을 보여 준다. 바울은 고린도 신자들이 서로 법정에 송사하는 문제를 언급하면서, 이러한 행동이 불의며 기독론에 입각한 정의의 실천으로 대체되어야 한다고 분명하게 밝힌다. 안타깝게도 NRSV는 'justification'(칭의)이라는 단어를 제외하고는 전혀 'just' 형태를 사용하지 않은 채, '디크'(dik-) 단어군을 번역하기 위해 'unrighteous'와 'wrong'을 사용함으로써 가장 중요한 연관성을 일부를 가리고 말았다.

¹너희 중에 누가 다른 이와 더불어 다툼이 있는데, 구태여 **불의한**[unrighteous(NRSV); 'unjust', adikōn] 자들 앞에서 고발하고 성도 앞에서 하지 아니하느냐?…⁷너희가 피차 고발함으로 너희 가운데 이미 뚜렷한 허물이 있나니, 차라리 **불의를 당하는 것이**[be wronged(NRSV); 'treated unjustly', adikeisthe] 낫지 아니하며, 차라리 속는 것이 낫지 아니하냐? ⁸너희는 **불의를 행하고**[wrong(NRSV); 'practice injustice', adikeite] 속이는구나! 그는 너희 형제로다. ⁹**불의한 자**[wrongdoer(NRSV); 'the unjust', adikoi]가 하나님의 나라를 유업으로 받지 못할 줄을 알지 못하느냐? 미혹을 받지 말라! 음행하는 자나, 우상숭배하는 자나, 간음하는 자나, 탐색하는 자나, 남색하는 자나, ¹⁰도적이나 탐욕을 부리는 자나, 술 취하는 자나, 모욕하는 자나, 속여 빼앗는 자들은 하나님의 나라를 유업으로 받지 못하리라. ¹¹너희 중에 이와 같은 자들이 있더니 주 예수 그리스도의 이름과 우리 하나님의 성령 안에서 씻음과 거룩함과 **의롭다 하심을 받았느니라**[were justified(NRSV); 'made

---

라는 (다른 곳에서 더 충분하게 개진한) N. T. Wright의 주장("New Perspectives on Paul", in McCormack, ed., *Justification in Perspective*, pp. 243-264, 이 내용은 p. 264)을 보라.

part of the just ones', *edikaiōthēte*].

그리스어 본문을 자세히 읽어 보면 분명해지는 사실은, 바울이 동료 신자들을 불의한 자들의 법정(1절)인 이방 법정에 고발하는 행위를 불의의 행위(8절)로 본다는 것이다. 삼위일체 하나님은 그런 종류의 불의로부터 그들을 구출하셨고, 바울은 그것을 칭의라 불렀는데(11절), 고린도 신자들의 행위는 하나님의 구출 행위를 배반하는 것이었다. 그런 불의를 행하는 것은 사실상 하나님이 행하신 칭의를 무효화하는 것이고, 불의한 자들의 영역으로 돌아가는 것이며, 미래에 받을 하나님 나라의 유업을 위태롭게 하는 것이다(9절). 의롭게 된 자들은 차라리 불의를 당하는 것이 낫지(7절), 불의를 가해서는 안 된다.

따라서 이 구절들에 등장하는 다양한 '디크-' 용어 사이의 언어적 연관성은 바울 구원론의 기본인, 하지만 해석자들은 종종 간과했던 근본적인 신학적 확신을 표현한다. 즉, 칭의는 불의한 자들/의롭게 되지 못한 자들의 영역에서 정의로운 자들/의롭게 된 자들의 영역으로의 **이동**을 뜻하고, 동시에 불의한 백성에서 정의로운 백성으로의 **탈바꿈**을 뜻하며, 따라서 불의의 실천에서 기독론에 입각한 정의 혹은 십자가 형태 정의의 실천으로의 **전환**을 뜻한다. 이러한 십자가 형태의 정의는 무엇보다도 불의를 가하지 않고 흡수한다는 의미다. 칭의는 불의한 자를 정의로운 자로 만드는 것이다. 다시 말해, 칭의는 사람들을 하나님의 의/정의로 탈바꿈시키는 신적 행위다. 하나님의 은혜와 능력을 통해 그들은 십자가에 드러난 하나님의 정의를 실천할 수 있게 된다.

의롭게 된 자들이 계속해서 불의를 실천하고 있다면, 그들은 칭의 안에서 그들이 실천하도록 부름받은 목적인 하나님의 의/정의로 지속해서 탈바꿈되어야 할 필요가 있음을 스스로 증명하는 셈이다. 그들이 그 탈바꿈에 저항한다면, 그들의 운명은 하나님의 의롭게 하는 정의를 경험하지 못한 사람들의 운명과 같을 것이다. 반면 그 탈바꿈이 일어나도록 허용한다면, 그들은 개인과 공동체로서 세상 속에 하나님의 정의를 더욱 온전히 구현할 것이며, 이로써 하나님이 그리스도 안에서 행동하신 바로 그 목적을 성취할 것인데, 그 목적은 하나님을 향한 자애로운 신실함과 타인을 향한 자애로운 정의로 살아가는 백성을 창조하는 것이다.

짧은 여담: 믿음, 소망, 사랑 그리고 칭의의 기원

칭의와 연관해서 믿음과 사랑만 언급하면, 자연스럽게 바울에게 소망은 어떻게 된 거냐고 의아해하는 사람이 있을 것이다. 한편으로 믿음과 사랑, 이 둘은, 다른 한편으로 믿음, 소망, 사랑, 이 셋은 각각 무슨 관계인가?

하나님의 은혜에 의한 칭의가 궁극적으로는 믿음, 사랑, 소망(혹은 인내)에 관한 것이라는 사실은 로마서 5:1-11과 갈라디아서 5:2-6의 칭의에 관한 논의 속에 이 필수적인 바울 특유의 트리오(예를 들면, 살전 1:3, 5:8; 살후 1:3-4; 고전 13:7, 13; 참조. 골 1:4-5)가 등장한다는 사실로 어느 정도 암시되었다.[168] 이 사실이 맞다면, 우리는 칭의 주제가 등장하는 본문을 식별하기

---

[168] 이 용어들은 다음 구절들에서 강조된다. "율법 안에서 의롭다 함을 얻으려 하는 너희는 그리스도에게서 끊어지고 은혜에서 떨어진 자로다. 우리가 성령으로 **믿음**을 따라 의의 **소망**을 기다리노니, 그리스도 예수 안에서는 할례나 무할례나 효력이 없으되, **사랑**으로써 역사하는 믿음뿐이니라"(갈 5:4-6); "그러므로 우리가 **믿음**으로 의롭다 하심을 받았으니, 우리 주 예수 그리스도로 말미암아 하나님과 화평을 누리자. 또한 그로 말미암아 우리가 믿음으로 서 있는 이 은혜에 들어감을 얻었으며, 하나님의 영광을 **소망**하고 즐거워하느니라. 다만 이뿐 아니라 우리가 환난 중에도 즐거워하나니, 이는 환난은 인내를, 인내는 연단을, 연단은 **소망**을 이루는 줄 앎이로다. **소망**이 우리를 부끄럽게 하지 아니함은 우리에게 주신 성령으로 말미암아 하나님의 **사랑**이 우리 마음에 부은 바 됨이니"(롬 5:1-5). 믿음, 사랑, 소망은 롬 5:6-11에서 그리스도의 죽음을 그 자신의 행위로 언급할 때(5:6-7; 아마도 바울은 그 죽음을 3:22, 26에서는 '믿음'이라고 불렀을 것이다), 그리스도의 죽음을 하나님의 사랑으로 언급할 때(5:8), 그리고 다가오는 하나님의 진노에서 장차 구원받을 것이란 확실한 소망을 언급할 때, 다시 등장한다. 이 세 용어가 등장한다는 사실은 종종 언급되었지만, 이 세 용어가 한 세트로서 가지는 칭의와의 연관

위해 '칭의'라는 단어를 굳이 찾을 필요가 없다. 이게 무슨 말이냐면, 현존하는 바울서신 중 (십중팔구) 가장 오래된 편지인 데살로니가전서가 칭의를 적어도 두 번 언급할 뿐만 아니라 그것도 편지 첫 문단에서 최초로 언급한다는 의미다. 왜냐하면 그 문단에서 바울이 데살로니가 교인들에게 믿음과 소망과 사랑을 상기시키기 때문이다(1:3; 참조. 5:8). 말하자면, 우리를 위해 보존된 바울의 첫 실질적인 말씀이 본질상 칭의에 관한 내용이라는 것이다.[169] 게다가, 데살로니가전서에 관한 이러한 관찰이 옳다면, 갈라디아의 문제 상황이 바울로 하여금 칭의 교리를 정식화하도록 재촉했다는 매우 널리 알려진 논제가 매우 잘못되었다는 것이 확실하며, 이제 우리는 바울 신학의 핵심 측면에 대한 그와는 다른, 더 초기의 원천을 찾아야 한다.[170] 내가 말한 모든 것에 비추어 볼 때 나의 의견은, 그 원천이 예수의 십자가 처형에 대한 바울의 초기 이해, 즉 예수의 십자가 처형을 충성과 사랑을 동시에 드러낸, 본질상 언약적이며 비폭력적이며 의로운 메시아적 행위이고 그 행위에 대한 반응으로 우리의 충성과 사랑, 소망을 생성한다고 본 바울의 이해였다는 것이다.

성은 그다지 개진되지 못했다.

[169] 데살로니가전서에 이 세 용어가 믿음, 소망, 사랑의 권면에서 두 번째로 등장할 때(살전 5:8), 곧바로 뒤따르는 내용이, 롬 5:6-10을 미리 보여 주는 것이 확실한 말씀인 "하나님이 우리를 세우심은 노하심에 이르게 하심이 아니요 오직 우리 주 예수 그리스도로 말미암아 구원을 받게 하심이라. 예수께서 우리를 위하여 죽으사…"(5:9-10a)라는 사실은 흥미롭다. 첫 번째 등장(살전 1:3)도 다가오는 진노로부터의 구원을 언급하는 내용(1:10)과 연결되며, 이 사실은 롬 5:1-11에 나오는 칭의/구원 논의를 미리 보여 준다. 이 사실은 칭의라는 용어는 아니더라도 칭의 개념이 데살로니가전서의 (문자 그대로) 처음부터 끝까지 존재함을 강력하게 시사한다. 이것은 정확히 Douglas Harink의 책[*Paul among the Postliberals: Pauline Theology beyond Christendom and Modernity* (Grand Rapids: Brazos, 2003)] 중 칭의에 관한 장의 핵심이며, 그 장에는 데살로니가전서에 관한 논의도 들어 있다(pp. 32-38; 참조. p. 64).

[170] 이 말은 갈라디아나, 나중에 로마에서 바울이 직면했던 상황이 그의 칭의 신학을 정교화하는 데 도움이 되지 않았다는 의미는 아니다.

결론

참여적 칭의 이해가 법정적 차원을 배제하는가? 결코 아니다! 오히려 참여적 칭의 이해는 바울 신학의 법정에서 이제 "의롭게 되었다!"라는 하나님의 선언이 '수행적 발화'(performative utterance),[171] 즉 헛되이 돌아오지 않고 탈바꿈을 일으키는 효과적인 말씀이라고 이야기한다. 따라서 이제 "의롭게 되었다!"라는 하나님의 선언은 믿는 자의 신적인 십자가 처형과 부활을 수반하고 성령을 통한 실제적이고 실존적인 탈바꿈의 과정을 일으키는데, 이것은 법적 허구와는 전혀 다르다. "이 선언에 준(準)법적 차원이 있긴 하지만, 하나님이 하늘의 장부를 조작하고 인간의 죄를 알아채지 못한 척하는 식의 법적 허구는 불가능하다."[172] 혹은 이 선언은 변혁적 요소를 가질 수밖에 없다고도 말할 수 있다. 나아가, 그러므로 최종 심판에서 "의롭게 되었다!"라는 하나님의 선언의 근거는 (하나님이 시작하고 힘을 불어넣는) 실존적인, 심지어 객관적인 현실이지, 법적 허구와 유사한 어떤 것이 아니다.[173] 조지

---

171 이 용어는 Luke Timothy Johnson이 롬 1:16-17을 설명할 때 복음을 구원을 가져오는 하나님의 능력으로 지칭하면서 사용한 것이다[*Reading Romans: A Literary and Theological Commentary* (New York: Crossroad, 1997), p. 25].
172 Hays, "Justification", p. 1131.
173 Simon Gathercole은 바울이 말하는, 특히 롬 4-5장이 말하는 칭의의 법정적이면서도 존재론적인 해석을 옹호하면서 비슷한 주장을 한다. "주된 난점은 하나님이 어떤 것이 맞다고 선언할 수 있지만…현실에서는 정반대 상황이 지속된다고 생각하는 경우다…하나님의 '언어 행위'(speech-acts)야말로 현실을 **결정하는** 요인이며, 그것은 단지 대안적 현실, 플라톤적 현실을 창조하는 것이 아니라고 생각하는 게 더 적절하다"("The Doctrine of Justification in Paul and Beyond", p. 226; 온전한 논의는 pp. 225-229를 보라). Gathercole은 계속해서 말한다(p. 229). "하나님의 칭의 행위는 **인식** 행위보다는 **창조** 행위에 더 가깝다. 그것은 우리의 새로운 정체성에 관한 하나님의 인식이 아닌 하나님의 **결정**이다[이 주장은 구체적으로는 N. T. Wright의 관점뿐만 아니라, 더 전통적인 개신교 관점에 대한 반대이기도 하다]…'외적인' 의라는 범주는 우리의 의가 우리 자신이 아닌 오직 하나님에게서만 온다는 진실을 포착하는 면에서 핵심이다. 하지만 그렇기 때문에 우리가 실제로 의로운 것은 아니라는 의미로 오독되어서는 안 된다."

프 피츠마이어(Joseph Fitzmyer)에 따르면, 심지어 (보통 칭의에 관한 법정적 관점을 배타적인 유일한 관점으로 만들었다고 비난받는) 멜란히톤도 이 내용을 믿었다고 한다.[174]

이 장에서 반복해서 확인했듯이, 칭의의 이러한 변혁적 특성은 칭의의 참여적 특성의 당연한 귀결이다. 그러므로 바울서신에서 두 가지 구원론 모델을 주장할 필요가 없다. 로버트 태너힐의 말을 빌리면, "우리의 바울서신 연구가 보여 주는 것은 칭의 주제를 중심에 두고 바울의 참여적 개념과 법정적 개념 사이에 예리한 구분선을 그을 수 없다는 사실이다. 왜냐하면 바울은 믿음에서 오는 칭의를 참여적 언어로 주장하기 때문이다."[175]

참여적 칭의 이해가 그리스도의 죽음에 관한 희생제사적 이해를 배제하는가? 이번에도 결코 아니다! 오히려 죄들(sins)에 대한 희생제사로서, **또한** 죄(Sin)로부터의 구속으로서, **또한** 언약의 성취(그리고 그 이상)로서 그리스도 죽음의 다면적 특성이 긍정된다. 의롭게 된 사람들이 율법을 성취하고 사랑의 행위를 할 수 있게 되는데, 그것은 그들이 용서받고, **또한** 해방되며, **또한** 회복되고, **또한** 성령으로 충만해지기 때문이다. 그렇다고 해서, 범죄로서 죄들을 처리하는 모델, 세력으로서 죄를 처리하는 다른 모델, 그리고 참여에 초점을 둔 또 다른 모델과 같이 두 가지 이상의 기초적인 구원론 모델이 필요한 것은 절대 아니다.[176] 오히려 희생제사적이고(용서), 묵

---

174 Fitzmyer, "Justification by Faith in Pauline Thought", p. 85, in Aune, ed., *Rereading Paul Together*.
175 Tannehill, "Participation in Christ", p. 235.
176 Tannehill("Participation in Christ", p. 225)이 주장했듯이, "바울은 그리스도가 우리를 위해 혹은 우리 죄를 위해 죽으셨다고 선언하며, 또한 우리가 그리스도와 함께 죽었다고도 선언한다. 이 두 내용은 그리스도의 구원하는 죽음에 관한 대안적 관점도, 경쟁하는 관점도 아니다. 바울에게는 이 두 진술이 서로 잘 어울렸는데, 그것은 고후 5:14에 있는 바울의 논리적 추론에서 확인할 수 있다. '한 사람이 모든 사람을 대신하여 죽었은즉 모든 사람이 죽은 것이라'(그 결과인 새로운 생명에 관한 언급이 뒤따른다). 이 말씀은 그리스도와 함께 죽고 부활하는 패턴, 즉 그리스도의 죽음에 참여함이 새로운 종류의 삶으로 이어지는 패턴을 따른다. 그러나 여

시적이며(해방), 언약적인(율법 성취) 그리스도의 십자가에 못 박힘에 참여함으로써, 신자들은 죄를 용서받고, 죄로부터 해방되며, 언약의 수직적·수평적 요구 사항을 성취하도록 능력을 부여받으며, 이전에 그들의 실존을 특징지었던, 그리고 그들이 죄의 노예이고 언약적 기능 부전 상태임(바울에게 이 둘은 불가분하다)을 드러냈던 다양한 범죄를 더는 계속 짓지 않는다.[177]

본 장은 칭의를 그리스도의 십자가 처형 및 우리의 그리스도와 '함께 십자가에 못 박힘'과—단지 **형식적 측면**이 아닌 **내용적 측면**에서도—연결함으로써, 우리의 칭의 이해를 확장하고 또한 명확히 하려고 시도했다. 그 결과물이 하나의 일관된 구원론 모델인 그리스도와 함께 십자가에 못 박히는 것으로 이해된 믿음에 의한 칭의, 즉 '함께 십자가에 못 박힘'에 의한 칭의(justification by co-crucifixion, JCC)다. 따라서 믿음을 칭의의 **형식적** 원리(또는 도구)로, '함께 십자가에 못 박힘'을 칭의의 **내용적** 원리(또는 도구)로 지칭하는 것이 적절하다.

또한 본 장에서는 '피스티스'—그리스도의 피스티스, 그럼으로써 우리의 피스티스—를 본질상 '아가페'와 공생 관계인 것으로 재정의함으로써 '믿음'과 '행위'의 관계를 다시 정식화했다. 칭의는 하나님의 언약적 요구 사

기서 바울이 보여 주는 바는, 이것이 '한 사람이 모든 사람을 대신하여 죽었다'는 진술의 논리적 함의—그리고 아마도 그 진술에 관한 바울 자신의 독특한 설명—라는 사실이다." Tannehill은 Harmut Gese와 Otfried Hofius의 작업에 기초해 희생제사와 참여는 본질상 연결되어 있다고 주장하는데, 그 이유는 제사장이 드리는 희생제사에서 희생제물은 '혜택을 입는 사람을 대표하고 포함'하기 때문이다(p. 226).

177 N. T. Wright는 갈라디아서(특히 믿음, 세례, 그리스도로 옷 입음을 언급하는 3:24-29)에서 이 두 구원론 범주, 즉 법정적 범주와 참여적 범주가 "행복하게 뒤엉켜 있다"고 올바르게 이야기한다(*What Saint Paul Really Said*, p. 121). 그는 이 사실이 로마서의 바울에게도 해당한다고 암시한다. 하지만 그의 다소 최소주의적인 칭의 정의, 즉 (특히 롬 3:21-26을 언급하면서) 칭의를 그리스도 안에 있는 신자들의 현재 상태가 곧 미래에 될 상태—하나님의 진정한, 의로운 언약 백성—라는 하나님의 현재적 선언으로 보는 그의 정의는 법정적 모델 쪽으로 기울기에, 참여적 모델과 법정적 모델의 '행복한 뒤엉킴'이 사라진다(*What Saint Paul Really Said*, p. 129를 보라).

항의 수직적 차원과 수평적 차원 둘 다를 아우르고, 그 둘 다를 구현한 그리스도의 성취를 아우르며, 또한 사랑으로 표현되는 믿음을 함께 실천하는 사람들로서 그분 안에서 우리의 삶을 아우른다.[178] 자신에게 제기된 율법폐기론 혐의에 대한 바울의 답변이 가능한 것은 오직, 이신칭의(JF)는 '함께 십자가에 못 박힘'에 의한 칭의(JCC)로 이해하고, 따라서 의롭게 된 공동체는 새로운 삶으로 일으켜진, 십자가에 못 박힌 공동체로 이해하는 두터운 관점을 통해서만이다.[179]

앞서 언급했듯이, 결국 칭의에 대한 최선의 설명은 아마도 다음과 같을 것이다. 즉, 칭의는 사랑 안에 표현된 하나님의 신실함을 통해 이루어지는데, 그 사실은 사랑 안에 표현된 그리스도의 신실한 행위로 입증되었고, 이 사건에 인간은 하나님의 성령에 감동받고 힘입어 사랑으로 표현되는 신실함으로, 즉 '함께 십자가에 못 박힘'으로 반응한다는 것이다. 바울에게

---

[178] 아프리카에서 활동하는 루터교 신학자 Hartmut Schönherr는 테오시스의 수직적 구원론과 (그와 대립되는) 해방의 수평적 구원론이 가장 온전한 구원론으로서 그 종합을 발견하는 지점은, 그 토대와 형태가 십자가 형태로 이해된 칭의의 상호 보완적 특성이라고 주장한다 ["Concepts of Salvation in Christianity", *Africa Theological Journal* 12 (1983): pp. 159-165]. 칭의를 수직적 측면과 수평적 측면의 종합으로 보는 그의 견해에는 동의하지만, 바울을 통해 올바로 이해된 테오시스에는 수평적 측면도 포함된다고 분명하게 이야기해야겠다. 덧붙이자면, 바울서신에서 믿음과 사랑이 공생한다는 사실은 George Hunsinger의 참여/테오시스/신성화(divinization) 해석이 바울 증언의 핵심을 통합하지 못했다는 의미다(본 장 앞부분에서 언급한 그의 "Fides Christo Formata"를 보라). Hunsinger는 "루터와 바르트 모두 확언했듯이, 믿음이 구원하는 믿음이 되기 위해 사랑에 의해 형성될 필요가 없는" 이유는 믿음이 처음부터 그리스도에 의해 형성되기 때문이며, 따라서 (루터를 인용하면) 믿음은 "'사랑이 와서 그것을 살려 내기 전까지는' 결핍된 것이라는 말은 틀렸다"(LW 26, p. 129)라고 주장한다(p. 79). Hunsinger은 "물론 믿음이 진짜가 되려면 사랑이 필요하다. 그러나 값없이 받은 칭의를 믿음이 보존하고 회복하는 데는, 혹은 증가시키는 데는 사랑이 필요하지 않으며, 또한 영생을 공로로 얻는 데도 사랑은 필요하지 않다"라고 덧붙인다. 하지만 문제는 공로가 아니라, 통일된 믿음과 사랑이라는 언약 행위의 정수에 참여함의 요소가 무엇이냐는 것이다.

[179] "이 '함께 십자가에 못 박힘'에 의한 성화와 칭의는 성령에 힘입은 행동 패턴의 본보기가 되어, 사람을 [하나님의 형상인 그리스도의 형상과 유사한] 십자가 형태의 행동 패턴으로 끌어 올리며, 따라서 하나님의 생명으로 끌어 올린다"(Andy Johnson, 개인적인 의견 교환에서, October 2006).

중요한 것은 사랑을 통해 '효력을 발휘하는' (혹은 '일하는') 믿음이며(갈 5:6), 이것은 십자가에 못 박힌 분의 믿음과 사랑의 십자가에 부합한다. 신자들은 그분에 의해서 그리고 그분 안에서 더불어 살아가는 존재들이다. **믿음과 사랑은, 믿음과 행동은, 칭의와 정의는 서로 분리될 수 없다.**[180]

이처럼 칭의를 '십자가 처형에 관한 주해'[181]로 보는 더 폭넓은 이해, 그리고 희망컨대 더 명쾌하며 더 정확한 이해를 가지고, 거기에 하나님의 아들의 형상으로 자라 가는 신자들의 공동체 안에서 펼쳐지는 그 교리에 관한 **생생한** 주해까지 포함한다면, 다시 한번 우리는 칭의 교리가 바울의 중심이며 또한 진정으로 교회가 서거나 넘어지는 교리라고 확신을 가지고 기쁘게 단언할 수 있다. 동시에 우리는 칭의가, 정확히는 십자가 사건, 곧 하나님이 그 아들 안에서 케노시스적이고 십자가 형태인 분으로 계시된 그 사건에 관한 주해로서, 테오시스라고 확언할 수 있다. 칭의 안에서 우리는 하나님의 의, 즉 하나님의 언약적 충성과 사랑, 하나님의 관대함과 정의의 구현이 된다. 한마디로, 하나님의 거룩함이 된다. 이것이 다음 장의 주제다.

---

180 *The Quest for Paul's Gospel* 속 Campbell의 주장이 지닌 강점 중 하나가 바로 이 점을, 혹은 그가 바울의 복음과 그의 윤리라고 부른 것을 강조한다는 점이다(예. p. 115를 보라). 필자의 현재 주장과의 큰 차이는 그가 참여와 칭의를 통합된 것이 아닌 대립적인 것으로 본다는 점이다. 그러나 수평적 차원을 강조한다고 해서 칭의나 테오시스가 윤리로 축소된다는 의미는 아니다. 아프리카의 상황을 관찰한 다음 내용은 동양과 서양 교회에도 해당될 수 있다. "삶의 수직적 차원, 즉 무엇보다도 종교적인 그 차원을 중요하게 고려하지 않는 신학은 아프리카 신학교에서는 설 땅이 있을지 몰라도, 아프리카 사람들 가운데서는 설 땅이 없다"(Schönherr, "Concepts of Salvation in Christianity", p. 160).

181 Paul Varo Martinson("Learning ItsMeaning amidst the Religions", in Stumme, ed, *The Gospel of Justification in Christ*, pp. 141-159)은 "그리스도인에게, 그리고 분명히 바울에게 칭의 교리는 십자가에 관한 주해라고 말하는 것이 타당하다고 나는 생각한다"라고 말한다(pp. 152-153). 언약 성취로서의 십자가에 관한 나의 주해가 죄에 대한 희생제사로서의 십자가, 나아가 형벌로서의 십자가에 대한 추가적 주해를 배제하기를 바라지는 않는다는 말을 덧붙여야겠다(그런 관점에 대해서는 Simon J. Gathercole, "Justified by Faith, Justified by His Blood: The Evidence of Romans 3:21-4:5", in Carson, et al., eds., *Justification and Variegated Nomism*, vol. 2, pp. 147-184, 특히 pp. 175-183를 보라). 바울에게 십자가는 다층적이었다.

3장

"내가 십자가 형태이니, 너희도 십자가 형태가 될지어다"

거룩함을 테오시스로
: 바울의 삼위일체론적 재구성

성경 구절인 "내가 거룩하니, 너희도 거룩할지어다"(레 11:44-45; 19:2)는 이스라엘의 하나님에 관한 근본적인 신학적 주장과 더불어 하나님의 백성으로서 이스라엘에 관한 동등하게 근본적인 주장을 담고 있다.[1] 바울이 그의 편지들에서 이 레위기의 명령을 명시적으로 인용하지는 않지만,[2] 모든 훌륭한 유대인과 마찬가지로 그도 이 명령을 알고 숙고했을 것이라는 증거는 충분하다. 거룩하다는 것은 구별되는 것, 하나님과 같은 모습이 되는 것이며('이미타티오 데이'), 따라서 다른 사람들과는 다른 모습이 되는 것이다. 하지만 정확히 어떻게 그렇게 되는가?

거룩함에 대한 바울의 이해는 완전히 새로운 것이 아니었다. 그의 복음이 이스라엘 이야기와 연속성을 지닌 내러티브였기 때문이다. 그래서 바울은 거룩함을 이방인과 다름(이를테면, 음행과 우상숭배 금지)으로 보는 기본적인 유대교의 이해를 긍정한다. 하지만 또한 그는 로마에 의해 십자가에 못 박히고 하나님에 의해 부활하고 높여진 메시아의 복음을 통해 형성된 극적으로 새로운 거룩함 해석을 제시한다. 스티븐 바턴(Stephen Barton)은 "하나님이 **그리스도 안에** 계신다"는 주장(고후 5:19)으로 대변되는 거룩함 재해

---

[1] 또한 레 20:7-8, 26; 21:6-8을 보라.
[2] 예를 들면, 데살로니가전서에서 거룩함에 관한 바울의 빈번한 권면은 "'내가 거룩한 것처럼 거룩하라'는 레위기의 명령이 멀리서 메아리치는 수준 이상"이다[Calvin Roetzel, *Paul: The Man and the Myth* (Minneapolis: Fortress, 1999), p. 36]. 고후 6:16은 관련된 레위기 본문을 인용하지만(26:11-12), 일부 학자들은 그 절을 바울이 쓰지 않은 삽입절이라고 생각한다.

석과 거기에서 파생된 이야기들로 보건대, 중대한 부분들에 발전이 있었다"라고 말한다.³

본 장에서는 바울의 거룩함 이해가 그의 복음에 근간을 둔다고 제안할 것인데, 특히 (1) 십자가에 못 박힌 메시아 예수, 하나님의 아들이 아버지 하나님의 거룩함의 계시라는 바울의 독특한 확신, 그리고 (2) 거기에서 도출되는 내용으로서, 의롭게 된 자들—그리스도와 함께 십자가에 못 박힌 자들—이 아버지와 아들 모두의 영이신 **거룩한** 영의 능력으로, 그리스도와 '함께 십자가에 못 박힘'이라는 지속적 과정을 통해 거룩해지도록 부름받았다는 확신에 근간을 둔다. 달리 말해, 인간의 거룩함에 관한 바울의 특별한 이해의 토대는 십자가이며, 그 십자가는 서로 연결된 다음 세 가지 실재, 즉 아들이신 그리스도의 내러티브적 정체성, 아버지 하나님의 본질적 성품 그리고 성령의 일차적 사역이 무엇인지 드러낸다. 바울의 아들·아버지·성령 경험은 거룩함에 관한 급진적 재구성으로 이어졌고, 그는 거룩함을 반직관적인 신적 속성/활동(혹은 관계적 속성)⁴으로, 또한 본질상 공동체적 특징을 지닌 반문화적 명령과 과정으로 재구성했다. 거룩함에 관한 이 독특한, 십자가 형태를 띤, 삼위일체적 비전은 다음처럼 레위기 본문을 변형한 구절로 요약할 수 있다. "내가 십자가 형태이니, 너희도 십자가 형태가 될지어다."⁵

따라서 이 거룩함 이해는 참여적 이해다. 이 내용은 본서의 앞선 다음

---

3   Stephen C. Barton, "Dislocating and Relocating Holiness: A New Testament Study", in *Holiness Past and Present*, ed. Stephen C. Barton (London: Clark, 2003), pp. 193-213. 이 내용은 p. 197.
4   관계적·언약적 실재로서 신적 거룩함에 관해서는 John Webster, *Holiness* (Grand Rapids: Eerdmans, 2003), pp. 43-52를 보라.
5   본 장의 분석은 바울의 저작으로 보편적으로 인정되는 다음 일곱 서신으로 제한될 것이다. 로마서, 고린도전서, 고린도후서, 갈라디아서, 빌립보서, 데살로니가전서, 빌레몬서. 논란이 있는 서신에 관한 언급은 각주에 포함될 것이다.

두 가지 논의에 추가적인 살을 입힌다.

- 하나님의 케노시스적인 십자가 형태의 정체성. 이 정체성은 십자가에서 계시되었고, 사실은 하나님화(theoformity) 혹은 테오시스이기도 한 십자가화의 실천으로 이어진다(1장).
- 테오시스로서 참여적·변혁적 칭의. 이 칭의는 믿음과 사랑의 공생으로, 또한 회복적 정의의 실천으로 이해된다(2장).

본 장에서 우리는, 바울이 의롭게 된 자들의 공동체를 특징짓는 믿음과 사랑을 실천하는 십자가 형태의 삶을 참여적 의미로 이해하기 때문에, 그의 거룩함 이해를 특징지을 때 '테오시스'라는 용어가 특별히 적절하다는 주장을 더 충분하게 발전시킬 것이다. 테오시스는 정말로 바울 신학에서 성화 혹은 거룩함으로 보통 불렸던 내용—때때로 오해되거나 무시되었던 주제—을 가리키는 유용한 대안 용어(그리고 아마도 더 적절한 용어)라는 것이 우리의 주장이다.

바울의 거룩함 집착

"거룩함의 강이 이스라엘의 전통을 관통해 넓고 깊게 흐르고 있다"라고 캘빈 로츨은 웅변적으로 기록했다.[6] 하지만 로츨이 올바르게 지적했듯이, 거룩함은 '바울의 신학 문법에서 그동안 외면되어 온 특징'이다.[7] 이러한 외면이 다소 아이러니한 것은 바울의 어휘나 편지의 몇 가지 특징이 보여 주듯

---

6 Roetzel, *Paul*, p. 36.
7 Roetzel, *Paul*, p. 36.

이 바울 자신이 거룩함에 집착했기 때문이다.[8]

거룩한 자들

첫 번째 증거는 '하기오이'(*hagioi*, '거룩한 자들'; 단수형 *hagios*)라는 용어인데, 이 용어는 보통—불행하게도—'성도'로 번역된다.[9] 바울은 성경과 다른 유대교 문헌에서 하나님의 백성으로서 이스라엘에 적용되던 그 용어를 이어받았다.[10] '하기오이'는 바울이 신자들을 지칭할 때 선호하는 두 용어 중 하나다[다른 하나는 '아델포이'(*adelphoi*), '형제들(과 자매들)'이다]. 바울은 네 편지의 서두에서 신자들을 '하기오이'라고 부르며(롬 1:1, 7; 고전 1:2; 고후 1:1; 빌 1:1),[11] 그 외에도 스무 번에 걸쳐 그 용어로 신자들을 언급한다.[12] 바울은 편지 서두에 '하기오이'라는 명칭을 배치함으로써 교회의 거룩함에 특별한 관심을 갖게 하는 그의 솜씨를 보여 주며,[13] 또한—외견상 덜 의도적인 방식으로—다른 곳에서도 '하기오이'를 사용함으로써 이런 식으로 교회를 언급하는 것이 그에게는 제2의 천성임을 드러낸다. 따라서 거룩함은 전체로

---

8   Jeffrey A. D. Weima는 바리새파—그 명칭의 뜻이 '구분된 자들'이다—의 일원이었던 바울이 하나님의 언약 백성의 '경계 표지'인 거룩함에 열심이었다고 해서 놀라서는 안 된다고 이야기한다["'How You Must Walk to Please God': Holiness and Discipleship in 1 Thessalonians", in *Patterns of Discipleship in the New Testament*, ed. Richard N. Longenecker (Grand Rapids: Eerdmans, 1996), pp. 98-119 (p. 102)].

9   NRSV, NIV, NASB, KJV는 보통 혹은 늘 그렇게 번역한다. NAB는 '거룩한 자들'로 번역한다. 이 용어들에 대해서는 내가 집필한 *New Interpreter's Dictionary of the Bible*, ed. Katherine Doob Sakenfeld, et al. (Nashville: Abingdon, 2009), vol. 5, "Saint" 항목을 보라.

10 이 용법의 사례로는 James D. G. Dunn, *The Theology of Paul the Apostle* (Grand Rapids: Eerdmans, 1998), p. 44 n. 90를 보라. Dunn은 바울이 이 명칭을 사용할 때, 거기에 이방인이 포함되었음을 강조한다(pp. 44-45).

11 또한 골 1:2, 4; 엡 1:1, 4을 보라.

12 롬 8:27; 12:13; 15:25, 26, 31; 16:2, 15; 고전 6:1, 2; 14:33; 16:1, 15; 고후 8:4; 9:1, 12; 13:12; 빌 4:22; 살전 3:13; 몬 5, 7절; 빌 4:21의 단수 '거룩한 자'. 이렇게 그 용어는 저작권 논란이 없는 서신에는 25회, 저작권 논란이 있는 서신(대부분 골로새서와 에베소서)에는 15회 등장한다.

13 거룩함 언어는 특히 로마서(1:1-7)와 고린도전서(1:1-9) 서두에 깔려 있다.

서 교회의 정체성에, 또한 교회의 각 개인의 정체성에도 본질적이다.[14]

두 번째 증거는 첫 번째 증거와 관련이 있다. 바울은 두 편지의 서두에서 '하기오이'를 하나님의 부르심과 연관 지어 사용한다. 로마서 1:7에서는 로마의 신자들이 "거룩한 자들로 부르심을 받았다"고, 혹은 아마도 "거룩한 자들이 되도록 부르심을 받았다"[NRSV, NIV, NAB; 그리스어 '클레토이스 하기오이스'(klētois hagiois)]고 말한다. 바울의 말은 교회가 **이미 거룩하다**는 뜻인가, 아니면 거룩하게 **되도록** 부름받았다는 뜻인가? 고린도전서 1:2의 유사한 언어는 그 질문의 답이 둘 다라고 이야기한다. 바울은 '고린도에 있는 하나님의 교회'를 이미 '그리스도 안에서 거룩해진'['헤기아스메노이스'(hēgiasmenois; hagios와 연관된 동사에서 파생된 단어)] 자들로,[15] 그리고 또한 '거룩하도록 부르심을 받은'('클레토이스 하기오이스') 자들로 정의한다. 바울의 관점에서 하나님의 목적은 그리스도 안으로 한 백성을 불러내고(이 자체가 이 새로운 공동체를 하나님의 거룩한 백성으로 구분한다), 또한 그들을 거룩함을 자신의 임무요, 목적 혹은 텔로스(telos)로 이해하는 한 백성으로 형성하는 것이다. 바울에게 거룩함['하기아스모스'(hagiasmos)]은 선물인 동시에 과제였다.[16] 고린도전서 1:2에 따르면 이 거룩함의 의미가 그 형태와 내용을 얻는 것은 오직 '그리스도 안'에서다.

---

14 이 사실은 다른 곳에서 더 확인된다. 예를 들면, 바울은 교회 공동체(고전 3:16-17; 고후 6:16)와 각 개인(고전 6:19-20) 모두를 하나님의 성전으로 간주한다.
15 NRSV, NIV, NAB 모두 'sanctified'를 포함한다.
16 단어 hagiasmos, '거룩함/성화'는 롬 6:19, 22; 고전 1:30; 살전 4:3, 4, 7에 등장한다. 참조. 살후 2:13; 딤전 2:15. 비슷한 용어인 hagiōsynē는 롬 1:4; 고후 7:1; 살전 3:13에 나온다. Dunn(*Theology*, p. 330)은 바울이 '개인이 제자의 길로 구별되는' 때인 구원의 **시작**과 구원의 **과정**, 둘 다를 의미하기 위해 hagiasmos를 사용한다고 언급한다. 참조. Webster. "거룩함은 직설법이지만, 또한 명령법이기도 하다. 삼위일체 하나님의 성화 사역이 지향하는 바는 그분과 교제하는 피조물의 실제 생명을 갱신하는 것인데, 그런 하나님의 직설법 거룩함이기 때문에 그 거룩함이 명령법인 것이다"(*Holiness*, p. 87).

거룩함으로의 부르심

바울에게 있어 거룩함의 중심성을 보여 주는 세 번째 증거는 그의 편지들의 표제 진술에 거룩함이 등장한다는 점이다. 아마도 가장 명확한 사례는 데살로니가전서일 것인데, 그 편지에서 "거룩함은 가장 중요한 주제다."[17] 그 편지의 두 핵심 지점(중간과 끝)에서 바울은 데살로니가 성도들을 향한 그의 기본 메시지를 거룩함으로의 부르심으로 요약한다.

> "너희 마음을 굳건하게 하셔서 우리 주 예수께서 그의 모든 거룩한 자들 ['하기온', (hagiōn)]과 함께 강림하실 때에 하나님 우리 아버지 앞에서 거룩함 ['하기오쉬네'(hagiōsynē)]에 흠이 없게 하시기를 원하노라." (3:13)

> "평강의 하나님이 친히 너희를 온전히 거룩하게 하시고['하기아사이 휘마스 홀로텔레이스'(hagiasai hymas holoteleis)], 또 너희의 온 영과 혼과 몸이 우리 주 예수 그리스도께서 강림하실 때에 흠 없게 보전되기를 원하노라." (5:23)

게다가 바울은 데살로니가전서의 윤리적 가르침을 시작하는 부분에서도 하나님의 본질적인 뜻을 데살로니가 성도들의 '거룩함'('하기아스모스', 4:3a)으로 규정한다. 성적 거룩함이 구체적인 관심 대상이지만(4:3b-8, 이 부분에서 '거룩함'은 2회, '성령'은 1회 등장한다), 이 반문화적인 성적 거룩함—신자들은 "하나님을 모르는 이방인과 같"아서는 안 된다(4:5)—은 그보다 큰 거룩함으로의 부르심의 일부로 이해된 것이 분명하다. 바울은 그 거룩함을 아버지·아들·성령과 연관 짓는다. 하나님(아버지)이 거룩하게 부르시고(4:7), 성령이 거룩함을 일으키며(4:8), 아들('주')이 거룩하지 않은 자들을 심판한

---

17 Weima, "'How You Must Walk'", p. 98.

다(4:6b).¹⁸ 암시적이지만 거룩함은 삼위일체 하나님을 경험함이며, 이 내용은 뒤에서 더 구체적으로 살펴볼 것이다.¹⁹

거룩함은 또한 고린도전서 1장의 초점이다. 이 편지의 서두(1:2; 앞의 내용을 보라)가 거룩함을 고린도 교인들의 신분과 목적으로 언급할 뿐만 아니라, (편지의 의제를 제시하는) 감사 인사에는 그리스도가 오실 때 신자들이 흠이 없기를 바라는 데살로니가전서의 관심사가 반영되어 있다(고전 1:8). 그런 후에 바울은 '하나님이 그들을 거룩함으로 부르셨다'는 주제로 되돌아와서, 하나님이 신실하시며 진실로 그 부르심을 완성하실 것(즉, 주의 오실 때 고린도 교인들을 흠 없는 상태로 만드실 것)이라며 고린도 교인들을 (그리고 아마도 자기 자신을) 안심시킨다. 이 부르심은 "그의 아들 예수 그리스도 우리 주와

---

18 Weima, "'How You Must Walk'", p. 110.
19 바울의 하나님 경험 혹은 신학을 '삼위일체적'이라고 부르는 것에 여전히 때때로 비판이 쏟아지지만, (적어도 맹아적 혹은 원형적 삼위일체론을 가리키는) 이 형용사가 가장 적절한 설명어라는 사실이 많은 사람에게는 확실해 보인다. 다른 연구들 가운데서도 Ulrich W. Mauser, "One God and Trinitarian Language in the Letters of Paul", *HBT* 20 (1998): pp. 99-108; 그리고 Francis Watson, "The Triune Divine Identity: Reflection on Pauline God Language, in Disagreement with J. D. G. Dunn", *JSNT* 80 (2000): pp. 99-124를 보라. Watson은 "바울의 텍스트는 모든 곳에서 하나님에 관한 독특한 기독교 관점을 천명하거나 전제한다. 전통 유대교식 하나님-언어가 어떤 틀 내부에서 재조정되고 있는데, 그 틀 안에서는 단어 '하나님'에 언제나 그리고 모든 곳에서 예수와 그의 성령에 관한 언급이 동반되며, 그렇지 않는다면 그 단어가 오해되고 오용되는 것이 된다. 그것은 또한 '삼위일체'이신 하나님에 관한 전통적 교리의 틀이기도 하다"라고 단언하는데, 이는 옳은 말이다(pp. 104-105). 바울을 삼위일체적으로 읽는 것은 시대착오라는 흔한 비판에 반응해 Watson은 노련하고 정확하게 "바울에게 단어 '하나님'은 오로지 예수와 그의 성령에 관한 언급을 동반할 때만 올바로 사용된 것이라는 단순한 결론을 도출하는 근거는 주해 자체다"라고 응수한다(p. 123). 또한 내 책 *Cruciformity* 4장 "The Triune God of Cruciform Love: Paul's Experience of the Trinity"(pp. 63-74) 및 거기에 인용된 문헌들과 더불어 Douglas A. Campbell, *The Quest for Paul's Gospel: A Suggested Strategy* (London/ New York: Clark, 2005), pp. 41, 61, 78, 여러 곳을 보라. Campbell은 바울의 "삼위일체적 역동"이 "한 세트의 관계로서, 그리스도인은 그것 안으로 태어나며, 그것에 의해서 재창조되며", 거기에는 "성령, 그리스도 그리고 아버지 하나님의 세 신적 인격"이 포함된다고 언급한다(p. 41). 바울의 구원론은 "그 실제 구원의 기제 면에서 원형적-삼위일체론"이며(p. 61), 아버지, 아들, 성령의 "이야기 안으로 사람들의 편입"이다(p. 78).

더불어 교제('코이노니안', koinōnian)하게 하심"(1:9)으로 구체적으로 명시된다. 그렇다면 바울에게 거룩함의 의미는 그리스도 안에 참여 혹은 공유['코이노니아'(koinōnia)의 근본 의미]라는 것을 알 수 있다.[20] 따라서 고린도전서를, 고린도 공동체가 직면한 모든 복잡한 사안 한가운데서 하나님이 그들을 그리스도 안에서의 참여적 거룩함이라는 기획으로 부르신 것이 어떤 의미인지 설명하려는 바울의 시도로 보아도 타당할 것이다.

더 구체적으로 말하면, 고린도전서의 내용을 보면 고린도 교인들은 그들 자신을 성령의 은사를 풍성하게 받은 '영적인' 공동체로 본 것이 확실하다. 바울은 그 공동체의 카리스마적 특성(1:5-7; 12-14장)과 거룩한 특성(1:1-9; 6:11) 모두를 인식했다. 그런데 그 공동체의 성화는 그들의 풍부한 영적 은사에 미치지 못했다. 거룩함의 측면에서 그들의 성장이, 즉 그들의 회심(conversion)이 불완전해 보였던 것이다.[21] 그들의 가치관은 여전히 성령보다는 그리스 로마 시대의 영에 더 많은 영향을 받았다. 고린도전서 전체에서 바울은 고린도 교인에게 거룩함의 세 차원을 요청한다. 그 세 가지는 성적 부도덕을 피하고 적절한 성 문화를 구현하는 것(5:1-13; 6:12-20; 7:1-40), 우상숭배를 피하고 예수를 향한 배타적 충성을 수용하는 것(10:1-22), 무엇보다도 모든 이기적 행동을 피하고 타인과 공동체의 유익을 추구하는 그리스도를 닮은, 십자가 형태의 사랑을 실천하는 것(13장, 특히 13:5; 16:14; 참조. 8:1-13; 9:1-26; 10:23-11:1; 14:1-40)이다.[22]

---

20 이 내용은 앞서 우리가 언급한 해석 원칙을 강화한다. 즉, 바울에게 거룩함은 그리스도와 불가분하다는 것이다. 바울은 또한 이 내용을 고전 1:30에서 명시적으로 주장한다. 그리스도가 우리를 위해 하나님으로부터 온 거룩함(hagiasmos)이 되셨다.

21 Stephen J. Chester, *Conversion in Corinth: Perspectives on Conversion in Paul's Theology and the Corinthian Church* (London: Clark, 2003)를 보라.

22 성적 거룩함에 관한 바울의 비전도 십자가(혹은 십자가와 부활)와 연결된 더 큰 거룩함에 관한 비전과 관계가 있다. 십자가와 그 더 큰 거룩함의 연결은 5장과 6장(5:6-8; 6:19-20)에는 명시적으로, 7장에는 암시적으로 나타난다. 7장에서 바울은 상호적이고 케노시스적인 부부 사이

이 반문화적인 십자가 형태의 (거룩한) 사랑은 공동체의 약한 구성원에게 특별한 관심을 기울이고(11:17-34; 12:14-26), 그리스도를 닮은 약함-속의-능력을 발휘하는 사도들에게 특별한 존경을 표하며(4:1-13), 불의를 가하기보다는 불의를 흡수하려는 반직관적인 헌신으로 나타난다(6:1-11). 이러한 십자가 형태의 거룩함은 명예를 추구함으로써 자기 발전을 도모하고 권력자를 존경하는 지배적인 로마 문화의 가치관과 뚜렷하게 대조된다. 바울의 주된 목표는 **카리스마적** 공동체를 **십자가 형태의** 공동체로 변화시키고, 그럼으로써 참으로 **거룩한** 공동체로, 즉 모든 신자가 서로 올바른 관계를 맺고, 그들 가운데서 역사하시는 삼위일체 하나님, 즉 아버지 하나님, 주 그리스도, 성령과 올바른 관계를 맺는 공동체로 변화시키는 것이다.[23] 이것은 바울의 과거 메시지나 고린도 교인들의 경험과는 다른 새로운 것으로의 부르심이 아니라, 하나님의 은혜로 이미 시작된 씻음과 칭의와 성화(고전 6:11)를 구현하라는 소환이다. 즉, **거룩함 혹은 성화는 칭의의 부록이 아니라 칭의의 실현이다.**

지면 관계상 다른 서신의 거룩함 관련 본문을 많이 다룰 수는 없다.[24] 로마서를 간단히 언급하는 것으로 충분할 것이다.[25] 바울은 그리스도 안에

의 사랑을 옹호하고(7:1-7), 불신자 배우자를 인내하는 모습을 칭송한다(7:12-16).
[23] 고린도전서에서 나오는 하나님의 삼위일체적 행위에 대해서는 특히 6:15-20과 12:4-6을 보라. 고린도전서의 집필 목적에 대해서는 나의 책 *Apostle of the Crucified Lord: A Theological Introduction to Paul and His Letters* (Grand Rapids: Eerdmans, 2004), pp. 227, 236-237, 239를 보라. 내 말의 의미는 바울이 고린도 교회가 카리스마적 공동체가 아니기를 바랐다는 것이 아니다. 오히려 그가 바란 것은 그들이 십자가 형태인 하나님의 아들의 성령(또한 앞으로 자세히 살펴보겠지만, 십자가 형태 하나님의 성령)의 인도를 받아, **십자가 형태의** 카리스마적 공동체가 되는 것이었다.
[24] 바울서신이 말하는 거룩함에 관한 철저한 연구들은 Kent E. Brower and Andy Johnson, eds., *Holiness and Ecclesiology in the New Testament* (Grand Rapids: Eerdmans, 2007)에서 확인할 수 있다. 본 장은 그 책에 실린 논문을 가져온 것이다.
[25] 갈라디아서와 빌립보서는 아래에서 다른 소제목으로 따로 다루겠다.

서 행하신 하나님의 자애로운 칭의/화해의 사역(5:1-11, 이것은 성령의 임재로 알려졌다)이 사람들을 현시대의 우상숭배와 부도덕으로부터 해방시켜(1:18-32; 12:1-2), 그리스도와 함께 십자가에 못 박히고 함께 부활해서, 거룩한 삶을 통해 하나님께 순종하는 그분의 종으로 그들 자신을 드리게 한다고 주장한다[6:1-23, '거룩함' 또는 '성화', '하기아스몬'(hagiasmon)이 6:19과 6:22에 나온다]. 다시 한번 말하지만, 거룩함은 칭의의 보충이 아니라 칭의의 실현이다. 그리고 로마서의 다음 세 가지 내용, 즉 로마서는 구원의 텔로스가 이 시대에 동화되는 것(12:1-2)이 아니라 '그의 [하나님의] 아들의 형상'에 동화되는 것(8:29)[26]이라고 주장한다는 점, 사랑과 보복 금지에 대한 예수의 가르침을 암시한다는 점(12:9-21), 그리스도처럼 약자를 사랑하라고 명시적으로 권고하다는 점(15:1-3)에서 확신해지는 것은, 이 거룩함이 실은 '그리스도를 닮음'(Christlikeness)이라는 것이다.

바울이 말하는 거룩함의 세 가지 기본 특징

이제 우리는 앞서 사전 조사에서 언급했던 바울의 거룩함 개념과 관련해 다음 세 가지 일반적인 관찰을 이야기할 수 있다. (1) 거룩함은 이방인 불신자의 삶과 비교해서 다른 점이다. (2) 거룩함은 삼위일체 하나님의 성품이자 활동이다. (3) 거룩함은 본질상 '그리스도를 닮음'이다. 이제 각 항목을 차례로 살펴보자.

우선, 유대교 전통에서 (따라서 초기 기독교 전통에서도) 사람의 거룩함은 무엇보다도 하나님의 부르심이나 성품에 참여하지 않는 사람들과 비교해

---

26 Dunn(*Theology*, p. 502)은 8:27-33에서 선택/성화와 관련된 용어들이 '군집'되어 나타난다는 사실에 주목한다.

서 다른 점이다. 바울에게 이 차이는 근원적인 것이었고, 그는 그 대조를 표현하기 위해 매우 극명한 종말론적 언어를 동원한다(예를 들면, 살전 5:4-11; 롬 13:13-14). 하지만 이 시대에 동화되지 않는 것이 이 세상으로부터의 도피를 뜻하는 것은 아니며, 바울은 이런 이해를 터무니없다며 단호하게 거부한다(고전 5:9-10).[27] 쿰란 공동체의 태도와 달리 바울에게 거룩함이란 주변 환경과 다른 모습이지만 여전히 그 환경 안에 있는 것을 의미한다. 사실, 그 공동체가 지닌 차이점이 있기 때문에 주변 문화를 향해 증언도 할 수 있는 것이다(빌 2:14-16). 이러한 '세상 속에 있지만 세상과는 다름'의 역동적 긴장이 등장하는 곳이 이를테면 로마서 12-13장이다. 그 단락은 이 '세상' 혹은 '세대'에 동화되지 말라는 바울의 유명한 요청(롬 12:1-2)으로 시작하지만, 그럼에도 불구하고 이 위험한 실제 세상 속에서의 삶을 다룬다. 이 세상은 원수들이 존재하며(12:9-21), (사실은 그런 원수일 수도 있는) 제국의 권세들과 교류해야 하는(13:1-7) 곳이다.

둘째, 바울에게 거룩함은 삼위일체적 구조를 지닌다. 거룩함은 아버지와 아들과 성령의 통일된 협력 활동이라는 말이다. 거룩함은 아버지 하나님의 부르심이자 의지이며, 교회의 거룩함을 정의하는 분인 그리스도 안에서 발생하며, **거룩한** 영이신 성령에 의해 실재가 된다. 바울이 이 삼위일체적인 신적 활동을 기술하기 위해 사용하는 단어가 나눔 혹은 참여를 뜻하는 '코이노니아'다. 하나님은 사람들을 부르시고, 그 아들과 반문화적이고 공동체적이며 참여적인 교제를 나누게 하시는데(고전 1:9), 그 경험은 성령을 통해 결실을 맺는다(빌 2:1). 인간의 거룩함은 신적인 거룩함에 참여함

---

27 바울은 신자들이 거룩하지 못한 신자들과의 관계를 끊는 것을 바라지 않았다(고전 5:9-13). 고후 6:14-7:1이 바울의 글이 맞다면, 바울이 장려하는 '거룩함'(7:1)의 의미는 아마도, 십자가 형태의 거룩함을 실천하지 못한 자칭 사도들(바울과 달리―고후 6:3-10)을 포함해 사이비 성도들과의 관계를 끊으라는 것으로 보인다.

이다. 그러므로 거룩함은 아버지와 아들과 성령의 속성이자 활동이다. 하나님은 사람들을 구별하실 뿐만 아니라 그분의 성품 자체를 사람들에게 전달하신다. 따라서 사람의 거룩함은 단순히 사람의 의무가 아닌 신적인 결과물, 즉 '열매'다(갈 5:22).

셋째, 거룩함은 '그리스도를 닮음'이다. 앞에서 언급한 두 개의 묵시적 본문(살전 5:4-11; 롬 13:13-14) 모두에서 부정한 어둠 속에 거하는 것의 대안으로 제시된 것이 믿음, 사랑, 소망을 실천(살전 1:2-10)함으로써 그리스도로 '옷 입는 것'(13:14) 혹은 '그리스도와 함께 사는 것'이다. 말하자면, '그리스도를 닮음' 혹은 그리스도와의 '코이노니아'(고전 1:9)는 부정함의 반댓말이며, 따라서 거룩함 자체의 핵심 요소다. 그렇다면 바울이 선호하는 표현인 '그리스도로 옷 입는 것'과 '그리스도 안에 있는 것'의 실재는 개인적인 신비 경험이 아니라 탈바꿈을 일으키는 공동체적 '코이노니아'다. 그리스도에 동화된다는 종말론적 목표(롬 8:17, 29; 빌 3:11-12, 21; 고전 15:49)는 하나님과 타인의 노예 또는 종이라는 그리스도의 신분을 공유하는 지속적인 경험을 통해 지금 시작되는데, 그 경험의 특징은 비보복적이고 타인 중심적인 사랑이다. 그러므로 이 '코이노니아'는 무엇보다도 그리스도의 십자가에 참여하는 것으로서, 그 참여는 믿음과 세례를 통해 개시되고(본서 2장을 보라), 주님의 만찬에서 기억되고 다시 경험되며(고전 10:16), 타인을 향한 십자가 형태의 사랑(빌 2:1-4) 및 그리스도와 함께 받는 고난(빌 3:10)을 통해 실존적으로 구현된다.[28]

이 '그리스도를 닮음'의 형태에 대해서는 아래에서 더 자세히 설명할 것이다. 당장은 이 개념 자체가 제기하는 중요한 문제를 다루자. 유대인으로

---

28 이 문장에 언급된 세 본문 모두 단어 코이노니아(*koinōnia*)를 사용한다.

서 바울은 거룩하다는 것이 **하나님을 닮는 것**이라고 알았고,[29] 그리스도 안에 있는 유대인으로서 그는 거룩하다는 것이 **그리스도를 닮는 것**이라고 알았다. 그렇다면 질문이 제기된다. 거룩함에 관한 이 두 가지 필수적인 이해 사이에는 어떤 연관성이 있는가? 1장에서 살펴보았듯이 바울의 답변은, **그리스도는 하나님과 같은 모습이고, 하나님은 그리스도와 같은 모습**이라는 것이다. 그렇기 때문에 바울은 (거룩한) 영을 아들과 아버지 모두의 영이라고 이야기할 수 있었다.

거룩한 영[30]

거룩한 영의 활동 (데살로니가전서)

바울이 쓴 가장 이른 편지인 데살로니가전서의 서두에서 거룩한 영은 능력 및 기쁨과 연관되어 언급된다(1:5-6). 하지만 거룩한 영은 또한 거룩함, 특히 성적인 거룩함을 권고하는 바울의 말 속에서 거룩함 자체와도 연결된다. 거룩함은 성령의 속성(4:8)이면서 동시에 활동(4:3, 4, 7)인 것이다. 고든 피(Gordon Fee)가 이 본문의 '거룩한 영' 표현에 대해 이야기했듯이, "성령은 다름 아닌 그분 자신이 '거룩하신' 분이신 하나님의 성령이다.…성령을 이야기할 때 우리는 하나님의 성품을 다루는 것이며, 또한 그리스도인의

---

29 L. Ann Jervis는 "고대의 종교적 성찰과 윤리적 숙고를 관통하는 공통 주제는 하나님을 닮고자 하는 열망"이고, 이 열망은 유대교 안팎 모두에서 발견되며, 그러한 현상은 바울이 이방 세계로 향하는 가교를 제공했고, 바울과 고대인들에게 더 일반적인 훈육의 의미는 하나님 닮음을 달성하는 것이었다고 주장한다. 그의 "Becoming like God through Christ: Romans", in *Patterns of Discipleship in the New Testament*, ed. Richard N. Longenecker (Grand Rapids: Eerdmans, 1996), pp. 143-162, 이 부분은 p. 145를 보라.

30 저작권 논란이 없는 바울서신에는 성령이 100회 이상 언급되는데, 그중 성령을 **거룩한** 영으로 명시한 것은 12회 내지 13회다. 롬 5:5; 9:1; 14:17; 15:13, 16; 고전 6:19; 12:3; 고후 6:6; 13:13[14]; 살전 1:5, 6; 4:8; 그리고 아마도 롬 15:19(일부 사본). 또한 롬 1:4, "성결의 영."

윤리를 성령이 그 성품을 그분의 백성들 안에서 재생산하는 것으로 보는 바울의 이해를 다루는 것이다."[31]

그러므로 데살로니가전서에서 성령은 바울에게 단지 거룩한 성생활의 영일 뿐이라고 결론 내리는 것은 오판이다. 성령의 활동은 데살로니가 교인들이 복음과 성령을 받아들였다는 증거로 바울이 제시한 믿음, 사랑, 소망 안에서도 똑같이 확인된다(살전 1:2-10). 이러한 경험에는 핍박받음으로써 바울과 예수를 본받는 것이 포함되며(1:6; 2:14-16), 바울은 이러한 고난을 특히 데살로니가 교인들의 사랑(3:6) 및 소망/굳건함(3:13)과 더불어 그들의 믿음 또는 신실함('피스티스', 1:3; 3:2-7)과도 연관시킨다.[32]

따라서 우리는 바울이 거룩한 영의 활동이, 따라서 인간의 거룩함도 대체로 믿음(신실함), 소망/굳건함, 사랑으로 이루어진다고 믿었다는 결론을 내릴 수 있다. 덧붙여 이러한 거룩함에는 역경에 직면해서도 굳건한 신실함을 통해 예수(및 다른 거룩한 모범들)와 같은 모습이 되는 것도 포함된다. 그래서 바울은 현존하는 그의 가장 이른 서신에서 거룩함의 전통적 의미를 십자가에 못 박힌 예수 이야기에 동참한다는 의미로까지 확장했다.[33] 거룩함은 십자가 형태를 띠게 되었지만, 그렇다고 해서 성적인 미덕 같은 다른 더 전통적인 의미를 잃은 것은 아니며, 그런 의미들 자체에도 십자가 형태가 스며든다. 따라서 성령의 정체성과 활동도 그 아들과 연관됨으로써 재형성된다. 성령을 그 아들의 영과 동일시하는 것은 갈라디아서에서 명백

---

[31] Gordon D. Fee, *God's Empowering Presence: The Holy Spirit in the Letters of Paul* (Peabody: Hendrickson, 1994), p. 51.
[32] 앞 장 말미에 있는 여담에서 살펴보았듯이, 그리스도 안에서 데살로니가 교인들의 실존이 지닌 이러한 특징들은 그들의 칭의의 증표로 이해되어야 한다.
[33] 데살로니가전서에 나타난 거룩함의 십자가 형태 특징에 대한 자세한 설명은 Andy Johnson, "The Sanctification of the Imagination in 1 Thessalonians", in Brower and Johnson, *Holiness and Ecclesiology in the New Testament*, pp. 275-292를 보라.

하게 드러나는데, 그 내용은 아래에서 논의할 것이다.

바울이 이 편지의 수신자를 "하나님 아버지와 주 예수 그리스도 안에 있는 데살로니가인의 교회"(살전 1:1)로 지칭한다는 사실에 주목할 필요가 있다. 이 표현은 바울서신에서 오직 이곳에만 나타나며, 데살로니가후서 1:1에서는 약간 변형되어 나온다("하나님 우리 아버지"). 이 표현은 바울에게 '그리스도 안에 있는 것'과 '하나님 아버지 안에 있는 것' 사이에 뚜렷한 이분법이 없음을 보여 준다.³⁴ 오히려 그리스도 안의 실존이 곧 하나님 안의 실존이며, 그 반대도 마찬가지다.³⁵ 그리스도 안에 있다는 것이 곧 하나님 안에 있는 것이며, 하나님의 거룩한 영을 지속해서 받는 수혜자가 되는 것이다(4:8). 따라서 이 표현은 바울의 가장 초기 서신 안에 존재하는, 바울의 삼위일체적 참여적 거룩함의 경험에 관한 암시다.³⁶ 바울의 관심사는 하나님 안에 거주하는 것, 즉 십자가 형태 하나님 안에 거주하는 것이다.

---

34 따라서 바울이 말한 참여에 관한 (이 점만 제외하면) 유익한 요약 정리에서 Jouette M. Bassler가 도출한 결론은 부당하며 오해의 소지도 있다. "바울의 신비주의는 그리스도 신비주의였다. 그는 후대 신비주의자들처럼 하나님과의 신비스러운 합일에 초점을 맞추지 않았다(하지만 빌 2:13을 보라)"[*Navigating Paul: An Introduction to Key Theological Concepts* (Louisville: Westminster John Knox, 2007), p. 43]. Bassler는 살전 1:1을 무시할 뿐만 아니라, 그리스도가 하나님의 형상이요 계시라는 바울의 주장이 지닌 실존적 의의를 인지하지 못한 듯하다. S. A. Cummins가 바울의 입장을 더 제대로 이해했다. "사도 바울에게 예수 그리스도 안에 나타난 하나님의 자기 계시의 핵심 목표요 결과는 인류 전체를 메시아 예수와 그의 성령 안으로 통합하는 것, 그리고 그럼으로써 삼위일체 하나님과의 영원한 친교인 신적 생명 안으로 통합하는 것이다"["Divine Life and Corporate Christology: God, Messiah Jesus, and the Covenant Community in Paul", in Stanley E. Porter, ed., *The Messiah in the Old and New Testaments* (Grand Rapids: Eerdmans, 2007), pp. 190-209, 이 부분은 p. 190].
35 데살로니가전후서의 이 서두와 다소 비슷한 본문이 골 3:3이다. "이는 너희가 죽었고, 너희 생명이 그리스도와 함께 하나님 안에 감추어졌음이라." 골로새서에서 '그리스도 안에' 언어는 1:2, 28에 등장한다.
36 본서 서론에서 언급했듯이, 바울의 '안에'(in) 언어가 가리키는 것은 삼위일체론적 영성이지, 단지 그리스도 중심적 혹은/그리고 성령 중심적 영성이 아니다.

그 아들의 영의 활동 (갈라디아서)

단어 '하기오스'와 그 동족어들은 갈라디아서에 등장하지 않는다. 이 사실은 다소 아이러니한데, 왜냐하면 이 편지의 핵심 사안이 거룩함의 의미이기 때문이다. 즉, 하나님의 이스라엘을 규정하는 본질적이고 독특한 '표시'(개역개정, "흔적")는 무엇인가(갈 6:17)? 이 편지의 핵심은 유대인과 이방인을 구별하는 식탁 교제와 할례, 심지어 안식일 준수도 거룩함의 진정한 의미가 아니니 거부하라는 것이다. 대신 바울은 하나님 아버지가 주신 아들과 성령이라는 선물에 참여하는 것이 곧 거룩함의 근본 의미라고 제시한다. 하나님의 이스라엘을 규정하는 표시는 십자가와 성령이다. 그리고 그 성령은 사실 그 아들의 영이다(갈 4:4-6).[37] 이처럼 성령을 그 아들의 영과 동일시하는 것은 넓게는 갈라디아서의 의미를, 좁게는 갈라디아서에서 거룩함의 의미를 이해하는 데 매우 중요하다.

갈라디아서 1:4에서 바울은 편지 전체를 세 구절로 요약한다. 이 편지는 십자가에 못 박힌 메시아 안에서 성취된 하나님의 약속(3-4장)에 초점을 둘 것인데, 그는 "이 악한 세대에서 우리를 건지시려고"(5-6장), 즉 거룩하고 성령으로 충만한 백성을 창조하시려고 "우리 죄를 위해 자기 몸을 주셨다"(1-2장). 갈라디아서 1:4은 거룩함의 의미가 하나님의 종말론적 구원의 성취로서 십자가와 성령의 강력한 결속과 관련이 있음을 보여 준다. 이 편지 전체는 구원의 과정인 거룩함이 그리스도와 **함께**(2:19-20) 육체와 세상(5:24, 6:14)에 대해 십자가에 못 박히는 것이라고 말한다.

본서 2장에서 살펴보았듯이, 갈라디아서 2:19-20은 바울 복음의 초점이 그리스도의 죽음에, 그리고 그 죽음에 신자들이 참여하는 것에 있음을 드러낸다. 바울은 '내가'와 '나를'을 사용해서 자신을 대표적인 사례로 내

---

37 롬 8:9에서 성령은 또한 하나님(아버지)의 영뿐 아니라 그리스도의 영으로도 언급된다.

세운다. 2:20에서 그는 1:4을 반영하고 확장해, 그리스도의 십자가 죽음을 하나님을 향한 자기 희생적인 사랑과 믿음 혹은 신실함('피스티스')이 통합된 행위로 묘사한다. "나는 나를 위해 자기 자신을 주심으로 나를 사랑하신 ['하나님의 아들을 믿음'이 아닌] 하나님의 아들의 신실함으로 산다."[38] 이 말은 바울이 십자가에 못 박힌 하나님의 아들이신 그리스도의 정체성이 (하나님을 향한) 믿음과 (타인을 향한) 사랑의 이야기 안에서 계시된 것으로 보았다는 의미다. 지난 장에서 우리는, 그렇기 때문에 그리스도의 신실하고 자애로운 십자가의 죽음은 언약 성취의 정수를 담은 행위라고 주장했다. 이제 우리는 또한 바울에게 십자가는 **거룩한** 행위의 정수라고, **거룩함의 의미를 결정적으로 드러낸 계시**라고 말할 수 있다. 이러한 믿음과 사랑의 공생은 그리스도를 다음과 같은 분으로 특징짓는다. 즉, 그분은 그분 안에 사는 사람들에게 내주할 수 있고 실제로 내주하셔서 그들을 언약적 충성과 사랑을 특징으로 하는 하나님의 거룩한 이스라엘로 만들어 가는 하나님의 아들이시다.

왜냐하면 신자들은 성령의 일하심에 힘입어 자신을 그리스도의 십자가와 너무나 온전하게 동일시해서, 바울처럼 그들도 "내가 그리스도와 함께 십자가에 못 박혔다"고 말하는 사람들이며, 십자가에 못 박힌 (하지만 이제는 명백히 부활하신) 그 그리스도가 '내 안에' 사신다고 말하는 사람들이기 때문이다. 다시 말해, 2장에서 살펴본 것처럼 신자들은 역설적이게도 '함께 십자가에 못 박힘'을 통해 일종의 부활을 경험한다. 따라서 바울은 신자들

---

38 저자 사역. 그리스어 구절 *pistis tou huiou tou theou*를 주격 속격인 '하나님의 아들의 신실함'으로 번역했고, 보통 '그리고'로 번역되는 단어 *kai*를 설명 용법으로 보고 '주심으로'로 번역했다. 더 자세한 논의는 내 책 *Cruciformity*, pp. 110-121와 본서 2장을 보라. 이러한 해석이 신자 자신의 믿음의 중요성을 무시하는 것은 아님을 상기시키고 싶다. 이를테면, 2:16을 보라. "우리도 그리스도 예수를[문자적으로 '**안으로**'] 믿나니."

이 '성령의 인도를 따라' 살면(5:25) 그들의 삶이 그리스도를 닮은 믿음과 사랑(5:6을 보라)으로 특징지어질 것이라고 암시한다.

갈라디아서 4:4-6은 아들과 성령이라는 아버지의 이중 선물이 하나님의 백성을 해방하고 이방인을 하나님의 가족으로 통합하겠다는 약속의 성취라고 서술한다(4:5). 이런 맥락 속에서 바울이 우리 마음 안으로 보내진 성령을 '그의[하나님의] 아들의 영'(4:6)이라고 묘사한다는 사실은 놀라우며 또한 굉장히 의미심장하다. 이 사실은 아버지, 아들, 성령 사이의 친밀한 관계를 다시 한번 보여 줄 뿐만 아니라, 성령을 통해 신자들을 동시에 아버지와 아들 모두에게 연결한다. 성령은 십자가 위에서 믿음과 사랑을 드러내신 하나님의 아들의 영이므로(2:20), 그 성령이 내주하는 하나님 자녀들의 표시는 할례가 아니라 '사랑을 통해 자신을 표현하는 믿음'(5:5-6; 2:20을 반영하는 것이 분명하다)이다. 이것이 성령의 인도를 받는 공동체의 본질적 거룩함을 구성한다. 신자들은 이 믿음과 사랑을 따라 살 뿐만 아니라 또한 성령이 불어넣는 의를 향한 소망(5:5)을 따라 사는데, (데살로니가전서에 있는 비슷한 본문이 암시하듯이[39]) 그 소망이란 종말론적 심판 때에 '하나님을 닮은 모습이 되는 것'(Godlikeness, 즉 거룩함)에 대한—따라서 신원될 것에 대한—소망이다.[40]

마지막으로, '성령의 열매'에 관한 갈라디아서 5:22-25의 두 가지 사항에 주목할 필요가 있다. 첫째, '열매'라는 표현에는 앞서 논의했던바, 하나님 아들의 영이 임재한다는 사실에 함축된 일종의 자연스러운 결과라는 의미가 들어 있다. 하지만 그와 동시에 성령과 더불어 인간의 협력도 필요

---

39 살전 3:13; 5:23과 앞선 논의를 보라.
40 비슷한 생각이 롬 6장에 나온다. 하지만 성령(롬 1:4에 성결의 영으로 나오지만, 8장까지는 기다려야 한다)은 직접 언급되지 않는다. 또한 Andy Johnson, s.v. "Sanctification", *New Interpreter's Dictionary of the Bible*, vol. 5를 보라.

하다(5:25; 참조. 5:16). 둘째, 성령의 열매에는 사랑과 믿음(신실함)이 모두 포함되지만('아가페'와 '피스티스'), 5:22-23의 목록은 명백히 이보다 더 광범위하다. 육체와 그 욕망을 '십자가에 못 박았다'는 것(5:24)은 자기를 희생하고 타인을 섬겨 하나님과 이웃을 사랑함이라는 십자가 형태 거룩함의 근본 의미를 '육화'하는 새로운 욕망과 실천의 탄생을 뜻한다.

그렇다면 데살로니가전서에서는 암시적이었던 성령과 그리스도의 십자가의 연관성이 갈라디아서에서는 명시적으로 드러난 것이다. 성령의 사역, 즉 거룩함은 본질상 십자가 형태다. 하지만 이 성령의 역사는 궁극적으로 신자들에게 아들의 영을 주시는 아버지의 역사다. 데살로니가전서와 마찬가지로 갈라디아서에서 바울은 성령에 힘입은 십자가 형태 거룩함이 궁극적으로는 '그리스도를 닮음'일 뿐만 아니라 '하나님을 닮음'이라는 것을 암시한다.

이제 이러한 십자가와 성령의 연관성을 유지하면서 이 둘 모두를 아버지 하나님과 더 직접적으로 연결하는 다른 세 서신을 간략하게 살펴보겠다.

십자가에 못 박힌 그리스도: 십자가 형태 하나님의 거룩함으로서

십자가에 못 박힌 그리스도, 하나님의 거룩함 (고린도전서)

때때로 '케리그마적 역설'(kerygmatic paradox)로 불리는 고린도전서 1:18-2:5은 "그리스도는 하나님의 능력이요 하나님의 지혜"(1:24)라고 대담하게 선언한다. 문맥상 여기서 언급된 그리스도는 분명히 **십자가에 못 박힌 그리스도를 가리킨다**(1:23; 참조. 1:18; 2:2). 전통적인 신의 속성인 이 지혜와 능력은 십자가 처형이라는 어리석음 및 약함과 연관됨으로써 완전히 뒤죽박죽된다. 바울은 **십자가에 못 박힌 그리스도가 하나님을 계시하고 재정의한다고**

추론한다. 하나님의 능력과 선행('거룩함의 역설')⁴¹을 **긴장** 관계로 보았던 유대교 전통과 달리, 바울은 이 둘을 **조화로운** 관계로 본다. 본서 1장의 신학적 결론에서 언급했듯이, 그리스도 안에서 바울은 '능력**과** 약함'의 하나님을 아는 것이 아니라 '약함 **속의** 능력'의 하나님을 안다. 하나님은 십자가 형태다.

고린도전서 1:30에서 바울은 하나님의 속성으로 지혜를 반복해서 언급하고, 거기에 다른 셋을 추가한다. "[그리스도는] 하나님으로부터 나와서 우리를 위한 지혜와 의와 거룩함[(holiness) NIV; '성화'(sanctification), NRSV, NAB]과 속량이 되셨다."⁴² 첫눈에는 이 세 가지가 하나님의 **속성**이라기보다는 하나님의 **활동**처럼 보일 수 있다. 하나님이 바로잡으심, 거룩하게 하심, 속량하심. 하지만 이처럼 하나님의 활동과 속성을 구분하는 것은 그릇된 구분이다. 하나님의 활동은 자기 계시의 성격이 있어서, 그 활동이 곧 하나님의 본질 또는 성품의 표현이기 때문이다.⁴³ 문맥은 다시 한번 1:30에서 언급된 그리스도를 **십자가에 못 박히신** 그리스도로 이해할 것을 요구한다. 이 말은 하나님이 십자가에 못 박히신 그리스도 안에서, 그리고 오직 십자가에 못 박히신 그리스도 안에서만 인간을 거룩하게 하기 위해 행하신다는 것을 의미하며(활동), 또한 (십자가가 하나님의 지혜와 능력을 계시한 것과

---

41 Hannah K. Harrington, *Holiness: Rabbinic Judaism and the Greco-Roman World* (London/New York: Routledge, 2001), p. 43.
42 1:30의 '우리를 위한'(개역개정, "우리에게")이란 구절은, 바울이 십자가에 못 박힌 그리스도의 계시적 성격이 우리의 믿음에만 역할을 할 뿐 비신자들에게는 계시적 실체가 없다고 믿는 상대주의자였다는 의미가 아니다. 오히려 바울은 그저 이 계시의 반문화적 특성을 인정한 것이다. 그 계시가 그것을 정확하게 파악한 사람들에게는 구원의 가치가 있음에도 많은 사람이 거부한 이유가 바로 그 반문화적 특성 때문이다(참조. 1:18-25).
43 예를 들면, 성경은 하나님이 언약에 신실하시며, 그렇기에 그 변함없는 신실함을 표현하는 방식으로 구원을 행하신다는 점을 강조한다. 참조. Webster, Holiness, pp. 39-40, 그리고 Colin Gunton, *Act and Being: Towards a Theology of the Divine Attributes* (Grand Rapids: Eerdmans, 2002).

마찬가지로) **십자가가 하나님의 거룩함을 계시한다**는 것을 의미한다(속성, 본질). 그런데 이것은 통상적인 신의 모습이 아니다. "십자가 처형이 거룩함의 기준이 된다는 것, 그것도 하나님의 거룩함의 기준이 된다는 것은 스캔들의 극치다."[44]

물론 스캔들이 맞지만, 진정한 거룩함이기도 하다. 고전 11:1에서 바울은 이러한 그리스도를 닮은 거룩함의 실현을, 바울 자신이 그리스도와 같은 모습이 된 것처럼 그(바울)와 같은 모습이 되는 것으로 언급하는데, 다시 한번 여기서 그리스도는 십자가에 못 박힌 그리스도, 즉 자신의 권리를 행사하지 않고 다른 사람을 위한 사랑의 행위로서 그 권리를 포기한 그리스도를 의미한다. 그리스도가 우리를 위한 하나님의 거룩함이라면, 십자가에 못 박히신 그리스도와 같은 모습이 된다는 것은 곧 하나님의 거룩함에 참여하는 것이며, 따라서 하나님과 같은 모습이 되는 것, 즉 테오시스다.

십자가에 못 박힌 그리스도 안에서 계시되었고 그렇기에 십자가 형태라는 특징을 지니는 이 신적 거룩함에 관한 낯선 개념은 추가적으로 다른 두 편지의 본문을 통해 강화된다.

십자가에 못 박힌 그리스도: 하나님의 형상과 영광 (고린도후서)

고린도후서 3:17-18에서 바울은 자신의 출애굽기 34:34 해석이 가리키는 바는 하나님께 '수건을 벗고' 다가가는 길을 제공하는 주님께 돌아서는 것이라고 이야기한다.

'주'는 영이시니, 주의 영이 계신 곳에는 자유가 있느니라. 우리가 다 수건을

---

[44] Paul S. Minear, "The Holy and the Sacred", *Theology Today* 47 (1990-1991): pp. 5-12, 이 부분은 p. 8.

벗은 얼굴로 거울을 보는 것같이 주의 영광을 보매, 그와 같은 형상으로 변화하여, 영광에서 영광에 이르니, 주, 곧 영으로 말미암음이니라. (NRSV, 약간 수정함)

이 절은 '주'와 '영'을 부분적으로는 구분하고 부분적으로는 융합하는 것으로 보이는 가운데, 다음과 같은 질문도 일으킨다. '주의 영광'은 누구인가 혹은 무엇인가?

바울은 몇 절 뒤에서 그의 복음이 "그리스도의 영광의 복음이며, 그리스도는 하나님의 형상"이시고(4:4), 자신과 동료들은 "그리스도의 예수의 주 되신 것"을 전파하며(4:5), 창조주 하나님의 빛이 이제 "예수 그리스도의 얼굴에 있는 하나님의 영광을 아는 빛을 우리 마음에 비추셨다"라고 분명하게 이야기한다(4:6). 따라서 그리스도는 하나님의 영광과 형상이시지만, 그는 '주'이시기도 하다. '주'는 앞서 인용한 고린도후서 3장 본문에서 성령과 관련된 칭호였다. 이 모든 내용을 어떻게 이해해야 할까?[45]

첫째, 바울은 그리스도가 하나님의 자기 계시라는 사실을 매우 확신하기에, 성경에서 하나님의 별칭에 해당하는 '주'를 그리스도에게 부여했다. 또한 하늘 영역에서 하나님의 외관을 묘사하는 성경의 두 가지 그림 언어인 하나님의 '영광'과 '형상'을 그리스도와 동일시한다.

둘째, 바울은 그리스도가 하나님의 자기 계시라는 확신의 기원을 자신의 하나님의 영 경험으로 돌린다. 그래서 바울은 자신과 다른 사람들을 불러 아들 안에서 하나님 자신의 영광을 경험하게 하신 분은 다름 아닌 하나님의 영이시라고 결론내린다. 이것이 바로 믿음 경험의 본질로서, 주

---

[45] 철저한 연구로는 Timothy B. Savage, *Power through Weakness: Paul's Understanding of the Christian Ministry in 2 Corinthians*, SNTSMS 86 (Cambridge: Cambridge University Press, 1996)을 보라.

(즉, 그리스도)의 영광을 '보고' 성령에 의해 점진적으로 변화되어 그리스도의 형상, 하나님의 형상에 이르는 것이다(고후 3:18). 여기서 '거룩함'이라는 단어를 사용하지 않아도 바울은 거룩해지는 과정, 즉 그리스도를 닮아 가고, 따라서 하나님을 닮아 가는 과정을 묘사한다. 후대 기독교 저술가들에게 이 본문은 당연히 테오시스 교리의 기초가 될 것이었다. 실제로 데이비드 리트와는 3:18의 '그와 같은 형상'이라는 표현을 특별히 강조하면서 바울이 여기서 기독교 버전의 테오시스를, 혹은 '그리스도 안에서 하나님의 실재에 참여하는 것'을 제시한다고 설득력 있게 주장한다.[46]

(절대적으로 중요한) 셋째, '그리스도의 영광의 복음'(고후 4:4)에 관한 이 논의 내내 바울이 전제하는 사실은, 그가 선포한 유일한 복음(고전 1:18-25)과 그가 아는 유일한 그리스도(고전 2:2)가 다름 아닌 **십자가에 못 박힌 그리스도**라는 점을 고린도 독자들도 기억한다는 것이다. **십자가에 못 박힌 그리스도**가 하나님의 형상이며 영광이다. 이 구절에 대해 빅터 폴 퍼니시(Victor Paul Furnish)는 "바울에게 그리스도가 '영광의 주'(고전 2:8)이신 것은 엄밀하게 말해 십자가에 못 박힌 분**으로서다**"라고 말한다.[47] 물론 십자가에 못 박히고 또한 부활한/높여진 그리스도이시지만, 바울의 마음에서 이 둘은 불가분하다. 바울이 독자들에게 상기시키는 것은, 하나님의 영광과 형상, 즉 그가 지금 그것에 대해 기록하고 있으며 모든 신자가 그것으로 변화되고 있는 하나님의 영광과 형상이 약함 속의 능력 혹은 죽음 속의 생명이라는 역설적인 영광이라는 것이다(고후 4:10; 참조. 12:1-10).

마지막으로 넷째, 최종 결론이다. 만약 십자가에 못 박힌 그리스도가 하나님의 영광과 형상이라면, 이 사실은 하나님에 대해 무엇을 말하며, 하

---

46 M. David Litwa, "2 Corinthians 3:18 and Its Implications for *Theosis*", *JTI* 2 (2008): pp. 117-134 (인용구는 p. 117).
47 *II Corinthians*, AB 32A (Garden City: Doubleday, 1984), p. 248.

나님과 같은 모습이 되어가는 과정에 대해 무엇을 말하는가? 빌립보서 2:6-11(본서 1장의 초점)처럼, 그 질문에 대한 답변은 암시적이지만 그럼에도 분명하다. 즉, 하나님은 십자가에 못 박힌 그리스도와 같은 모습이다. 그리고 하나님과 같은 모습이 된다는 것은 곧 그런 하나님과 같은 모습이 된다는 것이다. 티머시 새비지(Timothy Savage)가 고린도후서에 나타난 하나님의 영광과 형상으로서의 그리스도에 관한 그의 연구에서 결론 내렸듯이, 그리스도는 자신의 영광을 추구하는 것을 거부하고 "십자가에서 순전하게 자신을 희생한 행위를 통해…하나님이 어떤 모습이신지, 그리고 (극적인 방식으로) 인간이 어떤 모습이어야 하는지" 보여 주었다.[48] 새비지는 이어서 "그들[인간]은 그리스도가 십자가에서 보여 준 것과 동일한 자기 비움의 성품을 나타내야 한다. 그들은 '그와 같은 형상으로 탈바꿈'되어야 한다"라고 말한다.[49] 말하자면, 하나님은 그리스도를 닮은 모습이며, 그리스도를 닮은 모습으로 탈바꿈되는 것이 곧 테오시스다.

우리는 본서 1장에서 빌립보서를 논의하면서 다른 각도에서 비슷한 결론을 내렸었는데, 이제 간략하게 그 논의를 다시 살펴보자. 새비지도 그 논의를 언급했다.[50]

십자가에 못 박힌 그리스도, 하나님의 이야기 (빌립보서)

본서 1장에서 살펴보았듯이, 잘 알려진 본문인 빌립보서 2:6-11은 빌립보서의 핵심이자 바울의 '마스터 스토리'이기도 하다. 바울의 이 마스터 스토리는 "그는 하나님의 형태이신데도/형태이시므로, 그의 하나님과의 동등함을 그 자신의 이익을 위해 이용할 것으로 여기지 않으시고"(빌 2:6, 저자 사

---

48 Savage, *Power through Weakness*, p. 152.
49 Savage, *Power through Weakness*, p. 152.
50 Savage, *Power through Weakness*, pp. 150-151.

역[51])로 시작한다. '하나님의 형태'와 '하나님과의 동등함'이라는 문구는 그리스도가 이미 소유했지만 자신의 이익을 위해 이용하지는 않은 것을 지시하는 동의어다. 이 언어의 배경은 아마도 하나님의 형상과 영광에 관한 성경의 언어, 그리고 제국의 신성을 주장하는 로마의 경쟁적 언어, 둘 다일 것이다.[52] 그렇다면 그리스도는 이스라엘의 하나님과 같은 분이며, 또한 사이비 신에 불과한 황제와 달리 진정한 신성을 지닌 분이다. 2:6-11을 시작하는 이 구절은 신성에 대한 일반적 기대와 그리스도의 실제 행동 사이의 차이를 보여 주는데, 그 차이는 이어지는 두 절(2:7-8)에서 '성육신'과 십자가에 죽기까지 순종함이라는 두 단계의 자기 비움 혹은 케노시스로 서술된다. 이 본문이 말하는 바는, 일반적으로 사람들이 예상하는 신의 모습은 권력과 특권을 행사하고 지위와 명예를 추구하며 신성을 증명하려 끊임없이 '상승하는' 것이지만, 이 '하나님의 형태'는 완전히 반대라는 것이다. 이 신적인 비정상성이 바로 성육신하고 십자가에 못 박힌 그리스도 안에 나타난 그 하나님의 거룩함(독특성)을 구성한다.

본서 1장에서 살펴보았듯이, 이 비정상적 신성 내러티브는 '통상적 상태'(normalcy)와 대조되는 십자가 형태 삶을 위한 내러티브 구조를 빌립보서 및 다른 곳에서 제공하는데, 곧 거룩함의 내러티브 구조다.[53] 빌립보서의 근접 문맥에서 바울의 그리스도 이야기 활용을 보면, 그가 삼위일체 하나님 안에서 그분과 함께하는 삶의 의미를 묘사하고 있음을 알 수 있다.

---

51 이 번역의 타당성에 대해서는 본서 1장과 거기에 인용된 참고 문헌을 보라.
52 본서 1장과 예를 들면, John Dominic Crossan and Jonathan L. Reed, *In Search of Paul: How Jesus's Apostle Opposed Rome's Empire with God's Kingdom - A New Vision of Paul's Words and World* (San Francisco: HarperSanFrancisco, 2004), 특히 pp. 235-257, 270-291; 그리고 Gorman, *Cruciformity*, pp. 278-281를 보라.
53 예를 들면, 살전 2:7; 고전 9:12-23 (특히 9:19); 고후 8:9; 그리고 내 책 *Cruciformity*, pp. 88-91, 164-175, 181-199, 209-212, 230-261를 보라. '통상적 상태'는 Crossan and Reed, *In Search of Paul*, pp. 242, 284, 여러 곳에서 인용했다. 참조. 본서 1장.

그는 빌립보 교인들에게 그리스도를 따라 그들의 삶을 조직하라고 촉구하는데(2:1-5), 그것은 '그리스도 안에' 있는 삶이요, '성령 안에 참여함(코이노니아)'이며,[54] 또한 공동체 안에서 행하시는 (아버지) 하나님의 친밀한 활동으로서, 그 활동은 하나님을 기쁘시게 하는 의도와 행위를 가능케 한다 (2:13).[55] 그리스도와 같은 모습이 된다는 것은 성령에 참여하는 것, 그리고 하나님의 활동을 구현하는 것이다. 다시 말해, 그것은 하나님과 같은 모습이 되는 것, 거룩해지는 것, 하나님 자신의 생명에 참여하는 것이다. 그리고 그것이 의미가 있는 것은 오직 그리스도의 이야기가 하나님의 이야기일 때, 그 아들의 반직관적 케노시스가 진정으로 하나님의 존재와 행위의 방식일 때다. 이것은 본서 1장에서 주장했던 내용이다.

그렇다면 빌립보서 2:6-11은 순종하는 아들이신 그리스도의 내러티브적 정체성과 거룩함뿐만 아니라, 아버지이신 하나님의 내러티브적 정체성과 거룩함도 드러낸다. 본서 1장에서 강조했듯이, 이것은 **반직관적이고 반문화적이며 반제국적인** 형태의 신성이다. 하지만 이것이 바로 바울에게는 '하나님의 형상'으로서 그리스도의 의미다. 그리고 그것은 **우리가 하나님에 대해 다시 생각하기를 바울이 원한다**는 의미다.[56]

분명히 바울은 그리스도가 행한 일이 반직관적이고 지나칠 정도로 관습을 벗어났음에도, 궁극적으로는 신성의 **위반**이 아니라 신성의 **표현**이며,

---

54 '코이노니아'의 일상어 용법과 의미를 고려할 때, 번역어로 '교제'(fellowship, NIV)는 의미가 약하고 오해의 소지가 있다. 그보다는 '공유'(sharing, NRSV)나 '참여'(participation, NAB)가 낫다.
55 참조. N. T. Wright[*The Climax of the Covenant* (Minneapolis: Fortress, 1993), p. 87]는 빌 2장이 "단순히 그리스도를 모방하는 것이 아니라, 하나님의 영의 생명을 실현하는 것에 관한 내용이다"라고 말한다. Bassler(*Navigating Paul*, p. 43)도 이 본문 안에 하나님과의 합일이 암시되어 있다고 보는 듯하다.
56 케노시스적 하나님 혹은 십자가 형태 하나님이라는 바울의 개념에 관한 자세한 논의는 본서 1장과 내 책 *Cruciformity*, pp. 9-18를 보라.

그렇기에 하나님의 거룩함의 표현이라고 암시한다. 그렇지 않고 그리스도가 하나님의 성품을 저버린 것이라면, 어떻게 '하나님과 동등할' 수 있겠는가?[57] 본서 1장에서 주장했듯이, 이 말의 의미는 '그는 하나님의 형태이신 데도'가 사도 바울의 더 넓은 사고 체계에서는 '그는 하나님의 형태**이시므로**'의 뜻이기도 하다는 것이다. N. T. 라이트의 표현대로

> 그 찬양의 진정한 신학적 강조점은…단순히 예수에 관한 새로운 관점이 아니라, 하나님에 관한 새로운 이해에 있다.…성육신은, 그리고 심지어 십자가 처형조차도, 하나님의 역동적인 자기 계시를 전달하는 **적절한** 매개체로 이해되어야 한다.[58]

게다가 (1장의 논의를 다시 요약하는) 빌립보서 2:9-11에 따르면, 순종하신 그리스도가 높여지신 것은, 그가 (인간이 되시고 자신을 죽음에 내주심으로써) 종의 형태를 취한 하나님의 형태로서 진정한 **신성**을 드러내는 가운데 또한 (아담과 달리) 아버지에게 순종하는 아들로서 진정한 **인성**을 드러내셨기 때문이다.

따라서 우리는 바울에게 신적 거룩함과 인간적 거룩함 사이의 뗄 수 없는 중요한 연결 고리가 무엇이었는지 알 수 있다. 그 고리는 케노시스다. 케노시스는 신성과 인성 모두의 필수 요소로서, 참 하나님이시며 참 사람이신 분인 그리스도의 성육신과 십자가를 통해 계시되었다. 말하자면, 빌

---

57 자세한 내용은 Wright, *Climax*, pp. 86-87('신적 성품의 적절한 표현'으로서 그리스도의 케노시스를 하나님이 인정하셨다는 의미로서의 높여짐에 관한 내용은 p. 87)와 Stephen Fowl, "Christology and Ethics in Philippians 2:5-11", in *Where Christology Began: Essays on Philippians 2*, ed. Ralph P. Martin and Brian J. Dodd (Louisville: Westminster John Knox, 1998), pp. 140-153(이 부분은 p. 142)를 보라.
58 Wright, *Climax*, p. 84.

립보서 2:6-11의 진짜 주제는 케노시스로 이해된 신적 거룩함이며, 더 넓은 문맥에서 이 시의 진짜 주제는 하나님의 거룩하고 케노시스적인 십자가 형태의 생명에 참여하는 것으로 이해된 인간적 거룩함으로, 우리는 이를 테오시스라고 적절하게 부를 수 있다.

요약: 테오시스, 그리고 그리스도 안에서 거룩함의 형태

바울은 그의 유대교 유산에 기대어, 하나님의 백성은 반문화적인 거룩한 백성으로 부름받았으며, 하나님과의 올바른 언약 관계로 회복된, 즉 의롭게 된 백성이라고 전제한다.[59] 그는 전통적인 유대교의 거룩함을 긍정하기도 하며(성적 부도덕과 우상숭배를 피하는 것) 이의를 제기하기도 하지만(할례, 분리된 식탁 교제), 무엇보다도 새로운 음조로 재구성한다. 바울은 그리스도를 신실하고, 순종적이며, 자애롭고, 자신을 희생하는, 십자가에 못 박힌 하나님의 아들로 경험했고, 이 경험으로 인해 그는 하나님의 거룩함과 인간의 거룩함 모두에 대한 이해를 재구성했으며, 그 거룩함이 성육신과 죽음을 통한 그리스도의 케노시스 이야기 안에 구체화된 것으로 보았다. 앤 저비스(Ann Jervis)가 말한 대로, "바울은 예수의 죽음과 부활을 사람이 하나님과 같은 모습이 되는 수단으로 이해하는데, 여기에는 두 가지 방법이 있다. 그리스도에 동화됨으로써, 그리고 믿음으로 받은 '하나님의 의'를 드러냄으로써."[60]

---

[59] 거룩함을 근본적으로 **언약적** 관점에서 보는 이 이해는 또한 칭의(즉, 그리스도 안에서 하나님의 주도하심을 통해 올바른 언약 관계가 회복되는 것)에도 적용되며, 앞 장에서 확인했듯이 이 사실은 칭의와 거룩함 사이의 불가분한 연관성을 보여 준다. 참조. Webster: "Holiness is restored covenant fellowship" (*Holiness*, p. 92).

[60] Jervis, "Becoming like God", p. 151. 하지만 그 '두 가지 방식'은 하나의 실존적 현실로 보아야 더 잘 이해된다.

이 이야기를 살아 내는 것은 공동체적이고 반문화적인 사안이다. 십자가 형태의 거룩함은 (그리스도의 몸에 침투할 수 있는) 로마의 핵심 가치들(특히 엘리트 계층의 자유분방하고 지위를 추구하는 삶의 양식과 연관된 가치, 그리고 제국의 신성에 입각한 권력 및 지배와 관련된 가치)과 극명하게 대조된다. 한마디로 이 십자가 형태의 거룩함은 아버지와 아들의 영의 능력으로 그리스도와 같은 모습이 되는 것, 그리고 그렇기에 (하나님이 그리스도와 같은 모습이므로) 하나님과 같은 모습이 되는 것이다. "내가 십자가 형태이니 너희도 십자가 형태가 될지어다"라고 주님이 말씀하셨다. 바울은 그리스도의 죽음과 부활에 참여함을 통해 우리가 "하나님의 아들에 동화됨으로써 하나님 같은 모습이 될 수 있다"는 주장을 통해, 하나님을 닮으려고 하는 고대(와 현대)의 열망을 겨냥해 이야기한다.[61]

(저자가 바울이건 그의 제자이건 그의 동료이건) 에베소서가 십자가 형태 하나님을 본받는 것을 십자가 형태 그리스도를 본받는 것으로, 그리고 그 역도 마찬가지인 것으로 보았다는 사실은 의미심장하다.

서로 친절하게 하며, 불쌍히 여기며, 서로 용서하기를 하나님이 그리스도 안에서 너희를 용서하심과 같이 하라. 그러므로 사랑을 받는 자녀같이 너희는 하나님을 본받는 자가 되고, 그리스도께서 너희를 사랑하신 것같이 너희도 사랑 가운데서 행하라. 그는 우리를 위하여 자신을 버리사, 향기로운 제물과 희생제물로 하나님께 드리셨느니라. (엡 4:32-5:2)

말하자면, 그리스도화가 곧 신성화 혹은 테오시스다.

---

61 Jervis, "Becoming like God", p. 154. 참조. Litwa, "2 Cor 3:18", p. 132 n. 46. "바울의 '테오시스'(*theosis*) 교리는 예수 그리스도 안에서 계시된 '테오스'(*theos*)에 의해 결정된다."

지금까지 우리는 '테오시스'가 바울서신에 나타나는 참여적인 십자가 형태 거룩함을 지시하는 데 적합한 용어라고 주장해 왔다.[62] 이제 우리는 요약할 겸, 바울에게 적용되는 테오시스의 정의를 제안할 수 있다.[63]

테오시스는 성령에 힘입어, 성육신하고 십자가에 못 박히고 부활한/영화롭게 된 그리스도(곧 하나님의 형상이시다)에 동화됨으로써, 하나님의 케노시스적이고 십자가 형태인 성품과 생명에 변혁적으로 참여하는 것이다.[64]

이것은 칭의와 다른 것이 아니다. 앞서 말했듯이, 이것은 참여에 의한 생명, 함께 십자가에 못 박힘에 의한 함께 부활함이기 때문에, 이신칭의의 실현 혹은 구체화다. 이것은 하나님을 닮은 신실함과 사랑을 특징으로 하는 생명/삶, 의롭게 된 자들의 생명/삶이다.

오늘날의 참여적 거룩함

스탠리 하우어워스(Stanley Hauerwas)는 "감리교[와 웨슬리안 전통 전체]가 보편 교회에 특별히 기여한 부분은 그리스도인의 삶에 필수적인 거룩함의

---

62 동방 교부들과 바울이 말하는 테오시스에 관한 곧 출간될 논문에서 Ben Blackwell은 일부 교부들이, 특히 알렉산드리아의 키릴로스가 특별히 바울을 언급하면서 테오시스를 어떻게 거룩함으로 해석했는지 보여 준다.
63 이 정의는 본서 서론에도 나온다.
64 참조. Litwa, "2 Cor 3:18", pp. 132-133. "바울에게 '죽기까지'[빌 2:8]의 삶은 신적인 생명에 못지않다. 왜 그럴까? 단순하게 그것이 바로 신적인 인간이신 그리스도의 생명이었기 때문이다.… 그리스도의 (그리고 그리스도의 형상으로 변화된 사람들을 위한) 신적 실존은 황홀경에 도취한 과대망상적 삶이 아니라, 절대적인 겸손의 삶, 죽기까지 하나님께 순종하는 삶이다. 그리고 이 죽음은 속량받은 인류를 하나님과 분리하지 않는다. 도리어 그들을 신적 의에 참여하게 해서, 그들이 (부분적으로는 지금, 온전하게는 미래에) 변화되고, 의롭게 되며, 영화롭게 되고, 나아가 '신적' 존재가 될 수 있게 한다."

중심성을 회복하려는 우리의 투쟁이라는 웨슬리의 주장은 옳다"라고 말했고, 이는 맞는 말이다.[65] 동시에 우리가 반드시 인정해야 할 사실은 (내가 서 있는) 웨슬리안 전통에서조차, 그리고 더 넓게는 서구 교회에서도 거룩함이 항상 건강하게 또는 완전하게 이해된 것은 아니라는 점이다. 정교회 전통은 하나님의 생명에 참여하는 것과 신화(deification)의 과정을 중요하게 생각해 왔고, 이 전통은 웨슬리안과 서방 교회의 거룩함 개념을 풍성하게 만들어 줄 수 있다.[66] 하나님 안에 참여하는 것에 대한 바울 자신의 관심과 이해를 진지하게 받아들인다면, 특히 더 그럴 것이다. 우리가 우리 상황 속에서 인간적 거룩함과 신적 거룩함의 의미를, 그리고 따라서 테오시스의 의미를 여러 방식으로 이해하려 할 때, 바울이 도움을 줄 수 있다. 여기서는 오늘날의 거룩함과 관련된 세 가지 측면을 간략하게 살펴보겠다.

개인과 교회의 거룩함

바울의 거룩함 개념은 개인주의적·자기 중심적·치유적·종파적 거룩함 개념에 도전한다. 십자가 형태의 거룩함은 그 고유 특성상 타인 중심적이고 공동체적이다. 그것은 세상과는 다른 특징을 보유하면서도 세상 속에서 계속해서 존재하는 거룩함이다. 그것은 성령을 통해 그리스도 안에서 하나님의 이야기에 공적으로 참여하는 것이다.

근대와 근대 이후 사람들은 모두 '자아의 성찰적 프로젝트'를 추구함으로써 의미를 찾는 경향이 있고,[67] 당연히 근대 이후 사람들은 모든 거

65　Stanley Hauerwas, *Sanctify Them in the Truth: Holiness Exemplified* (Nashville: Abingdon, 1998), p. 124.
66　예를 들면 S. T. Kimbrough, Jr., ed., *Orthodox and Wesleyan Spirituality* (Crestwood: St. Vladimir's Seminary Press, 2002)에 있는 웨슬리안과 정통주의 사이의 대화를 보라.
67　'자아의 성찰적 프로젝트'(reflexive project of the self)라는 표현의 출처는 Anthony Giddens, *Modernity and Self-Identity: Self and Society in the Late Modern Age* (Stanford: Stanford

대 서사 혹은 마스터 스토리를 멀리한다. 그리스도인조차도 거룩함을 자기 계발과 자기실현의 또 다른 형태 정도로 보려는 유혹을 받는다. 하지만 존 웹스터의 말처럼, 그리스도인으로서 우리는 거룩해지는 과정에 참여함으로써 우리의 정체성을 발견하며, 분명 이 과정은 '시간을 따라 자신의 소명을 실현하는' 각자의 상황에 따라 사람마다 차이가 난다.[68] 하지만 웹스터는 주장하길, "거룩해지는 것은 엄밀히 말하면, 발견이지 발명이 아니다. 그것은 자아의 내러티브를 스스로 생성하는 것이 아니라…직무를 수행하는 것이다. '너희는 거룩하라. 이는 나 여호와 너희 하나님이 거룩함이니라.'"[69] 웹스터의 내러티브 언어를 계속 사용하되 바울의 강조점을 부각해서 표현하자면, 우리는 나 아닌 다른 사람의 이야기 안으로, 즉 십자가 형태 거룩함에 관한 신적인 마스터 스토리 안으로 들어간다. 이런 일이 가능한 곳은 오직 그 이야기를 실천하는 공동체, 그럼으로써 이 이야기가 들려주는 하나님 자신의 생명 안에 참여하는 공동체뿐이다.[70]

이 거룩한 이야기의 실행에는 정의상 (다른 것들 가운데서도) 우리의 성적인 삶과 정치적인 삶을 형성하는 반문화적 행위가 포함된다.

거룩한 성(性)

바울에게 성령 경험은 언제나 십자가에 못 박힌 그리스도를 경험하는 것이기도 했다. 그것이 아닌 모든 경험은 아무리 (이른바) '영적'이어도 십자가

University Press, 1991), p. 231로, Webster, *Holiness*, p. 104에서 인용되었다. 『현대성과 자아 정체성』(새물결).
68 Webster, *Holiness*, p. 104.
69 Webster, *Holiness*, p. 104.
70 이 내용에 대해서는 Samuel M. Powell and Michael E. Lodahl, eds., *Embodied Holiness: Toward a Corporate Theology of Spiritual Growth* (Downers Grove: InterVarsity, 1999)에 수록된 논문들을 보라.

에서 계시된 하나님의 영을 경험하는 것이 아니다.

하지만 여기서 급히 덧붙여야 할 내용이 있다. 그것은 십자가화의 구현(예를 들어, 자기희생)이 반드시 성령의 사역은 아니라는 점이다. 바울에게 십자가 형태의 자기희생이 거룩함의 독특한 차원이며 필수 조건인 것은 맞지만, 그것이 거룩함의 전부는 아니다. 특히 앞서 확인했듯이, 바울에게 성적인 거룩함이 없는 십자가화는 결코 거룩함이 아니다. 그것은 사이비 거룩함이다. 어떤 사람이 다른 사람을 위한 '자기희생'의 대가로 금전이나 다른 형태의 보수를 받는다면, 그것은 진정한 자기희생의 행위가 아니다. 더욱이 바울은 성적 방종/부도덕이 십자가 형태 실존을 부정하는 것이라고 말하는데, 왜냐하면 그런 모습은 십자가를 통해 사람의 몸을 속량하신 삼위일체 하나님의 사역을 적절하게 적용하지 못한 것이며, 하나님의 백성과 '이방인'을 구별하는 특정한 순종의 형태를 드러내지도 못한 것이기 때문이다.[71] 바울에게 성적 부도덕[그리스어 '포르네이아'(*porneia*) – "동성애 행위와 일반적인 성적 부도덕을 포함하는…'불법적인 성관계'"[72]과 십자가 형태 사랑은 공존할 수 없다. 왜냐하면 '포르네이아'는 기껏해야 자기애의 한 형태이며, 다른 사람에게 해를 끼치고 개인과 공동체 모두의 거룩함을 약화하는 자기 탐닉의 한 형태이기 때문이다.[73]

따라서 합법적인 성관계 범위를 벗어나서 자기희생적·언약적 사랑의 사례라고 주장해 봤자, 그것은 십자가화나 거룩함의 본보기가 아니라고 바울은 이야기할 것이다. 그런 것은 성령의 역사가 **아니다**. 또한 일부가 제안

71　거룩하지 않은 성은 또한 그리스도의 부활 및 인간의 몸(고전 6:12-20)이라는 현실과 그것의 중요성을 실존적으로 부정하는 것이며, 따라서 테오시스의 중요성을 부정하는 것이기도 하다.
72　Dunn, *Theology*, p. 690.
73　Dunn의 *Theology*, pp. 119-123에 있는 간결하지만 통찰력 넘치는 논의를 보라. 또한 나의 간략한 논문 "Romans 13:8-14", *Int* 62/2 (April 2008): pp. 170-172를 보라.

하듯이 에로티시즘이나 에로틱한 사랑이 신적 성령과 동의어인 것도 아니다. 오히려 성이라는 신적 선물은 결혼이라는 언약적 유대와 경계 안에서 표현될 수 있는, 타인과 공동체를 배려하는 종류의 사랑과 연결될 때만 적절하게 사용된다.

거룩한 정치

본 장에서, 그리고 특히 1장에서 살펴보았듯이, 바울은 하나님과 하나님의 속성에 대한 우리의 관념에 도전한다. 하나님의 케노시스적인 십자가 형태의 성품이야말로 신적 거룩함의 실체다. 그리스도인 대부분이 가지고 있는 익숙한 신학은 여전히 하나님의 거룩함, 성품, 능력에 관한 비(非)십자가 형태 모델을 중심으로 삼으며, 따라서 중대한 교정이 필요하다.

이 사실과 불가피하게 이어지는 것이 정치, 특히 애국주의와 권력을 결합한 시민 종교의 '통상적' 신이다(1장의 마지막 부분도 참조하라). 국가주의적·군사적 힘은 십자가의 힘이 아니며, 그처럼 신적 능력을 잘못 해석한 개념은 십자가의 약함 속에서 알려진 삼위일체 하나님의 위엄이나 거룩함과는 아무 관련이 없다. 우리 시대에, 복음의 급진적이고 반제국적인 주장을 보지 못하는 모든 '거룩함' 개념은 미흡할 뿐이다. 거룩하신 하나님을 따르는 것에는 많은 사람이 성적 순결과 연관 짓는 개인적 거룩함도 분명히 필요하다. 그것도 테오시스의 한 차원이다. 그렇지만 거룩하신 **십자가 형태** 하나님 안에 참여한다는 것은 또한 거기서 파생되는 이 세상 속에서의 삶에 관한 필연적인 비전을 따를 것을 요구하는데, 그 비전이란 개인적·공적·정치적 삶에서 지배하려는 태도, 즉 흔히 현실적이거나 '통상적'인 존재 양식으로 간주되는 태도를 거부하는 삶이다. 케노시스적 신성, 그리고 그 당연한 귀결인 케노시스적 공동체는 바울에 관한 '최선의 주해'이자 '통상적 상태'를 향한 '정면 공격'이기도 하다.[74]

우리 상황에서 이러한 정면 공격이 그리스도인에게 요청하는 것은 경건·전쟁·승리·평화라는 통상적 진행 절차를 거부하는 것이다. 이런 진행 절차는 고대 로마에 퍼져 있었고, 21세기 초 세계 전체의 정치와 종교에도 널리 퍼져 있으며, 실제로 강대국의 전략에서 나타나기도 한다. 그리고 바울의 십자가 형태 하나님의 대안으로서 군사적 권세의 신에 매력을 느끼는 그리스도인들의 생각과 마음에서도 발견된다.[75] 그러한 신의 형상에 참여하는 것 역시 위험한 사이비 거룩함, 사이비 테오시스, 사이비 기독교다.

결론

참여적이고 삼위일체론적인 십자가 형태의 거룩함 혹은 테오시스에 관한 바울의 비전은 오늘날에도 여전히 유효하다. 그 비전은 현대의 영성, 부도덕, 우상숭배에 도전을 던진다. 다음 장에서는 본 장에서 더 일반적인 관점에서 살펴본 내용인 그리스도 안에서 바울이 경험한 반문화적 하나님이 지닌 특별한 한 측면을 살펴보겠다.

---

74 Crossan and Reed, *In Search of Paul*, p. 296.
75 경건, 전쟁, 승리, 평화라는 순서의 출처는 Crossan and Reed, *In Search of Paul*, pp. xi-xii. 참조. pp. 412-413.

4장

"우리가 원수 되었을 때에"

바울, 부활 그리고
폭력의 종말

테오시스는 폭력의 문제에 어떤 이야기를 할 수 있을까? 우리가 바울을 통해 이해한 '하나님을 닮은 모습이 되는 것'(Godlikeness), 혹은 테오시스는 폭력까지 아우르며, 따라서 신성한 폭력도 가능한 것일까? 아니면 테오시스는 본질상 비폭력적일까?

종교적 근거를 가진 폭력 혹은 '신성한' 폭력은 당연히 기독교 전통에도, 그리고 종교 간 상호 작용이 벌어지는 현대 포스트모던 세계에도 낯설지 않다. 어떤 사람은 이러한 폭력의 원인이 종교 자체라고, 혹은 특정하자면 기독교라고, 혹은 더 특정하자면 아우구스티누스, 클레르보의 베르나르(Bernard of Clairvaux), 또는 루터 같은 기독교 인물이라고 주장한다.

그런 신성한 폭력을 실천했던 인물 중 한 명이 바로 회심 전 다소의 사울이다. 신성한 폭력을 실천하는 데 사악한 영감을 줄 만한 인물을 찾고 있다면, 최고의 후보 중 한 명이 사울이다. 그런데 초기 기독교 역사가인 존 게이저(John Gager)는 그의 짧지만 도발적인 한 논문에서 회심 **이후의** 바울 역시 사도로서도 여전히 폭력적인 인물이었고, 그의 편지를 성경으로 받아들이고 읽는 사람들에게 폭력성을 고취해 왔고 여전히 고취할 수 있는 인물이라고 주장한다.[1] 말하자면, 바울은 테오시스의 (비뚤어진) 한 형태

---

1   John G. Gager, with E. Leigh Gibson, "Violent Acts and Violent Language in the Apostle Paul", in *Violence in the New Testament*, ed. Shelly Matthews and E. Leigh Gibson (New York: Clark, 2005), pp. 13-21. (공동 저자가 아닌) 보조 저자인 Gibson이 있지만, 나는 이 논문과 논문의 저자를 'Gager'로 표기할 것인데, 논문 전체에 1인칭 단수 대명사가 사용되었기

인 폭력을 전파하는 대사일 수도 있다는 것이다.²

게이저의 제안에는 통찰력 있는 세부 사항도 있지만, 본 장은 그의 논지 전체에 이의를 제기하고, 십자가에 못 박히고 부활하신 메시아 예수를 만난 바울의 경험이 결과적으로 그를 열정적인 폭력을 추구하던 사람에서 비폭력과 비폭력적 형태의 화해를 추구하는 사람으로 바꾸어 놓았다는 사실을 보여 줄 것이다. 그리스도의 부활로 인해 바울은 십자가를 단지 죽음의 수단이 아닌 생명의 수단으로 보게 되었다. 또한 그는 하나님이 그리스도를 부활시킨 사건을, 언약적 충성심, 칭의, 거룩함, 악을 향한 저항이 달성되는 것이 폭력과 죽음을 **가함**이 아닌 폭력과 죽음을 **흡수함**을 통해서라는 하나님의 선언으로 이해했다. 바울에게, 그리고 그가 편지를 쓴 공동체들에게, 그리고 우리에게, 십자가와 부활에 관한 그의 복음은 우리 가운데 현존하는 그리스도의 지속적 정체성을 정의하며, 따라서 그리스도 안에서 사는 십자가 형태 실존의 근본적인 특징도 정의한다. 그것은 바로 비폭력과 화해의 삶이다. 바울에게 이러한 삶의 형태는 칭의 및 참여적 거룩함에 관한 그의 비전, 즉 테오시스에도 필수 요소였다.

바울: 폭력적인 성격?

존 게이저는 지라르파(Girardian) 바울 해석자인 로버트 해머튼켈리(Robert Hamerton-Kelly)의 연구를 발판 삼아 '바울 대 폭력'에 관한 그의 해석을 전

때문이다. 그 책의 서문이 진술하는 목표는 단순히 신약 학계에서 그동안 무시되어 온 주제를 다룸으로써 '심각한 공백을 메우는' 것 정도가 아니라, 신약이 가진 '폭력적인 내용과 그 효과'를 면밀하게 조사하는 것이다(p. 1). 그 서론의 저자(들)는 익명이지만, 당연히 편집자가 썼을 것으로 추정된다.

2 이런 식으로 그 문제를 정리한 것은 Gager가 아닌 나의 방식이다.

개한다.³ 게이저는 바울이 '폭력에 매혹당한 괴짜'였다는 해머튼켈리의 의견에는 동의하지만, 회심 후의 바울이 덜 폭력적이었다는 해머튼켈리의 생각에는 동의하지 않는다. 오히려 게이저는 "회심 후의 바울도 여전히 폭력의 굴레에 매여 있었다"고 보며, 그 이유는 바울에게 "그의 행동과 언어 면에서, 그리고 이방인과 그들의 세계를 폭력의 세계로 보는 그의 이념 면에서 폭력적인 특성"이 있었기 때문이라고 말한다.⁴

그가 이런 성격 평가의 근거로 제시한 증거는 바울이 (하나님과 바울 모두가 저지른) 다른 사람을 향한 폭력에 관한 언어를, 그리고 비유적 의미에서 그리스도와 함께 죽는 것뿐만 아니라 문자 그대로 고통의 형태로 가해진 자신과 다른 신자들을 향한 폭력에 관한 언어를 만연하게 사용했다는 것이다.⁵ 게이저는 바울의 '폭력적인 십자가 기독론'을 언급하는데, 그는 이런 기독론이 결과적으로 바울을 '그리스도 안에 참여하는 그의 방식'으로서 '십자가 처형이라는 폭력적 행위에 (헌신적으로) 참여'하게 했으며, 그 뿌리는 바울 "자신의 성격으로, 폭력적 이미지와 상징을 선호하는 그의 '과도한 열심'"이라고 주장한다.⁶ 말하자면, 게이저에게 바울의 참여적 십자가화는 미덕이 아닌 악덕이며, 폭력적인 것이었다.

게이저는 바울에게서 폭력과 고난, 죽음의 언어를 식별해 내지만, 그의 기본적인 관찰은 새롭지 않으며, 성격 유형에 관한 그의 추측은 증명하기 어렵다. 그렇지만 게이저의 주장은 우리가 폭력적인 핍박자 바울과 그의 회심에 대해 다시 평가하고 바울에 관한 대안적 설명을 제시할 기회를 제공한다.

---

3   Robert G. Hamerton-Kelly, *Sacred Violence: Paul's Hermeneutic of the Cross* (Minneapolis: Fortress, 1992)를 보라.
4   Gager, "Violent Acts and Violent Language", p. 16.
5   Gager, "Violent Acts and Violent Language", pp. 17-19.
6   Gager, "Violent Acts and Violent Language", p. 19.

바울, 폭력적인 핍박자

바울의 폭력적 열심

초창기 예수 운동의 핍박자였던 사울/바울의 폭력적 열심을 철학적·이론적으로, 또는 역사적·실천적으로 어떻게 설명할 수 있을까?

바울이 스스로 인정하듯이, 그는 열렬한 핍박자였다(고전 15:9-11; 갈 1:13-17, 23; 빌 3:6-7; 참조. 딤전 1:12-13). 그의 목표는 예수를 메시아로 믿는 신생 운동을 파괴하는 것이었다. 필요하면 폭력을 동원해서라도 말이다. 폴라 프레드릭슨(Paula Fredriksen)은 그런 핍박의 가장 일반적인 형태가 아마도 바울 자신이 나중에 여러 차례 받았던 벌, 즉 사십에서 하나 감한 채찍질(고후 11:24)을 예수 믿는 유대인 신자들에게 가한 것이라고 제안한다.[7] 사도행전은 바울이 살기가 등등했다고 전하는데(행 9:1), 결국 그가 살인까지 저질렀을 가능성은 낮아 보이지만,[8] 불가능한 일도 아니다.

이론적 수준에서 바울이 교회를 핍박한 행동을 더 잘 이해하는 데 도움이 될 만한 주요 후보가 두 개 있다. 그것은 모방적 폭력(mimetic violence)과 정결 의지(will to purity)다.[9]

어떤 학자, 특히 해머튼켈리는 르네 지라르(René Girard)의 주장을 따라 바울이 "신성한 폭력 체계"에 사로잡혔다고 주장한다.[10] 그 체계를 추동하

---

7   Paula Fredriksen, "Judaism, the Circumcision of Gentiles, and Apocalyptic Hope: Another Look at Galatians 1 and 2", *JTS* n.s. 42 (1991): pp. 532-564, 이 내용은 pp. 549, 556; 그리고 "Paul and Augustine: Conversion Narratives, Orthodox Tradition, and the Retrospective Self", *JTS* n.s. 37 (1986): pp. 3-34, 이 내용은 p. 10. 그는 Arland Hultgren, "Paul's Pre-Christian Persecution of the Church", *JBL* 95 (1976): pp. 97-112의 뒤를 따른다.
8   Fredriksen이 강력하게 그렇게 주장한다.
9   내 말은 어떤 이론이 구체적 역사 현상을 완벽하게 설명할 수 있다는 의미가 아니라, 때로는 이론이 이런 사건을 포함해 역사 현상을 더 잘 이해하는 데 도움이 될 수 있다는 의미다.
10   Hamerton-Kelly, *Sacred Violence*, p. 15.

는 힘은 "모방적 폭력과 대리 희생"이었고,[11] 그 뿌리는 "획득적이고 갈등적인 미메시스"로 이해된, 즉 "어떤 대상에 대한 다른 사람의 욕망을 복사한" 것으로 이해된 '욕망'의 경험이었다.[12] 해머튼켈리는 신성한 폭력이라는 보편적 현상의 특수 유대교 형태가 존재했고(이것이 그에게는 시원적인 혹은 근본적인 죄다),[13] 그 특수 형태는 "[유대교] 율법을 배제와 핍박의 무기로 오용하는 것"으로 구성되었으며,[14] 예수를 죽인 것과 이방인을 희생양 삼은 것 모두에서 표현되었다고 주장한다.[15] 해머튼켈리는 "[바울이] 그가 속한 유대교 공동체 내부에서 해석된 율법에 복종한 결과로…박해자가 되었다"고 주장한다.[16] 바울의 그리스도 경험, 특히 그리스도의 십자가 경험은 그를 탈바꿈시켰다. 왜냐하면 바울이 자신 안의 폭력성, 율법에 복종하는 것 자체에 내재한 폭력성을 인식하고서, 그리스도의 십자가가 "유대교의 시원적 신성함이 지닌 폭력성의 현현"이었고,[17] "희생제사의 해체"였으며,[18] 관용의 패러다임 혹은 "비획득적 신적 욕망"의 패러다임이라는 결론에 도달했기 때문이다.[19] 해머튼켈리는 바울이 기독교 복음을 수용할 때,[20] 그리고 그럼으로써 "모방적 경쟁과 신성한 폭력의 영역에서 해방될" 때,[21] 자신을 "십자

---

11 Hamerton-Kelly, *Sacred Violence*, p. 17.
12 Hamerton-Kelly, *Sacred Violence*, p. 19.
13 Hamerton-Kelly, *Sacred Violence*, pp. 88-119.
14 Hamerton-Kelly, *Sacred Violence*, p. 10.
15 Hamerton-Kelly, *Sacred Violence*, 예를 들면, pp. 68, 71, 75.
16 Hamerton-Kelly, *Sacred Violence*, p. 10.
17 Hamerton-Kelly, *Sacred Violence*, p. 65; 참조. pp. 63-87. 또한 그는 '유대교의 신성한 폭력'을 언급한다(p. 66).
18 Hamerton-Kelly, *Sacred Violence*, p. 60.
19 Hamerton-Kelly, *Sacred Violence*, p. 69; 참조. pp. 167-169.
20 Hamerton-Kelly, *Sacred Violence*, p. 65. 또한 그는 이것을 "십자가에 못 박힌 분과 더불어 부활의 소망 안에서 누리는 미메스시적 교제"에 참여하는 것으로 이야기하는데, 그 책에서 '부활'이 언급되는 몇 안 되는 경우 중 하나다.
21 Hamerton-Kelly, *Sacred Violence*, p. 69.

가에 못 박힌 분과 모방적으로 동일시할" 수 있다는 결론을 내렸을 것으로 믿는다. "폭력의 미메시스가 믿음, 소망, 사랑의 미메시스가 되었다."[22]

해머튼켈리를 경유한 이러한 지라르식 해석에는 바울과 관련해 상당히 만족스러운 측면들이 존재한다. 특히 폭력과 비폭력을 바울 해석의 전면에 부각했다는 점이 그렇다. 하지만 뉘앙스의 상당한 조정이나 내용의 보완이 필요한 차원이 많고, 심각한 문제를 가진 부분도 존재한다. 신약학자들은 지라르의 이론이나 그 이론을 바울에 적용한 해머튼켈리의 주장이 바울의 핍박이나 그의 탈바꿈을 가장 잘 설명해 준다는 합의에는 결코 이르지 못했다.[23]

해머튼켈리의 논지가 가진 주된 문제 중 하나는 폭력적 열심의 기원을 유대교 자체로 돌리고, 그 열심의 근원이 유내교 율법 준수에 있다고 추정한다는 점이다.[24] 또 다른 문제는 바울이 "확정적이고 의도적으로 유대교와 결별해", "기독교 공동체의 삶"으로 옮겨 갔다는 해머튼켈리의 주장이다.[25] 그 외의 또 다른 문제로는, 바울이 그리스도와의 만남으로 인해 그의 과거 "폭력적인 핍박 행위를 모세 율법이 자신의 삶 속에 한 행위"로 규정하게 되었다는 주장이 있다.[26] 하지만 유대교가 본질상 폭력적이라는 이

---

22 Hamerton-Kelly, *Sacred Violence*, pp. 60-61.
23 그런데도 신약학계(와 일반적으로는 성경학계)의 일부 분파에 미친 Girard의 영향력은 지대하다. 이를테면 *Violence Renounced: René Girard, Biblical Studies, and Peacemaking*, ed. Willard M. Swartley (Telford: Pandora, 2000)를 보라.
24 Hamerton-Kelly가 유대교의 폭력은 보편적 현상의 표출이라는 주장도 했지만, 실제로 그는 유대교의 일부 측면이나 유대교에 대한 일부 해석(또는 오해)이 아닌, 유대교 자체가 배타적이고 폭력적이라고 말했다. 특히 *Sacred Violence*의 결론부인 pp. 183-187를 보라.
25 Hamerton-Kelly, *Sacred Violence*, p. 61. Hamerton-Kelly는 나아가 바울이 우리에게 "더 이상 그[바울)가 '자기 자신을 위한' 삶이라고 묘사한 유대교 방식으로 살지 말고, 그리스도를 위한 삶(고후 5:15)이라고 묘사한 기독교 방식으로 살라"고 요구한다고까지 말한다(p. 125; 참조. p. 129).
26 Hamerton-Kelly, *Sacred Violence*, p. 66.

관점은 역사적으로도 신학적으로도 빈약하고, 사도 바울을 유대교를 완전히 떠난 인물로 보는 해석은 거의 모든 다른 성경학자에게 당연히 거부당했으며, 바울의 회심에 관한 그의 설명은 엄격한 본문 분석과 역사적 분석보다는 지라르의 이론에 더 의존한다. 오히려 그런 세심한 분석을 따라가다 보면 바울의 핍박 행동을 설명하는 또 다른 이론을 만나게 되는데, 정결 의지 이론이다.

신약학자들은 바울의 핍박 이력에 관한 역사적 원인을 찾아보고 몇 가지 가능성을 제안했다.[27] 한 오랜 이론은 바울이 교회를 반대한 이유를 교회가 십자가에 못 박힌 메시아를 전파했기 때문이라고 설명한다. 교회의 주장과 달리 유대교는 그런 인물을 모순적이며 비성경적이라고 여겼을 것인데, "누구든지 나무에 달린 자는 하나님께 저주를 받은 것"(갈 3:13에서 언급되는 신 21:23)이기 때문이다.[28] 이 이론에 반대하는 의견도 일부 있지만,[29] 바울의 탈바꿈 이후 그가 보인 십자가를 향한 열정과 십자가에 대한 해석에 비추어 보면 매우 그럴듯한 설명이다. 폴라 프레드릭슨이 바울과 '십자가에 못 박힌 메시아' 문제에 대한 표준 해석을 비판하면서 주장한 것처럼, 적어도 회심 이전의 바울은 **죽임을 당한** 메시아라는 생각 자체를 모순으로 치부하고 강하게 반대했을 것이다.[30]

---

27 가능한 사회적·정치적 요소를 특별히 강조한 간략한 개관으로 Calvin Roetzel, *Paul: The Man and the Myth* (Minneapolis: Fortress, 1999), pp. 39-42를 보라.

28 이러한 관점을 보여 주는 상대적으로 최근 사례로, Richard N. Longenecker, "A Realized Hope, a New Commitment, and a Developed Proclamation: Paul and Jesus", in *The Road from Damascus: The Impact of Paul's Conversion on His Life, Thought, and Ministry*, ed. Richard N. Longenecker (Grand Rapids: Eerdmans, 1997), pp. 18-42, 이 부분은 pp. 23-24를 보라.

29 특히 Fredriksen, "Judaism, the Circumcision of Gentiles, and Apocalyptic Hope", pp. 551-552; "Paul and Augustine", pp. 10-13.

30 내가 본 장 전체에서 '회심'이라는 용어를 사용할 때, 그것은 개종했다는 의미가 아니라 신념과 행동, 소속의 측면에서 철저한 탈바꿈이 일어났다는 의미다. 이 용어 '회심'을 사울/바울에게 적용하는 것의 타당성에 대해서는 Alan Segal, *Paul the Convert: The Apostolate and Aposta-*

바울의 핍박 행동을 설명하기 위해 주의 깊게 살펴볼 필요가 있는 두 가지 서로 관련된 제안은 다음과 같다. (1) 바울은 이스라엘 공동체 안으로 부적절하게 이방인을 받아들이는 유대인을 처벌함으로써 이스라엘을 정화하려 했다(그럼으로써 부정함이 종식되고 하나님의 진노가 가라앉기를 소망했을 것이다).[31] (2) 바울은 비느하스(민 25장)로부터 시작된 폭력적인 열심 전통의 후예로서, 필요할 경우 폭력도 동원할 준비가 되어 있었다.

바울, 비느하스 그리고 정결

존 게이저는 바울의 폭력에 관한 한 논문에서 바울의 '살인적 폭력'의 원인에 대한 '자신의 최선의 추측'이라면서, 바울의 폭력이 "이스라엘의 무결성(integrity)에 대한 그 자신의 [바울의] 감각을 위협하는 방식으로 이스라엘 공동체 안으로 이방인의 유입이 허용되고 있다는 인식과 관련된 것이 틀림없다"고 말한다.[32] '무결성'이라는 단어로 게이저가 의도한 뜻은, 이스라엘로부터 부정함이 제거된 상태 그리고 그 결과로서 나머지 세상과 구별되는 이스라엘의 독특성 혹은 거룩함으로 보인다.

이 제안은 바울이 당혹스러워한 원인에 대해서는 올바른 추측이지만, 바울의 과격하고 잠재적으로 폭력적인 해결 방식을 설명하기에는 불충분하다(게이저는 변증적 목적에서 이런 측면을 '경시하지 말라'는 올바른 조언을 한다).[33] 또한 게이저는 바울이 자신을 당대 동료들보다 더 열심이 많은 비전형적인

---

sy of Saul the Pharisee (New Haven: Yale University Press, 1990)를 보라.
31　'부적절하게 이방인을 받아들이는 것'을 이해하는 두 가지 방식이 있다. 곧 이방인을 너무 쉽게 받아들이는 모습, 혹은 할례나 율법 준수를 요구하지 않고 받아들이는 모습이다. 정확하게 어떤 일이 벌어졌고, 바울이 정확히 어떤 것에 반대했는지 확인하기에는 가장 초기 1세기 교회에 관한 자료가 불충분하다.
32　Gager, "Violent Acts and Violent Language", p. 17.
33　Gager, "Violent Acts and Violent Language", p. 17.

유대인으로 묘사한다는 사실에 올바로 주목한다. 이것은 (해머튼켈리의 의견과 달리) 토라 중심적 유대교가 열렬하게 폭력적일 필요는 없다는 의미이지만, 그렇다고 바울 자신과 같은 폭력성을 보인 유대교 선례가 없다는 의미는 아니다. N. T. 라이트, 제임스 던, 리처드 롱네커와 같은 다른 학자들이 지적했듯이, 그러한 선례로는 (이스라엘 이야기를 거슬러 올라가면) 셀레우코스 왕조에 맞섰던 마카베오 가문, 바알의 선지자들과 대결한 엘리야, 그리고 특히 아론의 손자 비느하스가 있다. 비느하스는 하나님의 진노를 가라앉히기 위해 한 이스라엘 남자와 그의 미디안 배우자를 죽였다. 바울이 가진 극도의 열심의 중요성은 그동안 주목을 받긴 했지만, 아직 충분히 연구되지 못했다.[34]

민수기는 비느하스의 열심을 이렇게 이야기한다.

> [10]여호와께서 모세에게 말씀하여 이르시되, [11]"제사장 아론의 손자 엘르아살의 아들 비느하스가 내 질투심으로 열심을 내서 이스라엘 자손 중에서 내 노를 돌이켜서 내 질투심으로 그들을 소멸하지 않게 하였도다. [12]그러므로 말하라. '내가 그에게 내 평화의 언약을 주니, [13]그와 그의 후손에게 영원한 제사장 직분의 언약이라. 그가 그의 하나님을 위하여 열심을 내서 이스라엘 자손을 속죄하였음이니라.'"(민 25:10-13)

민수기 25:13은 이러한 열심과 속죄의 행위로 인해 비느하스와 그의 혈

---

[34] 바울의 구체적인 선례로서 비느하스에 대해서는 특히 N. T. Wright, *What Saint Paul Really Said: Was Paul of Tarsus the Real Founder of Christianity?* (Grand Rapids: Eerdmans, 1997), pp. 26-28 (그리고 pp. 25-35에 있는 더 폭넓은 논의); James D. G. Dunn, *The Theology of Paul the Apostle* (Grand Rapids: Eerdmans, 1998), pp. 350-353, 368-371, 375-376; Longenecker, "A Realized Hope", p. 23; 그리고 내 책 *Reading Paul* (Eugene: Wipf and Stock, 2008), pp. 13-14, 120-122를 보라.

통이 영원한 제사장 직분을 받았다고 이야기하며, 그의 영웅적이고 폭력적인 열심은 후대 유대교 문헌에서 큰 찬사의 대상이 되었다(예를 들면, 시 106:30-31; 집회서 45:23-24; 마카베오상 2:50-54).

회심 이전의 바울은 그가 거명하지는 않았지만 매우 현실적인 그의 영적 영웅이었을 비느하스처럼 그의 폭력적 열심이 이스라엘의 정화에 기여하고 하나님 앞에서 그 자신의 칭의를 가져다줄 것으로 믿었을 것이다(자세한 설명은 아래를 보라). 나아가 바울은 우리가 신명기 20장(특히 12-18절) 같은 본문에서 확인할 수 있는 일종의 '민족 청소' 신학을 대변했을 수도 있다.

우리는 바울이 '죽은/십자가에 못 박힌 메시아에 반대한 것'이라는 선택지와 그가 '비느하스처럼 이스라엘을 정화한 것'이라는 선택지 사이에서 양자택일할 필요가 없다. 사실, 첫 번째 내용이 두 번째 내용에 기여한 요인일 수도 있다.[35] 당분간은 '정화' 관련 내용에 초점을 맞추고, 그 후에 십자가에 못 박힌 메시아 관련 내용으로 돌아오겠다.[36]

---

35 Justin Taylor["Why Did Paul Persecute the Church?", in *Tolerance and Intolerance in Early Judaism and Christianity*, ed. Graham N. Stanton and Guy G. Stroumsa (Cambridge: Cambridge University Press, 1998) pp. 99-120]는 바울이 요세푸스가 말한 '제4의 철학'인 열심당의 일원으로 '유대인 종교 민족주의자'(p. 110)였다고 주장한다. 바울은 비느하스 등에서 영감을 얻었고, 자신의 민족주의적·반로마적 의제를 지지하지 않는다는 이유로 초기 예수 추종자들을 반대했다. 이런 운동에서는 십자가에 못 박힌 메시아를 순교자로 이해할 수도 있었을 테지만, 실제로 그랬다는 증거는 없으며, 오히려 십자가에 못 박힌 메시아는 유대인에게 골칫거리였을 것이라는 증거는 많다(pp. 111-112).
36 Hamerton-Kelly도 바울의 열렬한 폭력의 모델로 비느하스를 설득력 있게 제시한다는 점에 주목해야 한다(*Sacred Violence*, pp. 71-77). Hamerton-Kelly가 저지른 실수는 (Girard를 따라) 근본 문제를 신성한 폭력으로 전제하고, 열심 혹은 '신성한 폭력의 저주'를 '모세 율법에 대한 [순종]'과 동일시한 것이다(p. 76; 참조. p. 141). 그보다는, 바울에게 신성한 폭력은 율법 순종의 요구 사항에 대한 그의 특별한 해석이었고, 이 폭력은 모종의 목적, 즉 하나님 앞에서 자신의 생명과 칭의라는 목적을 달성하기 위한 수단이었다고 말하는 것이 역사적으로 더 정확하다(아래 설명을 보라).

정결 추구

역사에 기반을 두지만 좀 더 이론적인 작업인 미로슬라브 볼프의 『배제와 포용』을 참조하면, 공동체를 정화하려는 바울의 폭력적 열심에 대한 역사적 설명을 더 온전하게 이해할 수 있다.[37] 해머튼켈리와 볼프는 모두 배제라는 현상을 분석한다. 하지만 볼프의 작업이 역사적 측면과 신학적 측면 모두에서 (해머튼켈리 등의 작업에 나타난) 지라르식 접근보다 핍박자 바울을 이해하려는 우리에게 도움이 되는 더 만족스러운 방식이다.

미로슬라브 볼프는 배제의 현상을 분석하면서 "'정결의 정치학'이 지닌 치명적 논리를 고려하라"고 요청한다.[38] 그는 먼저 **"거짓 정결의 추구"**를 "어떤 개인이나 공동체가 그들의 위선적 무죄함을 내세우며 오염된 세상에서 자신을 구분하고, 경계를 침범하는 타자를 자신의 마음과 세계에서 배제하는 강제적 정결"이라고 정의한다. 그는 이어서 말하길, "여기서 죄는 정결의 특정 형태로서, 그런 정결은 악이 제거된 마음보다는 타인이 제거된 세상을 원하며, 깨끗한 사람을 '더러운' 사람이라고 부름으로써, 그리고 더러운 사람을 깨끗하게 만드는 것을 돕기를 거부함으로써 사람들을 몰아내는 정결이다." 볼프는 베른하르트앙리 레비(Bernard-Henri Lévy)가 1995년에 출간한 『위험한 정결』(*Dangerous Purity*)을 인용하면서 '정결 의지'에 대해서도 이야기한다.

볼프는 나치 독일에서 시작해 세르비아와 보스니아, 르완다에 이르기까지, 치명적 정결 의지가 특수 형태로 나타난 다양한 사례를 열거하면서, 이런 의지의 목표는 정결에 의존하는 "완전한 미덕의 세계"라고 이야기한다. 그 세계에서는 "다원성과 이질성이 동질성과 일원성에 굴복해야 한

---

37 Miroslav Volf, *Exclusion and Embrace: A Theological Exploration of Identity, Otherness, and Reconciliation* (Nashville: Abingdon, 1996).
38 모든 인용문을 포함해 이 단락은 Volf, *Exclusion and Embrace*, p. 74에서 발췌한 것이다.

다."³⁹ 이러한 정결은 축소와 추방과 분리를 통해, 그리고 극단적 (하지만 드물지 않다) 상황에서는 "**제거로서의 배제**"를 통해 달성된다.⁴⁰

볼프는 배제나 제거의 의지를 인간이 저지르는 죄의 가장 근본적인 형태('원죄')와 동일시하는 것은 옳게도 거부한다.⁴¹ 하지만 그의 말 속에서 우리가 반드시 인식해야 하는 것은, 정결 의지가 인간이 저지르는 매우 기초적이면서도 매우 만연한 형태의 죄라는 사실이다. 게다가 이 기초적 정결 의지라는 현상은 바울 자신의 편지에서 확인할 수 있는, 비느하스를 본받은 것으로 암시된 회심 전 그의 박해 활동을 묘사하고 설명하는 데 값진 통찰을 제공한다. 바울에게 배제와 폭력 의지는 그보다 더 근본적인 정결 의지를 달성하기 위한 수단이었다.⁴² 사실상 바울이 원했던 것은 자신의 공동체를 정화하고 자기 자신을 의롭게 하는 것, 둘 다였다. 이를 구원론 용어로 표현한다면, 바울은 그의 백성과 그 자신을 모두 구원하기를 원했다. 물론 나중에 그는 이런 열심이 잘못된 방향이었고, '지식을 따른 것이' 아님을 알게 되었다(롬 10:2, 동료 유대인에게 하는 말이지만, 함축적으로는 그의 과거 자아에게 하는 말이기도 하다).

비폭력으로 전향한 사람 바울

의심의 여지 없이 바울은 (그 자신이 이야기한 대로; 고전 9:1; 15:8; 갈 1:15) 주님

---

39 Volf, *Exclusion and Embrace*, p. 74.
40 Volf, *Exclusion and Embrace*, pp. 74-75(인용은 p. 75). Volf는 총 세 가지 형태의 배제를 거명한다: 제거, 지배, 유기로서의 배제(p. 75). 그가 배제를 분석한 내용이 Girard의 이론과 완전히 상충하지는 않는다는 점을 언급해야겠다. 이를테면, Volf는 배제를 낳는 증오의 이유 중 하나가 타인(배제된 자)이 소유한 것을 향한 욕망이라고 주장한다(p. 78). 또한 Volf는 희생양 삼기의 현실을 인정하지만, Girard의 해석과는 뉘앙스가 상당히 다르다(p. 292).
41 Volf, *Exclusion and Embrace*, p. 72.
42 말하자면, Volf가 Girard와 Hamerton-Kelly에 비해 바울을 더 제대로 설명한다.

이시요 하나님의 아들이신 예수가 그에게 그리고 그의 안에 나타나신 후로는 교회 핍박을 중단했다. 적어도 그런 형태의 폭력에서는 전향했다. 그런데 바울을 이전에 핍박자였다가 예수 운동에 참여해 그 복음의 선포자가 된 인물로 설명할 때, 그가 이처럼 폭력에서 전향했다는 사실에 대한 신학적 설명을 제시하려는 시도는 거의 없었다. 누구든지 자신이 이제 어떤 운동이나 집단에 참여하기로 했다면 같은 운동이나 집단을 '멸절하려 했던'(annihilate; 게이저의 표현)⁴³ 과거의 시도는 당연히 중단할 것이라는 단순한 설명으로는 충분하지 않다. 우리는 이 빤한 관찰을 넘어, 바울의 탈바꿈으로 인한 열매들까지, 즉 그의 설교와 가르침, 사역까지 들여다봐야 한다. 구체적으로는, 공동체를 정화 혹은 구원하기 위한 신성한 수단이었던 폭력이 왜 바울에게 혐오스러운 것이 되었는지 이해하려면, 그의 복음에 담긴 신론적·기독론적 언설과 그로 인한 개인적·교회적 결과(말하자면, 그 언설들의 구원론적 결과들)를 살펴볼 필요가 있다.

부활 그리고 폭력에서 전향한 바울

부활하신 그리스도와의 만남은 바울에게 인지적·감정적·행동적 부조화를 일으켰다. 그의 그릇된 신학과 열심, 신성한 폭력까지, 그 모든 것의 실체가 폭로되었기 때문이다. 기억할 만한 제임스 던의 표현을 빌리자면, 이제는 부활이 핵심 용어가 되었고, "모든 현실이 그 핵심 용어에 적합하게끔 조정되어야 했다."⁴⁴ 바울이 이전에는 부정하다는 이유로 없애려 했던 운동이 갑작스레 하나님의 활동의 중심지로, 하나님의 좋은 소식의 원천으로 등장했다. 부활은 초기 기독교 공동체와 그 공동체의 복음이 정당하

---

43 Gager, "Violent Acts and Violent Language", p. 17.
44 Dunn, *Theology*, p. 239.

다는 것을 입증하는 사건이었다. 하지만 그에 앞서 부활은 십자가에 못 박힌 메시아가 이스라엘과 세상을 정화하고 구원하는 하나님의 방식이라는 것을 입증했다. N. T. 라이트는 바울이 회심 때 무언가를 깨닫게 되었는데, 그것은 다른 사람들도 그렇게 결론 내렸을 다음과 같은 내용이라고 이야기한다.

> 이렇듯 [잠재적으로 메시아적인] 것들을 행하고 말한 그 인물이, 그리고 메시아를 자처한 자로 사형을 당한 그 인물이 부활했다면, 그 사실 자체가 모든 것을 말해 준다. 창조주이신 이스라엘의 하나님이 법정이 내린 사형을 뒤집음으로써 법정 판결을 뒤집으신 것이다. 예수는 진정으로 유대인의 왕이시다. 그리고 그가 메시아라면 그는 진정으로 모든 세상의 주님이시다. 그것은 시편(시 2, 72, 89편을 말한다)이 오래전에 주장한 바와 같다.[45]

이 깨달음(바울은 그것을 계시라고 불렀다)은 그 사도의 메시지에서 핵심이 되었다. "예수의 부활과 승귀는 세상의 진정한 주님이자 구원자로 그를 선포하고 세운다. 달리 말해, 바울의 복음에서 예수가 주님이시고 카이사르가 주님이 아닌 것은 바로 부활 때문이다."[46]

나아가, 그렇기 때문에 본질상 부활은 세상을 정화하고 구출하려는 다른 모든 시도를 향한 비판이기도 하며, 그런 시도에 포함되는 것은 신성한 폭력이라는 과거 바울의 방식이다. 부활이 의미하는 바는, 하나님이 예수의 구원 양식을 진정한 구원의 길로 인정하셨으며, 따라서 민족 청소나 제

---

45 N. T. Wright, *The Resurrection of the Son of God*, *Christian Origins and the Question of God*, vol. 3 (Minneapolis: Fortress, 2003), p. 244.
46 Wright, *Resurrection*, p. 233.

국의 지배 같은 폭력적 양식은 사이비 구원론이라는 것이다.[47]

바울은 이러한 부활과 비폭력의 관련성을 (혹은 부활과, 말하자면 약함 속의 강함이라는 하나님 성품의 관련성을―고전 1:18-2:5) 명시적으로 이야기하지는 않는다. 그렇지만 부활이 바울의 신론적·기독론적 언설의 초석이라는 것은 분명하다. 왜냐하면 부활이 없다면 예수의 십자가 처형도 구원하는 힘이 없을 것이기 때문이다(고전 15:17). 부활은 넓게는 하나님과 예수의 관련성에 관한, 좁게는 하나님과 예수의 십자가의 관련성에 관한 교회의 독특한 주장을 제공하며 또한 입증한다. 이 관련성은 바울이 고린도전서 15장에서 이야기하는 다양한 신학적·실존적 언설의 토대이며, 내 생각에는 바울이 마찬가지로 주장하는 다른 모든 중요한 주장의 토대이기도 하다.[48]

가장 중요한 사실은, 그리스도의 **부활**이 없다면 그리스도의 **십자가**는 그저 메시아를 자처했던 자, 로마의 질서에 위협이 될 수 있었던 자가 당한 수치스럽지만 마땅한 죽음이었을 뿐, 하나님의 아들 혹은 영광의 주님의 죽음은 아니었다는 것이다.[49] 실제로 바울에게는 부활이 없다면 그리스도의 십자가는 **무의미**하다. 하지만 부활이 있었기에 십자가-예수-그리스

---

[47] 그리스도의 죽음과 부활에 관한 바울의 복음이 반제국적이라고 말하는 것이 이제 바울 학계에서는 (주목할 만한 예외도 있지만) 흔한 일이 되었는데, 내 생각에 그 주장은 정말 맞는 말이다. 그런데 그의 복음은 또한 반폭력적이기도 한데, 놀랍게도 이 차원은 상대적으로 거의 관심을 받지 못했다. 제국의 구원은 거의 언제나 폭력으로 혹은 폭력의 위협으로 달성되고 유지되었다. 따라서 폭력에 대한 비판은 언제나 반제국적 입장에 적어도 함축되어 있는 요소다. Sylvia C. Keesmaat, "Crucified Lord or Conquering Saviour: Whose Story of Salvation?" *HBT* 26 (2004): pp. 69-93를 보라.

[48] 바울은 고전 15장에서 부활에 관해 많은 것을 이야기하지만, 구체적인 교회 상황에 답변하는 그 장이 바울에게 부활이 지닌 신학적 혹은 목회적 중요성 전부를 포함한다고 생각한다면, 그것은 어리석은 생각이다. N. T. Wright는 구체적으로 로마서에 대해, 하지만 함축적으로는 더 일반적으로 바울에 대해 이야기하면서, "예수의 육체적 부활은 이 편지의 토대이자, 예수의 주 되심에 관한 복음의 심장이며, 카이사르를 향한 바울의 암시적 비판의 핵심이고, 그의 칭의 및 구원 교리의 원천이다"라고 말한다(*Resurrection*, p. 245; 참조. p. 266).

[49] 또한 Wright, *Resurrection*, p. 248를 보라.

도의 관련성이 가능할 뿐만 아니라 필요해졌다. 바울은 명시적이든 암시적이든('신적 수동태'를 사용: "그가 일으켜지셨다") 부활을 하나님의 행위로 묘사하는 것을 매우 선호했다.[50] 이 표현의 출처가 몇 가지 있는데, 그중 하나가 이사야서의 네 번째 종의 노래다. 하나님이 죄를 짊어진 종의 죽음을 원하셨다면(사 53:4-10),[51] 마찬가지로 그 종의 승귀와 신원도 원하시며 그것을 실현하실 것이다.

> 보라, 내 종이 형통하리니, 받들어 높이 들려서 지극히 존귀하게 되리라. (사 52:13)

> 그러므로 내가 그에게 존귀한 자와 함께 몫을 받게 하며. (사 53:12)

바울의 손에서 기독론적 해석을 거친 이 본문들은 부활을 매개로 하나님을 십자가와 연결하고, 그럼으로써 하나님을 예수의 **신원**과도 연결하고, 나아가 하나님이 친히 종-메시아이신 예수의 **죽음** 안에서 활동하셨다고까지 이야기하는 토대가 되었다. 바울은 이러한 신적 행위의 특징을 비보복적이고 비폭력적이며 화해를 이루는 사랑으로 규정한다.

바울에게 하나님이 그리스도를 부활시킨 것은 다음 두 가지 사실, 즉 그리스도 안에서 행한 하나님의 구원 행위가 비폭력적이라는 사실, 그리고 하나님은 그리스도 안에 사는 사람들 그리고 그럼으로써 하나님 안에

---

50 롬 4:24; 6:4-9; 7:4; 8:11, 34; 10:9; 고전 6:14; 15:4; 15:12-20; 고후 4:14; 5:15; 갈 1:1; 살전 1:10을 보라. 참조. 골 2:12; 엡 1:20; 딤후 2:8. [살전 4:14이 유일한 예외인데("예수께서…다시 살아나셨다"), 그 표현은 바울 이전의 구호를 반영할 가능성이 있다.]
51 일부 해석자들은 그 종의 죽음과 하나님을 분리하려 하지만, 문맥상 이것이 이 본문에 대한 가장 자연스러운 해석이다.

사는 사람들을 그에 상응하는 비폭력적 삶으로 부르신다는 사실을 확증한다. 바울이 왜 그렇게 생각했는지 보여 주는 다섯 가지 연관된 주제를 바울의 신학에서 확인할 수 있다. 바울 자신의 신학과 실천에서 시작해 그가 비폭력적 평화 중재자였다는 주장에 이르기까지 논의를 진행하면서, 몇 가지 가능한 반론도 살펴보겠다.

1. 부활은 십자가를 신적 포용과 수용의 행위로 계시한다

바울의 핍박이 배제를 통해서, 구체적으로는 무할례자인 이방인과 그들을 받아들이는 유대인을 배제함으로써 하나님의 뜻을 이루려는 시도였다면, 부활은 바울에게 하나님은 포용을 선호하신다는 사실을, 구체적으로는 이방인을 포용하기 원하신다는 사실을 보여 주었다.

유대인에게, 특히 바리새인에게 죽은 자의 부활은 **종말론적** 사건이었다.[52] 그리고 적어도 일부 유대인은 이스라엘의 종말론적 회복이 이방인도 포함하는 구원일 것으로 기대했고, 특정 예언서 본문도 그렇게 이야기한다.[53] 가장 초기 예수 추종자들은 하나님이 **이제** 예수를 죽은 자 가운데서 살리셨으므로 어떤 의미에서는 종말론적 구원의 시대가 이미 시작된 것이라고 결론지었다. 그리고 그것이 맞다면, 그들은 또한 (보다 적극적이고 보편적인 접근 방식을 취해) 이방인도 이제 참 하나님에 관한 지식에 도달할 것이라고 결론 내린 듯하다. 그리고 **그것이** 맞다면, 이방인을 배제하는 행위는 (혹은 아마도 그들이 유대인이 되지 않는 이상 그들을 배제하는 행위는) 하나님의 종

---

52 Wright, *Resurrection*, pp. 85-206를 보라.
53 이방인의 종말론적 운명에 관한 유대교 관점에 대해서는 Terence L. Donaldson, *Paul and the Gentiles: Remapping the Apostle's Convictional World* (Minneapolis: Fortress, 1997), pp. 51-78, 특히 pp. 69-74를 보라. 이방인이 구원에 포함되는 것에 관한 예언서 본문으로는, 이를테면 사 2:2-4=미 4:1-3; 사 25:6-10a; 56:6-8; 슥 8:20-23을 보라.

말론적 활동과 의지에 어긋나는 것이 된다. 아주 초기의 어떤 시점에 이런 종류의 부활 논리가 바울을 정면으로 강타했을 것이 틀림없다.

신적 포용과 수용에 대한 인간의 필연적 반응은 자명하다. 즉, 이 신적 성향을 수용하고 구현하는 것이다. 제임스 던이 설득력 있게 주장했듯이, 바울의 은혜를 통한 칭의 '교리'는 그의 회심에서 비롯되었고, 이 가르침은 근본적으로 '은혜 대 노력'이 아닌 '포용 대 배제'에 관한 것이었다.[54] 칭의는 포용성, 일치 그리고 문화적 차이의 수용에 관한 바울의 가장 기초적인 일부 주장의 근간이다. 이러한 성격이 특히 드러나는 것이 그의 반복되는 '이방인과 유대인' 언급인데, 가장 간결하게는 갈라디아서 3:28에, 가장 극적으로는 로마서에 나타난다. 로마서에서 '이방인과 유대인'은 그 편지의 주제 진술(롬 1:16-17)과 목회적 목표(롬 14:1-15:13) 모두에 포함되어 있다.

'함께 십자가에 못 박힘'을 통한 은혜에 의한 칭의를 경험한 결과는 새로운 삶—그리스도와 '함께 부활함'—이며, 그 삶은 동일한 죽음, 즉 죄에 대한 죽음에 참여한 **모든 사람**을 환영하는 삶으로서, 그 죄에 배제의 죄, 정결 의지의 죄도 포함된다. 부활하신 그리스도를 만난 바울의 경험은 그의 민족적 (나아가 종족적) 정체성과 폭력적 인격을 볼프가 '보편적 인격'(catholic personality)이라고 부른 것으로 탈바꿈시켰는데, '보편적 인격'은 '타자성을 통해 풍부해지는 인격'으로 그것의 유지를 위해서는 마찬가지로 보편적 공동체가 필요하다.[55] 바울이 과거에는 부정하다고 여겨 배제했던 사람들을 이제는 포용하는 것이 그의 평생 소명이 될 것이다. 이렇게

---

54 자신의 견해를 간결하게 설명한 James D. G. Dunn, "Paul and Justification by Faith", in Longenecker, ed., *The Road from Damascus*, pp. 85-101, 그리고 그의 *Theology*, pp. 346-354를 보라. 나는 칭의의 의미에 관한 Dunn과 '새 관점'의 견해에 전적으로 동의하지는 않지만, 칭의가 이방인의 포함을 의미하는 것은 분명하다(그 개념의 완전한 의미는 아니지만).

55 Volf, *Exclusion and Embrace*, p. 51.

포용성으로 전향했다고 해서 (앞 장에서 살펴보았듯이) 공동체적 거룩함을 향한 바울의 열정이 사라진 것은 아니다. 거룩한 공동체가 정의되는 방식과 공동체적 거룩함이 실천되는 방식 모두에 혁명적인 변화가 생긴 것이다. 또한 그 공동체에 속하지 않은 사람들을 대하는 방식도 철저한 영향을 받았다.[56]

그런데 바울이 행한 교회 권징을 보면 그 모양새가 폭력적 조치라는, 혹은 적어도 용납하기 힘든 배제라는 주장이 때때로 있어 왔다.[57] 그 가장 명백한 사례는 고린도전서 5:1-13에 기술된 상황으로, 한 남자가 자기 아버지의 아내와 동거/동침한 것으로 나오고, 바울은 고린도 교인들에게 그 사람을 공동체에서 추방하라고 강하게 권고한다. 그러나 사실 이 사례는 폭력적 대응과는 완전히 정반대 모습을 보여 준다. 바울은 그 사람과 공동체 모두의 유익을 바라고 행동할 뿐만 아니라, "너희 중에서 악을 제하는"(바울이 고전 5:13에서 참조한 신 17:7) 방법으로 토라가 요구하는 사형(레 18:7-8; 20:11; 참조. 신 17:1-7)이 아닌 추방을 권고하기 때문이다. 이것은 바울의 탈바꿈으로 인해 가능하게 된, 주목할 만한 토라 재해석이다.[58]

바울도 때로는 배제가 필요하고 심지어 유익할 수도 있음을 알았다. 배제가 본질상 폭력적인 것은 아니다. 미로슬라브 볼프는 "모든 경계가 부재한 상황에서는, 배제되는 대상이 무엇인지 혹은 어떤 것이 배제되면 왜 안

---

[56] 말하자면, 당연히 신자들은 그리스도 외부의 사람들을 향해 정결 의지를 행사하거나 증오나 폭력으로 대해서는 안 된다. 바울의 비폭력과 평화 윤리는 모든 사람을 대상으로 실천되어야 한다(갈 6:10; 살전 3:12; 5:15).

[57] 이를테면, Gager, "Violent Acts and Violent Language", p. 18.

[58] "누구든지 그의 아버지의 아내와 동침하는 자는 그의 아버지의 하체를 범하였은즉, 둘 다 반드시 죽일지니, 그들의 피가 자기들에게로 돌아가리라"(레 20:11). 내 말은 1세기 유대교에서 그런 경우에 사형이 집행되었다는 의미가 아니고, 그것이 레위기 본문 자체가 요구하는 처벌이라는 것이며, 실제로 바울은 그것을 거부했다. 성경 재해석과 관련해 생길 수 있는 신학적 문제에 대해서는 아래 n. 74를 보라.

되는지 말할 수 없어지기 때문에, 배제에 맞선 투쟁이 스스로 붕괴하는 무질서의 심연에 빠져들" 위험성이 있다고 경고한다.[59]

완벽하지는 않아도 기본 성향으로서 포용은 배제의 반대말인 것이 분명하며, 따라서 배제의 시녀들, 특히 폭력의 종식을 함축한다.

2. 부활은 십자가를 하나님이 그리스도 안에서 행하신 비폭력적 화해로 계시한다

앞서 주장했듯이 바울이 교회를 핍박한 목적은 파악된 원수들을 제거함으로써 이스라엘을 정화하고 하나님의 진노에서 구출하는 것이었다. 하지만 부활이 계시한 것은, 이스라엘과 세상 모두를 구원하는 하나님의 방식이 원수를 파멸하는 것이 아닌 사랑하는 것이고, 폭력을 가하는 것이 아닌 흡수하는 것이라는 사실이었다.

바울이 이 점을 가장 분명하게 혹은 강력하게 진술한 곳이 로마서 5장이다.

> [5]…우리에게 주신 성령으로 말미암아 하나님의 사랑이 우리 마음에 부은 바 됨이니, [6]우리가 아직 연약할 때에, 기약대로 그리스도께서 경건하지 않은 자를 위하여 죽으셨도다. [7]의인을 위하여 죽는 자가 쉽지 않고, 선인을 위하여 용감히 죽는 자가 혹 있거니와, [8]우리가 아직 죄인 되었을 때에 그리스도께서 우리를 위하여 죽으심으로 하나님께서 우리에 대한 자기의 사랑을 확증하셨느니라. [9]그러면 이제 우리가 그의 피로 말미암아 의롭다 하심을 받았으니, 더욱 그로 말미암아 진노하심에서 구원을 받을 것이니, [10]곧 우리가 원수 되었을 때에 그의 아들의 죽으심으로 말미암아 하나님과 화목하게 되었은즉, 화목하게 된 자로서는 더욱 그의 살아나심으로 말미암아

---

59 Volf, *Exclusion and Embrace*, p. 64.

구원을 받을 것이니라. (롬 5:5b-10)

하나님과의 관계에서 인간의 상태―약함, 경건하지 않음, 죄인, 원수―에 관해 그리고 그런 그들과 화해하시려는 하나님의 반응에서 확인되는 순전하고 반직관적인 연민과 은혜에 관해, 이보다 더 냉정한 설명은 찾기 어려울 것이다.[60] 하나님은 적극적으로 주도하시며, 자신을 향한 인류의 반역과 그들 스스로 만들어 낸 적개심에 그들과 같은 방식으로 반응하시지 않고 비범한 은혜로 대응하신다. 보통 인간이 유혹당하는 방식, 즉 원수를 짓밟고 부정한 타자를 제거하는 방식은 그리스도 안에서 보이신 하나님의 반응이 아니다. 그 대신 하나님은 사람들을 하나님 자신께 화해시키려, 그리고 사람들과 사람들을 화해시키려 먼저 손을 내미신다. 그래서 윌러드 스워틀리(Willard Swartley)는 다음과 같은 올바른 주장을 한다.

> 인류와 하나님 사이의 평화, 그리고 이전에는 소원했던 사람들 사이의 평화를 이룬다는 개념은 바울의 교리적·윤리적 사상에서 너무나 중심적이어서, 그 핵심에 평화와 화해를 두지 않고는 바울 사상을 충실하게 재구성하는 것이 불가능하다.[61]

그러한 은혜에 대한 인간의 적절한 반응은 무엇보다도 단순히 그 은혜

---

[60] 롬 5:6-7이 후대 삽입이라는 Leander E. Keck의 주장은 납득이 안 된다[*Romans*, ANTC (Nashville: Abingdon, 2005), pp. 139-140]. 이 구절에서 인간의 상태를 묘사하는 어휘가 서신의 앞부분과 뒷부분(1:18-3:20과 8:26)에서 발견되는 것과 유사할 뿐만 아니라, 이 구절이 아름답게 구성된 5:1-11의 교차 대구 구조의 주축이기 때문이다.

[61] Willard M. Swartley, *Covenant of Peace: The Missing Peace in New Testament Theology and Ethics* (Grand Rapids: Eerdmans, 2006), p. 192. 바울에 관한 그의 전체 논의(pp. 189-253)는 세심하게 읽을 가치가 있다. Swartley는 "처음부터 끝까지 바울의 복음은 평화와 화해의 복음이다"라고 말한다(p. 211).

를 수용하는 것이다. 아니, 더 바울답게 표현하자면, 그 은혜에 의해 수용되는 것이다. 하지만 당연히 거기서 끝이 아니다. 하나님의 사랑은

> 그리스도 안에서 확장되어, 심지어 하나님의 원수들에게도, 신적 질서에 반항하는 사람들에게도 미치기 때문에, 바울에게 사랑의 필연적 결론은 비보복과 비폭력이다.…이것이 바로 신적 사랑과 화해에 관한 바울 복음에 뿌리내린 평화주의다. 이 평화주의는 특히 신자들을 박해할 수도 있는 공동체 외부 사람들을 대할 때 작동하지만(롬 12:14-21), 비보복과 평화 중재가 교회 안에도 필요하다는 사실은 하나님도 아시고, 바울도 안다(살전 5:11-15).[62]

이 반응, 즉 비폭력의 '수동적' 차원은 당연히 평화 중재라는 '선제적' 반응으로 보완되어야 한다. 본 장에서 우리가 비폭력을 강조하는 이유는 그동안 바울 연구에서 소홀히 다뤄졌기 때문이다. 바울이 폭력을 '원죄'로 본 것은 아니지만, 분명히 폭력은 그리스도를 떠난 인간 조건의 핵심 요소라고 생각했다.[63] 리처드 헤이스는 바울의 회심이 비폭력이라는 열매를 낳았다는 사실에 주목한 몇 안 되는 바울 학자 중 한 명이다. "바울서신에는 폭력을 동원하는 그리스도인을 옹호하기 위해 인용할 수 있는 구절이 하나도 없다."[64] 십자가에 못 박히고 **부활하신** 예수를 경험한 후, 바울은 죽임의 윤리가 아닌 죽음의 윤리로 이끌렸다. 기꺼이 바울은 날마다 죽는다

---

62 인용문의 출처는 내 책 *Reading Paul*, p. 159이다.
63 이를테면, 롬 1:29('살인')과, 사 59:7-8을 인용하는 롬 3:15-17("피 흘리는 데 빠른지라.…평화의 길을 알지 못하였고")을 보라.
64 Richard B. Hays, *The Moral Vision of the New Testament: A Contemporary Introduction to New Testament Ethics* (San Francisco: HarperCollins, 1996), p. 331. Gager의 입장과 이보다 더 극명하게 대비될 수는 없을 것이다.

고(고전 15:31), 자신을 전제로 드린다고(빌 2:17) 이야기하는데, 둘 다 타인을 위해 문자 그대로 죽을 수도 있다는, 적어도 그 가능성을 암시하는 십자가 형태의 실존을 표현하는 극적인 은유다.[65] 바울은 이런 실존을 마치 예수의 죽음과 같은 '생명을 일으키는 죽음'으로 간주한다(고후 4:8-12). 그리고 그는 기꺼이 폭력을 흡수하려 하지, 폭력을 가하지 않는다(고전 4:11-13).

하지만 여기서 이러한 인간의 반응을 단순한 윤리로 오해해서는 안 되며, 심지어 '이미타티오 크리스티'라고 생각해서도 안 된다. 바울은 하나님이 그리스도 안에서 행하신 비폭력적인 사랑, 화해를 이루는 사랑에 사로잡혔고, 십자가에 못 박히고 부활하신 메시아 안에서 자신을 알리신 하나님의 형상으로 성령에 힘입어 탈바꿈되고 있다. 말하자면, 이 책 전체에서 주장해 왔듯이 바울의 관심사는 이전과는 다른 존재 방식이며, 그것은 십자가와 부활에 참여하는 것이다. 앞으로 자세히 살펴보겠지만, 부활은 테오시스를 가능케 한다. 즉, 십자가로 대변되는 자애로운 하나님의 형상으로 탈바꿈되는 것을 가능케 한다.

하지만 혹자는 물을 것이다. 십자가의 하나님이 정말로 사랑의 하나님이 맞냐고.

폭력적인 십자가?

우리는 비폭력적 하나님과 비폭력적 바울을 옹호하고 있다. 하지만 인간의 죄에 대한 하나님의 반응이 십자가 형태로 나타났다는 설명이 어떤 사람에게는 비폭력적이지 않고 폭력적으로 다가오는데, 적어도 두 가지 측면에서 그렇다. 첫째, 자기 아들을 넘겨줘서 십자가 처형으로 죽게 했다는 점이

---

65 더 일반적으로 바울의 십자가 형태 실존에 대해서는 내 책 *Cruciformity: Paul's Narrative Spirituality of the Cross* (Grand Rapids: Eerdmans, 2001)를 보라.

폭력적으로 다가올 수 있으며, 어떤 사람은 이런 상황을 '신적인 아동 학대'라고 불렀다. 둘째, 어떤 사람의 삶을 '함께 십자가에 못 박힘'이라고 묘사하면서(특히 갈 2:19) 그 사건에 참여하라는 요청이 폭력적으로 다가올 수 있다.[66]

바울은 십자가 처형이 폭력적 배제와 제거를 위해 동원되는 **인간적인**, 나아가 악마적인 도구라는 현실을 거의 부정하지 않지만(고전 2:8), 그렇다고 해서 십자가가 폭력적 행위와 언어를 허용하는 혹은 나아가 장려하는 **신적인** 폭력의 상징인 것은 아니다(게이저는 적어도 함축적으로는 그렇다고 생각한다).[67] 오히려 십자가는 그 무엇보다도 신적 포용과 사랑을 보여 주는 현실이요 상징이다. 그렇기 때문에 그리스도의 십자가는 단지 아버지 하나님의 자애로운 행위(롬 5:8)만이 아닌 이들 그리스도 자신의 자애로운 행위이기도 하다(고후 5:14; 갈 2:20)는 사실이 바울과 우리에게 절대적으로 중요하다. 실제로 바울은 로마서 8:31-39에서 이 두 내용을 아름답게 하나로 묶는다. 믿음과 세례 안에서 그 아들과 함께 죽는다는 것(갈 2:15-21; 롬 6:1-7:6; 본서 2장을 보라)은, 그리고 그 후에 지속되는 십자가 형태의 거룩한 삶 속에서 그 아들과 함께 죽는다는 것은, 적극적으로 폭력적인 일을 하는 것이 아니라, 다른 사람의 유익을 위해 적극적으로 자애롭고 은혜로 충만한 일을 하는 것이다.

사실은 타인을 향한 이러한 사랑의 의미가 자기희생의 언어 안에, 그리고 나아가 십자가 처형의 언어 안에 담겨 있을 수 있다.[68] 하지만 이 강력한 은유들은 그리스도 자신의 경험과 구약 성서 및 초기 기독교 전통의 언어에 근거한 것으로, 일종의 자해 행위가 아닌 타인을 향한 이타적 관심

---

66 이것이 Gager의 불평이다("Violent Acts and Violent Language", p. 19).
67 앞의 n. 1을 보라.
68 롬 6:6; 갈 2:19; 5:24; 6:14.

을 표현하는 언어들이다.

그렇다면 여기서 잠시 예수 자신과 고난받는 종의 노래를 다시 살펴보는 것이 도움이 될 것이다. 바울은 역사적 예수의 삶과 가르침에 대해 거의 알지도 못했고 말하지도 않았다는 주장이 종종 제기된다. 이 주장의 사실 여부와 무관하게, 바울은 예수의 가르침이 지닌 비보복성·비폭력성을 강조하는 소위 예수 전승 자료(특히 롬 12:14-17 및 고전 4:12-13)를 잘 알았던 것으로 보인다.[69] 예수의 가르침이 지닌 이 중요한 차원은 또한 복음서 전승이 서술하는 예수 자신의 핍박자에 대한 반응에도 잘 나타나며, 그 내용에는 이사야 53장이 짙게 드리워져 있다(사 53:7, "그의 입을 열지 아니하였음이여, 마치 도수장으로 끌려가는 어린 양과 털 깎는 자 앞에서 잠잠한 양같이 그의 입을 열지 아니하였도다"). 궁극적인 평화 중재자요 평화주의자로 서술되는 그 십자가에 못 박힌 하나님의 종이 바로, 지금 신자들 안에 그리고 신자들 가운데 부활하신 분으로서 거하시는 그분이다.

하지만 이 주제를 더 개진하기에 앞서, 신적 포용과 비폭력적 화해로서 바울 자신의 부활 경험과 관련된 또 다른 주제를 살펴봐야 한다.

3. 부활은 칭의 및 하나님과의 생명에 대한 대안적 근거를 제공한다

초기 교회를 핍박한 바울의 행동을, 역사적으로는 유대교의 비느하스 전통을 계승한 것으로, 이론적으로는 폭력적 배제를 통해 인간적인 정결 의지를 구체화한 것으로 이해할 수 있다면, 그 행동은 또한 하나님 앞에서의 칭의, 즉 하나님과 올바른 언약 관계에 있으며 하나님의 승인을 받는 것으로 이해된 칭의를 추구했던 유대교 전통의 한 표현으로도 기술할 수 있다.

---

69 이 부분에서는 나는 Gordon Zerbe와 의견이 갈린다. 이 점만 제외하면 훌륭한 그의 작업은 아래에서 논의할 것이다.

유대교와 바울의 구원론에서 '칭의' 개념은 본서 2장에서 살펴보았듯이 학자들 사이의 주요 논쟁 주제였다. 하지만 거기서 간단히 언급했듯이, 앞서 인용한 비느하스 관련 본문을 열심에 관한 바울의 본문과 연계해 읽으면 상당히 확신을 가지고 말할 수 있는 내용이 있다. 즉, 회심 이전의 바울은 하나님과의 올바른 언약 관계를 위한 핵심 열쇠를, 그렇기에 또한 하나님께 승인—신적 법정에서의 신원—을 받기 위한 핵심 열쇠를 율법에 대한 그의 열심에서 찾았으며, 특히 그 열심이 초기 교회를 폭력적으로 핍박하는 모습으로 표현되었다는 것이다. 바울에게는 이것이 바로 지금(현세적 생명)과 미래(종말론적 생명) 모두의 생명으로 향하는 길이었다. 철학적으로 표현하면, 바울은 그의 열심에서 자기 실존의 정당성(justification), 즉 존재 이유(raison d'être)를 발견했다. 그는 하나님께 깊은 인상을 남길 뿐만 아니라, 옛날의 비느하스처럼 역사에 한 획을 그을 것이었다.

구약은 행위를 통해 의롭게 된[LXX의 그리스어 '로기조마이'(logizomai)] 인물 두 명을 언급하는데, 바로 아브라함(창 15:6; 마카베오상 2:52)과 비느하스[시 106(LXX 105):31]다.[70] 아브라함과 비느하스의 칭의를 각각 기술하는 그리스어 본문은 서로 유사하며, 바울 자신의 칭의 언어와도 유사하다. 바울의 칭의 언어는 창세기 15:6에서 직접 인용한 것이다(참조. 롬 4:3, 5, 9, 22-24). 창세기 15:6은 아브라함이 믿음으로 의롭게 되었고, 그가 하나님의 약속을 믿었다고 말한다. "아브람이 여호와를 믿으니, 여호와께서 이를 그의 의로 여기시고." 시편 106편은 비느하스가 그의 폭력적 열심으로 의롭게

---

[70] Francis Watson도 비느하스와 아브라함을 길게 논의하면서[*Paul and the Hermeneutics of Faith* (London/New York: Clark, 2004), pp. 174-182], 단 두 개에 불과한, 의롭다고 '여겨진' 이 사례들에 주목한다(p. 177). 이 한 쌍의 사례에 주목한 사람들은 대부분 마카베오상 본문은 생략한다(하지만 Hamerton-Kelly, *Sacred Violence*, p. 74를 보라). 창세기는 하나님의 약속에 대한 아브라함의 신뢰를 강조하고, 마카베오상은 그의 신실함을 강조한다. 둘 다 비느하스의 폭력과 대조를 이룬다.

되었다고 한다. 그것이 과거에 '그에게 의로 여겨'졌고, 지금도 그렇다.

> ³⁰그때에 비느하스가 일어서서 중재하니 이에 재앙이 그쳤도다. ³¹이 일이 그에게 의로 인정되었으니[그리스어 '엘로기스테 아우토 에이스 디카이오쉬넨'(*elogisthē autō eis dikaiosynēn*)], 대대로 영원까지로다. (시 106:30-31)

시편 106:31의 그리스어 표현은 창세기 15:6 병행 본문과 정확히 같으며, 나중에 로마서 4장에서 반복해서 인용되고 암시된다.

이처럼 아브라함과 비느하스는 칭의의 수단 측면에서 대조된다. 그런데 바울이 비느하스가 아닌 아브라함을 인용한 것이 단지 우연일까? 아니면 바울은 성경 안에 칭의에 관한 두 가지 패러다임, 즉 하나는 율법과 이스라엘의 정결을 향한 폭력적 열심에 기초한 것, 다른 하나는 믿음에 기초한 것이 있음을 잘 알았던 것일까? 프랜시스 왓슨(Francis Watson)이 말한 대로, "아브라함은 말하자면 비느하스의 음영 반전 사진이다."⁷¹ 나아가 제임스 던은 회심 전 바울은 비느하스와 같은 방식으로 칭의를 알았을 것이라고 주장한다.⁷² 그리고 본 장에서 지금까지 우리가 살펴본 모든 내용을 토대로 볼 때, 이 관점은 개연성이 있을 뿐만 아니라, 대부분 사람이 인식해 온 것보다 전략적으로 훨씬 더 중요하다. 바울이 자신의 칭의가 더는 율법(을 향한 열심)이 아닌 은혜와 믿음 안에 있음을 알게 되었을 때, 동시에 그는 칭의의 원형을 비느하스에서 아브라함으로 교체하고 새로운 존재 이유

---

71 Watson, *Paul and the Hermeneutics of Faith*, p. 179. Watson은 의롭다고 여겨진 이 대조되는 두 사례를 논의하지만(pp. 178-179), 그 대조가 단지 영웅적 행위(비느하스)였는지 아니면 하나님의 약속에 '동의'하고 헌신한 것이었는지에 있다고 본다. 놀랍게도 Watson은 열심의 문제에 관한 비느하스와 바울의 유사성에 주목하지 않는다.

72 Dunn, *Theology*, pp. 368-371, 376.

를 찾았을 것이다.[73]

이 내용이 바울에게 중요했다는 사실을 거의 모든 사람이 과소평가해 왔지만, 이 내용은 믿음을 통한 은혜에 의한 칭의 경험에 뒤따르는 필연적 결과다. 은혜와 믿음이 폭력적 열심을 대체했다. 부활하신 그리스도 안에서 그를 찾아오신 하나님 안에서(갈 1:15-16; 참조. 행 9:1-9) 바울은 은혜롭고 신적인 원수 사랑에, 신적인 포용과 수용에 맞닥뜨렸다.[74] 이 경험에 이끌려 바울이 궁극적으로 도달한 것은 죽임의 윤리가 아닌 죽음의 윤리였다.

---

[73] 내 책 *Reading Paul*에 있는 바울과 비느하스에 대한 유사한 해석을 보고 한 서평가는 나를 다음과 같이 비난했다. 내가 '구약 본문을 완전히 제멋대로' 취해서, 구약을 '새 언약의 관점에서는 단정적으로 거부되는 유대교의 배타주의적 충동'의 근원으로 '불공정하게 해석하고', '하나님의 계시된 말씀'으로 구약을 믿는 사람인 바울이 성경에서 칭찬받는 한 인물(비느하스)을 '악의 패러다임'으로 만들었다고 주장함으로써 바울을 마르키온주의자로 만들었다는 것이다 [Gary Anderson, review of Michael J. Gorman, *Reading Paul*, First Things 184 (June-July 2008): pp. 52-53, 이 부분은 p. 53]. 내가 본 장에서 Hamerton-Kelly에 반대하며 주장해 온 대로, 바울은 (그리고 나도) 유대교를 본질상 혹은 반드시 폭력적이라고 보지 않는다. 그리고 분명 나는 마르키온주의자가 아니며, 바울이 마르키온주의자였다고도 생각하지 않는다(예를 들어, 내 책 *Reading Paul*, p. 65에 나오는 분명한 마르키온 비판을 보라). 실제로 나는 내 책에서 바울의 유대인 됨을 강조했다[예를 들어, *Apostle of the Crucified Lord: A Theological Introduction to Paul and His Letters* (Grand Rapids: Eerdmans, 2004), p. 40]. 그렇지만 바울이 십자가에 못 박히고 부활하신 메시아를 만난 사건은 율법의 요구와 그것을 요구하시는 하나님을 포함해 율법에 대한 그의 이해를 탈바꿈시킨 것이 맞다. 바울이 칭의에 대한 비느하스식 접근을 포기했다는 말은, 그가 하나님의 계시된 말씀으로서의 성경을 버렸다는 의미가 아니라, (내 생각에는 Anderson도 동의할 것이다) 그가 그리스도에 비추어 성경 전체를 재해석하고 모든 성경 해석을 재검토했다는 의미다. 이를테면, 그리스도가 단번에 영원히 죽으셨기 때문에 동물 제사를 중단해야 한다거나, 그리스도가 하나님의 뜻을 진실로 구현하고 따라서 성경을 '성취하는' 또 다른 길을 가르치고 실천하셨기 때문에 동해복수법을 중단해야 한다는 주장은 마르키온주의가 아니다. 사실 내가 주장하고 싶은 내용은, 바울이 비느하스의 폭력을 부정적으로 보고, 죽음에서 생명을 일으키시는 하나님에 대한 아브라함의 믿음을 긍정적으로 볼 수밖에 없었던 것은, 마르키온과 달리 바울은 이스라엘 성경의 하나님이 곧 하나님, 우리 주 예수 그리스도의 아버지라고 믿었기 때문이라는 것이다. 또한 앞서 언급했듯이, Dunn과 Wright 같은 다른 학자들도 바울이 이전에 비느하스를 수용했던 것에 주목하고, 나중에 그리스도를 만난 후에는 (교회를 핍박하던 행위를 중단했기에) 비느하스를 거부했다고 암시적으로 인정한다. 그렇다고 해서 그 학자들이, 혹은 그들이 묘사하는 바울이 마르키온주의자라고 할 수는 없다.

[74] 당연히 Miroslav Volf, *Exclusion and Embrace*를 반영한 것이다.

그 의미는 비폭력과 십자가 형태의 환대가 그리스도 안에서 바울의 하나님 경험의 핵심이었고, 따라서 그의 복음에서도 핵심이며, 이 하나님 안에 거주하는 그의 삶에서도 중심이었다는 것이다. 칭의를 위한, 그리스도 안에서 하나님을 향한 적절한 반응에는 그저 '단순한 신뢰'를 보이는 것만이 아니라, 칭의를 향한 비느하스식 접근을 거부하는 것도 포함한다.[75]

이를테면, 제임스 던은 바울을 이해하는 데 비느하스가 중요하다는 사실과 이방인을 포용하는 쪽으로 바울이 전향한 것이 중요하다는 사실 모두를 인정했음에도, (내가 알기로는) 바울의 부활하신 예수 경험과 폭력 자체로부터 그의 전향을 구체적으로 연결하지는 않았다. 이것은 중대한 차이다. 바울에게는 앞서 논의한 신학적 확신에서 도출된 윤리가 그의 새로운 구원론적 확신으로 강화되는데, 그 이유는 이 두 가지 확신이 한 덩어리이기 때문이다. 비폭력적인, 화해를 이루는 원수 사랑의 하나님을 안다는 것은 또한 포용적이며 의롭게 하는 은혜의 하나님을 안다는 것이기도 하며, 그 역도 마찬가지다.

하지만 바울이 비느하스 같은 열심을 버렸다는 것을 미온적인 태도와 혼동해서는 안 된다. 바울은 십자가에 못 박히고 부활하신 메시아 예수에게, 그리고 (이를테면, 빌 3:7-14이 보여 주듯이) 하나님이 그 안에서 행하셨고 여전히 하고 계신 일에 한 마음으로 열정을 쏟게 되었다.[76] "내 주 그리스도 예수를 아는 지식이 가장 고상하기 때문에 모든 것을 해로 여긴다"(빌 3:8)는 바울의 주장은 확실히 새로운 종류의 열심, 즉 그가 바로 두 절

---

75 믿음을 정의하는 인용구의 출처는 Dunn, *Theology*, p. 378이다. Dunn은 칭의를 논의하면서, (그리스도인이 되기 전) 바울이 의를 달성하는 비느하스식 접근을 모방했음을 인정하지만(pp. 368-371, 376), 바울의 새로운 믿음 이해에 수반된 것이 분명한 비폭력을 바울과 연결하지는 않는다.
76 바울은 심지어 기꺼이 약간 미친 사람처럼 보일 정도였다(고후 5:13).

앞(빌 3:6)에서 언급한 핍박의 열심에 대한 대안으로서의 열심을 암시한다. 하지만 단순하게 바울이 열심의 한 형태를 다른 형태로 대체했다고 말하는 것으로는 불충분하다. 마치 그의 성격 유형이 새로운 초점을 찾았을 뿐이라는 듯, 이 새로운 열망이 지닌 철저하게 다른 내용을 최소화해서는 안 된다.[77] 그의 새로운 열망은 "그[그리스도]의 죽으심을 본받음으로써, 그리스도와 그 부활의 권능과 그 고난에 참여함을 아는"(빌 3:10) 것이었다. 말하자면, 그는 그리스도의 몸인 교회를 핍박함으로써 그리스도에게 폭력을 가하는 것이 아니라, (부분적으로는 그리스도의 몸인 교회를 위해 고난을 당함으로써) 그리스도에게 가해진 폭력에 동참하기를 열망한다.

그렇다면 혼동을 막기 위해 바울의 열심(zeal)이 아니라, 그리스도를 위한 그의 열정(passion) 혹은 그리스도와 동화되기를 추구하는 그의 열정(빌 3:10-11)을 이야기하는 것이 현명하겠다. 또는 우리가 이 책 전체에서 제안해 왔던 언어를 사용하자면, 그의 열정은 (나중에 올 영광에 선행하는 현재의 십자가화로 이해되는) 거룩함, 하나님을 닮음, 테오시스를 향한 열정이었다. 그 끊임없는 추구 속에서 바울은 온전히 그리스도를 닮은 모습이 되려고, 즉 온전히 인간적이고 온전히 신적인 모습이 되려고 애를 썼다.[78] 그것은 우리가 본서 1장에서 빌립보서의 또 다른 본문인 2:6-11을 통해 주장한 바와 같다. 로마서와 아브라함을 다시 언급하자면, 아브라함과 같은 믿음을 수용하는 것은 또한 하나님과 함께하는 생명을 받아들이고 경험하는 참된 인간의 길—사실은 가장 참된 인간의 길—이라고 말할 수 있다.[79]

---

77 말하자면, Gager처럼 바울의 성격을 본질상 폭력적으로 보기보다는, 본질상 열심 있는 사람으로 보는 것.
78 '온전히 인간적이고 온전히 신적인 모습'이라는 표현으로 내가 주장하려는 것은 당연히 바울 자신이 성육신한 영원한 하나님의 아들이라는 것이 아니라, 그가 인성과 신성 모두의 참되고 본질적 표시인 십자가 형태 테오시스를 구현하는 사람이라는 것이다.
79 이런 점에서, 바울이 로마 청중들에게 아브라함의 믿음(4:16)과 예수의 믿음(3:26, *pistis Chris-*

따라서 그리스도 안에서 하나님을 향한 적절한 응답은 칭의에 대한 비느하스식 접근을 거부하고 아브라함과 그의 믿음을 수용하는 것을 포함한다. 그것은 오직 (본서 2장 내용처럼 견고하게 이해된) 그러한 믿음만이 칭의를 가져오고, 따라서 생명을 가져온다는 것 그리고 그리스도의 부활이 칭의의 기초라는 것을 뜻한다(롬 4:25). 의롭게 되는 것은 단지 그리스도의 생명을 일으키는 죽음만이 아니라 그의 생명을 일으키는 생명에도 참여하는 것이다.[80]

4. 부활은 그리스도 안팎의 악에 대응하는 대안적 수단을 제공한다

그리스도와 함께 죽고 다시 산다는 주제는 잘 알려져 있고 광범위하게 논의되고 있다.[81] 어떤 사람은 그릇되게도 그 주제를 오로지 세례와만 연결하고, 어떤 사람은 올바르게도 세례뿐만 아니라 세례 이후 일상의 삶과도 연결한다. 그런데 이 실재에서 종종 간과되는 차원이 하나 있다. 그것은 개인과 공동체 둘 다의 측면에서 그리스도 안에 신자가 그리고 신자 안에 그리스도가 지속해서 내주하는 것과 관련해 그리스도의 부활이 지닌 중요성이다. 바울이 '우리 안에 계시는 그리스도'보다는 '그리스도 안에 있는 우리'를 더 자주 이야기하는 것은 사실이지만, 두 가지 방식 모두 바울의 경험과 신학에서 핵심이며, 둘 다 살아 계신 인격과 현존으로서 그리스도의 중요성을 진술한다. '우리 안에 계시는 그리스도'와 '그리스도 안에 있는 우

---

*tou*를 주격 속격으로 이해) 둘 다에 참여하라고 요청하는 것같다는 사실은 매우 흥미롭다. 외견상 바울은 이 둘을 하나님께 다가가는 본질상 같은 방식으로 본다.

80 특히 로마서와 관련해 칭의에 있어 부활의 중요성은 J. R. Daniel Kirk, *Unlocking Romans: Resurrection and the Justification of God* (Grand Rapids: Eerdmans, 2008)을 보라.

81 Robert C. Tannehill의 대표작, *Dying and Rising with Christ: A Study in Pauline Theology* (Berlin: Töpelmann, 1966).

리' 언어를 '상호 내주' 혹은 '호혜적 거주'라는 언어로 부를 수 있다.[82] 부활하신 그리스도는 활기를 불어넣는 내적 힘이면서 동시에 생명을 일으키고 형성하는 외적 실재이기도 하다. 바울은 또한 그리스도와 신자의 상호 거주를 신자와 성령의 상호 거주로 기술하기도 한다. 즉, 신자들 안에 계시는 성령, 그리고 성령 안에 있는 신자들.[83]

신자들에게 주어진 성령은 아버지의 성령이자 아들의 성령이기도 한데, 우리는 본서 3장에서 이 사실을 강조했었다. 신자 안에 거하시고 신자가 그분 안에 거하는 성령이 다름 아닌 예수를 죽은 자 가운데서 살리신 그분(아버지 하나님)의 성령이기 때문에, 신자는 하나님의 부활 능력을 가져다 사용할 수 있다(롬 8:10-11).[84] 이것이 바로 새로운 생명과 탈바꿈 그리고 테오시스의 능력이다. 그와 동시에 그들에게 주어진 성령은 다름 아닌 그 아들, 즉 십자가에 못 박힌 예수의 성령이기 때문에(갈 4:6; 참조, 갈 2:20), 그 부활 능력은 **십자가 형태**를 취한다. 말하자면, 그것은 십자가 형태의 부활 능력이다. 부활이 십자가를 승인하고 입증하고 완성하는 것과 마찬가지로, 부활은 또한 그 십자가를 구현할 힘을 우리에게 불어넣는다. **살아 계신 부**

---

82 내 책 *Reading Paul*, pp. 126-130를 보라. 본서 2장 n. 149에서 언급했듯이, 이러한 상호 거주 혹은 호혜적 침투를 가리키는 전문 신학 용어인 '페리코레시스'(perichoresis)는 삼위일체의 각 인격 사이의 관계와도 관련이 있지만, 테오시스의 과정에서 그리스도인과 하나님의 관계와도 관련이 있다. 특히 Elena Vishnevskaya, "Divinization as Perichoretic Embrace in Maximus the Confessor", in *Partakers of the Divine Nature: The History and Development of Deification in the Christian Traditions*, ed. Michael J. Christensen and Jeffery A. Wittung (Grand Rapids: Baker, 2007), pp. 132-145를 보라. Vishnevskaya는, 고백자 막시무스(Maximus the Confessor)에 따르면 "이 형언할 수 없는 삼위일체적 특성[즉, 페리코레시스적 연합과 사랑]에 어울리게…하나님은 가장 위대한 자기 헌신의 행위를 통해 인간의 실존 안으로 침투하시며, 그와 동시에 인간이 참여할 수 있도록 자신을 개방하신다. 말하자면, 삼위일체 하나님이 신성화를 통한 상호 내주가 가능한 조건을 창조하시는 것이다"라고 말한다(p. 143).
83 이를테면, 신자들 안에 계시는 성령, 롬 8:11; 고전 3:16; 6:19; 고후 1:22; 성령 안에 있는 신자들, 롬 14:17; 고전 12:13; 빌 2:1; 3:3.
84 또한 Wright, *Resurrection*, p. 301를 보라.

활의 그리스도는 다름 아닌 충성스럽고 자애로운 십자가의 그리스도이시고, 우리 안에 거하시고 우리가 그분 안에 거하는 살아 계신 분은 다름 아닌 하나님께 순종하시기에 그리고 우리를 사랑하시기에 자신을 주신 신실하고 자애로운 분이시다. 이것이 바로 갈라디아서 2:20의 본질적인 주장이며 바울의 십자가 형태 영성의 심장이다. "사는 것은 더는 내가 아니요, 오직 내 안에 사는 것은 그리스도시라. 이제 내가 육체 가운데 사는 삶은 나를 위하여 자기 자신을 주심으로 나를 사랑하신 하나님의 아들의 신실함으로 사는 것이라"(저자 사역).[85]

바울은 자신 **안에** 나타난 그 아들의 계시로서 자신에게 발생한 일이 어떤 의미인지를 그의 '회심' 혹은 부르심의 첫날부터 이해한 것으로 보인다(갈 1:16). 바울을 제대로 이해하려면 다음 세 가지 내용 사이의 연관성을 이해하는 것이 매우 중요하다. (1) 신자들 안에 그리고 신자들 가운데 거주하시는 **살아 계신 주님**, (2) 비보복적인 사랑으로 십자가에서 자신을 내주신 **고난받는 메시아** 그리고 (3) 로마서 12장과 고린도전서 4장 같은 본문에 반향된 비보복에 관한 말씀을 전하시는 **가르치시는 예수**. 이 셋은 사실 한 분이신 비폭력적인 주님이시고, 그분의 십자가는 하나님의 비폭력적 능력을 나타냈으며, 그분의 성령은 그분의 교회 내부와 주변에 그 비폭력적인 신적 능력의 임재가 지속되게 한다.[86] 이 셋 사이의 연속성과 연관성 역시 강조되어야 한다. **이** 그리스도 안에서 산다는 것, **이** 성령 안에서

---

85 이 단락은 내 책 *Reading Paul*, p. 129를 약간 수정한 것이다. 갈 2:20에 대해서는 본서 2장을 보라.
86 내 말의 의도는 비보복과 비폭력이 동의어라는 것이 아니라, 어느 하나를 거부하게 되면 전체적으로는 다른 것도 거부하게 된다는 것이다. 비슷하게, 개인적인 원수에 대한 반응과, 하나님과 공동체의 원수로 인식되는 대상에 대한 반응이 반드시 동일하지 않을 수 있지만, 비보복 그리고/혹은 비폭력이 거부되거나 허용되는 범위 내에서는 서로 다른 유형의 원수들에게 허용될 수 있는 반응의 근본적인 윤리적 성격은 동일할 것이다.

걷는다는 것은 곧 '죽음 속의 생명'의 하나님, '약함 속의 능력'의 하나님 안에 거주한다는 것이다. 그런 삶은 바울이 로마서 12장 말미에 묘사한 유형의 삶을 낳는다.

> ¹⁴너희를 박해하는 자를 축복하라. 축복하고 저주하지 말라. ¹⁵즐거워하는 자들과 함께 즐거워하고, 우는 자들과 함께 울라. ¹⁶서로 마음을 같이하며, 높은 데 마음을 두지 말고, 도리어 낮은 데 처하며, 스스로 지혜 있는 체 하지 말라. ¹⁷아무에게도 악을 악으로 갚지 말고, 모든 사람 앞에서 선한 일을 도모하라. ¹⁸할 수 있거든 너희로서는 모든 사람과 더불어 화목하라. ¹⁹내 사랑하는 자들아, 너희가 친히 원수를 갚지 말고 하나님의 진노하심에 맡기라. 기록되었으되 "원수 갚는 것이 내게 있으니, 내가 갚으리라'고 주께서 말씀하시니라." ²⁰"네 원수가 주리거든 먹이고, 목마르거든 마시게 하라. 그리함으로 네가 숯불을 그 머리에 쌓아 놓으리라." ²¹악에게 지지 말고, 선으로 악을 이기라. (롬 12:14-21)

고든 저브(Gordon Zerbe)가 매우 유익한 그의 논문에서 언급했듯이, 이 구절 및 비슷한 다른 본문들의 (유일한 의도는 아니지만) 일차적인 의도는 외부인들, 특히 박해하는 자들을 어떻게 대해야 하는지 교회에 보여 주는 것이다.[87] 하지만 그 가해자들을 총칭해서 '원수들' 혹은 '대적들'이라 불러도 틀린 말은 아닐 것이다. 저브는 '상해나 박해에 대한 적절한 반응의 범위'를

---

[87] Gordon Zerbe, "Paul's Ethic of Nonretaliation and Peace", in *The Love of Enemy and Nonretaliation in the New Testament*, ed. Willard M. Swartley (Louisville: Westminster/John Knox, 1992), pp. 177-222. 그 논문은 Zerbe의 단행본 *Non-Retaliation in Early Jewish and New Testament Texts: Ethical Themes in Social Contexts*, JSPSS 13 (Sheffield: JSOT, 1993)의 일부를 요약한 것이다.

논하는데,⁸⁸ 여기에 들어가는 것이 바울의 '비보복과 평화의 윤리'를 구성하는 '소극적'/'적극적' 행동이다.⁸⁹ 소극적 반응에는 이를테면 악을 악으로 갚지 말기, 원수 갚지 말기, 저주하지 말기, 소송하지 않기 등이 있고, 적극적 반응에는 다른 것 가운데서도 친절한 행동하기, 축복하기, 화해하기, 사랑하기, 용서하기 등이 있다.⁹⁰

저브는 로마서 12장이 예수의 가르침이나 본보기와 같은 구체적인 기독론적 근거를 제시하지 않는다는 사실에 올바르게 주목한다. 그는 바울이 로마서 12장의 내용을 그리스도의 말씀으로 알았다고 생각하지는 않으며, 단순히 유대교 정서를 이어받은 것으로 생각한다.⁹¹ 그럼에도 불구하고 저브가 또한 올바르게 주장하는 바는 로마서와 더 넓게는 바울서신의 더 큰 맥락이 바울의 비보복과 평화 윤리를 위한 묵시적·기독론적 근거를 제시한다는 것이다.⁹²

하지만 대체로 탁월한 저브의 분석에도 미묘한 조정이 필요하다. 바울이 비느하스에 친밀감을 가졌었고 이전에 폭력적인 활동을 했었던 점을 고려하면, 저브의 주장처럼 바울이 이런 종류의 비폭력 윤리를 자신의 '그리스도인이 되기 전 유대교의 윤리적 유산'에서 가져왔을 가능성은 거의 없다.⁹³ 비록 그런 내용이 제2성전기 유대교의 일부 형태에서 확실히 발견되지만 말이다.⁹⁴ 오히려, 비폭력이 하나님의 길이며 따라서 언약 백성의 길이기도 하다는 결론을 내리기 위해 바울에게 필요했던 것은 하나님

---

88   Zerbe, "Paul's Ethic", p. 179.
89   Zerbe, "Paul's Ethic", p. 180.
90   Zerbe, "Paul's Ethic", pp. 179-180.
91   Zerbe, "Paul's Ethic", p. 202.
92   Zerbe, "Paul's Ethic", p. 203.
93   Zerbe, "Paul's Ethic", p. 202.
94   이것이 바로 Zerbe가 단행본에서 일차로 주장하는 바다.

이 비폭력을 입증하신 사건인 부활을 통한 폭력으로부터의 전향이었다. 따라서 회심 후 바울은 비폭력과 비보복에 관한 내용을 예수의 가르침으로 (또는 적어도 예수의 가르침과 일치하는 것으로) **정말로** 알았을 것이며, 그 내용이 십자가에 못 박히고 부활하신 주님과 완벽한 연속성을 가진다고 이해했을 가능성이 높다. 바울은 그분의 죽음을 고난받는 사랑, 자기희생적인 사랑으로 서술했고, 그분의 생명이 교회에 활력을 불어넣는다고 주장했다. 그러므로 단순히 (이것도 맞는 말이지만) '그리스도는 고난의 원형이자 본보기'[95]에 불과한 것이 아니라, 하나님의 비폭력적이며 화해를 가져오는 사랑의 성육신이셨던 그리스도가 이제 부활하신 주님으로서 그 생명을, 그분이 그들 안에 거하시고 그들이 그분 안에 거하는 개인과 공동체 안에서 다시 성육신시키신다.[96] 말하자면, 테오시스를 가져오는 페리코레시스(상호 내주)는 진정한 바울식 '이미타티오 크리스티'인 것이다.

바울이 다른 사람에게 폭력적인 언어를 사용했다는 사실이 바울이 폭력적인 사도였다는 증거로 때때로 제시된다.[97] 예를 들어, 바울이 고린도 사람들에게 매를 들고 가겠다고 위협하거나(고전 4:21), 갈라디아의 할례 주장자들이 스스로 베어 버리길 바란다고 한 것(갈 5:12)은 사실이 맞다. 하지만 전자는 명백히 은유이고, 후자는 과장이다. 고대 수사학에서는 종종 이러한 전략을 동원했다. 물론 언어도 타인에게 해가 될 수 있고 그런 의미에

---

95 Zerbe, "Paul's Ethic", p. 203.
96 따라서 Hamerton-Kelly처럼 그리스도인 실존의 근본을 '십자가에 못 박힌 그리스도의 미메시스'로 기술하면서, 미메시스 이론이 "신비주의"나 '집단적 인격'보다 '믿음과 세례를 통해 그리스도와 함께 십자가에 못 박힘'을 이해하는 데 더 좋은 틀이라고 제시하는 것으로는 불충분하다(*Sacred Violence*, pp. 68-70; 인용의 출처는 p. 69). 미메시스에 관한 비슷한 주장들이 그리스도인의 실존에 관한 Hamerton-Kelly의 설명 곳곳에 등장한다(예를 들어, pp. 85, 168, 174). 내가 다른 글에서 주장했듯이, 모방(혹은 미메시스)은 상조 내주의 역동적인 특징을 결코 담아내지 못한다. 내 책 *Cruciformity* (예를 들어, pp. 48-49의 요약)를 보라.
97 이를테면, Gager, "Violent Acts and Violent Language", pp. 17-19를 보라.

서 폭력이 될 수 있지만, 이것은 회심 전 바울의 폭력적인 활동과는 매우 거리가 멀다. 이 둘을 동일시한다면, 언어의 중요성은 과대평가하고 실제 행동의 중요성은 과소평가하는 꼴이다.

5. 부활은 하나님이 결국 악의 문제를 처리하실 것을 보증한다

마침내 다섯 번째이자 마지막 주제인 '하나님에 의한 악의 최종적 패배와 부활'에 도달했다. 바울이 이 주제를 명시적으로 아주 충분하게 이야기하는 것은 두 곳이다. 한 곳은 로마서 8장으로, 마지막 해방과 속량 이전에 겪는 인간과 우주의 고난을 다룬다(8:18-25). 다른 한 곳은 고린도전서 15장으로, 하나님이 궁극적으로 물리치실 원수인 우주적 세력으로서 죄와 죽음의 문제를 다룬다(15:24-28, 54-57).

바울이 고난과 악의 현실에 대한 이 하나님 중심적 종말론 관점의 답변에서 도출하는 결론은 두 가지다. 첫째, 그리스도 안에서 하나님이 우리와 함께 그리고 우리를 위해 고난을 당하신 것처럼, 신자들도 복음을 위해서, 또한 여전히 탄식하고 신음하는 나머지 피조물과 더불어 기꺼이 고난을 받아야 한다는 것이 분명해 보인다(롬 8:18-25). 바울이 로마서 8장에서 명시적으로 말하지는 않지만, 그의 영성의 논리, 즉 타인을 위해 고난받는 사랑을 보여 주신 그리스도가 교회에도 내주하신다는 논리는 그러한 결론을 요구한다. 게다가 바울은 성령을 이 우주적 신음에 우리와 함께 참여하시는 분으로 묘사한다(8:26).

둘째, 마찬가지로 분명해 보이는 내용인데, 악이 패배할 것에 대한 확실한 보증이 그리스도의 부활이라고 믿는 사람들에게 폭력적 보복은 부적절한 행동이다. 바울과 우리는 바로 이러한 확신을 가지고(실은 오직 이러한 확신을 가져야만) "'원수 갚는 것이 내게 있으니 내가 갚으리라'고 주께서 말씀하시니라"(신 32:35을 암시하는 롬 12:19; 잠 20:22)는 말씀이 정말로 진리라고 단언할 수 있다. 이 본문 주변을 감싸고 있으며, 우리가 방금 언급한 권면 (비폭력의 길로 예수를 따르라는 혹은 예수 안에 거주하라는 권고)을 뒷받침하는 것이 바로 이 약속이다(롬 12:14-21).[98]

본 장의 주장에 반대하는 사람들은 주로 예수 부활의 완전한 효력이 미래에 있다고 보는 이들일 것이다. 그들은 본 장에서 제시한 입장이 종말론을 무시하거나 무력화하고, 미래의 부활이 아닌 현재의 부활 경험을 폭력이 종식될 때로 상정한다고 비난할 것이다.[99] 그렇기 때문에 부탁하는 말인데, 본 장의 주장이 종말론적 부활을 모든 폭력이 멈출 신학적·연대기적 틀로 단언한다는 점을 주의 깊게 봐주길 바란다. 바울이 십자가와 부활에 근거한 비폭력을 권고한다고 해서, 종말론적 소망으로서 장차 일어날 최종적 폭력의 종식을 부인하는 것은 아니다. 오히려 폭력 없이 살 수 있는 사람들은 과거와 미래 사이, 즉 시대가 겹친 시기를 사는 사람들이다. 왜냐하면 그들은 하나님의 **과거** 승리/부활이 보장하는 하나님의 **미래** 승리/부활을 신뢰하기 때문이다.

바울이 사용하는 하나님의 진노 언어

이 주제는 또한 바울이 진정한 비폭력 신봉자라는 주장이 지닌 아마도 가장 중요한 문제로도 연결된다. 이것은 신학과 폭력/비폭력에 관한 가장 최근의 논의에서도 고려되는 신학 문제인데, 복수를 종말론적 신적 심판 때까지 보류하는 식으로 하나님께 맡기는 것이 궁극적으로는 바울을, 더 중요하게는 하나님을 폭력적인 존재로 만드는 것처럼 보인다는 점이다. 확실

---

98 이 내용에 대해서는 또한 Zerbe, "Paul's Ethic", pp. 194-202를 보라.
99 이를테면, Hans Boersma, *Violence, Hospitality, and the Cross* (Grand Rapids: Baker, 2004)를 보라. 『십자가, 폭력인가 환대인가』(CLC).

히 바울은 하나님의 종말론적 진노와 심판, 원수의 멸망을 이야기하는 것에 주저함이 없다. 하지만 그렇다고 해서 게이저처럼 바울의 하나님을 '폭력적인 행위자'(a violent actor)라고 부르는 것이 옳은가?[100]

이 논란의 일부는 처음에는 의미론에 국한된 것으로 보인다. 한편에서는 신적 **정의** 혹은 **진노**라는 이름을 붙이고 하나님으로서 하나님의 성품에 적절하다고 여기는 내용을, 다른 편에서는 신적 **폭력**이라는 이름을 붙이고 그것이 하나님에게 (적어도) 부적절하다고 암시한다. 게다가 세부적으로 바울을 논의하는 경우나 더 일반적으로 비폭력에 관한 신학적 주장을 펴는 경우 모두에서, 문자적으로든 비유적으로든 원수를 파멸하는 하나님 개념을 인정한다는 것은 곧 하나님을 정신이 분열되었거나 위선적인 분으로 만드는 것으로 보인다. 왜냐하면 대부분의 비폭력 신학의 핵심 요소가 하나님 및/혹은 그리스도를 닮는 것이기 때문이다.

이 문제를 해결하는 몇 가지 방법이 있다.[101] 어떤 이들은 신적 은혜와 신적 정의 사이에 '근원적인 신학적 긴장'의 존재를 주장한다.[102] 또 어떤 이들(가장 설득력 있는 사람은 미로슬라브 볼프다)은 하나님은 인간과 다르기 때문에 그분에게는 유보된 특정 능력이 있으며, 그런 능력 중 하나가 폭력을 동원해서라도 심판과 복수를 시행할 권리라고 강조한다.[103] 그러나 볼프 자신도 이러한 주장을 펼 때, 예를 들면 요한계시록에 묘사된 하나님의 종말론적 폭력은 "**하나님의 고난받는 사랑을 통해 속량되기를 거부하는 모든**

---

100 Gager, "Violent Acts and Violent Language", pp. 17-18를 보라.
101 평화주의나 평화주의에 가까운 주장을 펴는 저술가들을 조명하면서 최근 논의를 유익하게 개관한 Swartley, *Covenant of Peace*, pp. 383-398를 보라.
102 Zerbe, "Paul's Ethic", p. 201.
103 Volf, *Exclusion and Embrace*, pp. 275-306, 특히 pp. 295-306를 보라. Volf는 인간이 (그리고 그리스도인이) 비폭력을 실천하려면 하나님의 복수와 폭력에 대한 믿음이 필요하며, "분노하지 않는 하나님은 불의와 속임수, 폭력의 공범이 될 것"이라고 주장한다(p. 297).

것이 최종적으로 배제되는 상황을 상징적으로 묘사"한 것이라고 말한다.[104] 계속해서 볼프는 우리가 하나님의 원수들이 하나님을 적대하는 것을 그만 두고 구원받기를 바라는 와중에도 "하나님의 선한 창조 세계의 평화를 위해 이 신적 분노와 이 신적 폭력을 긍정할 수 있고 긍정해야 한다"라고 말한다.[105] 반면 윌러드 스워틀리는 하나님의 심판을 긍정하지만, 인간의 악에 해당하는 폭력을 하나님의 속성으로 돌리는 것을 '범주 오류', '잘못된 명명'이라고 부른다.[106]

이 문제는 몹시 어렵고도 몹시 중요하다. 그런데 바울이 우리에게 의미심장한 도움을 줄 수도 있다. 바울 자신의 영성 혹은 하나님 경험의 근본적인 특징은 십자가 내러티브 영성 혹은 십자가화라 할 수 있다. 이 영성의 본질적인 내러티브적 특징, 특히 타인을 향한 사랑으로 드러나는 그 특징의 원천은 그리스도의 이야기인데, 그 이야기는 빌립보서 2:6-8에 서술되어 있고 바울서신 곳곳에 반향되어 있다. 본서 1장의 주제였던 이 내러티브는 아래와 같이 요약할 수 있다.

[x]인데도 [y]가 아니라 오히려 [z]

이 패턴의 의미는 다음과 같다.

[신분]인데도 [이기심]이 아니라 오히려 [이타심], 혹은

---

104 Volf, *Exclusion and Embrace*, p. 299.
105 Volf, *Exclusion and Embrace*, p. 299.
106 Swartley, *Covenant of Peace*, pp. 394-395. 또한 pp. 395-398를 보라. 거기서 Swartley는 사람이 하나님의 진노를 모방하도록 부름받은 것이 아니라고 주장하는데, Volf도 대체로 동의한다.

[권리를 소유]했는데도 [그 권리를 따라 행동하지] 않고 오히려 [타인의 유익을 위해 그 권리의 행사를 포기함][107]

1장에서 우리는 빌립보서 2:6-8의 내러티브 구조에 드러난 그리스도의 내러티브적 정체성이 궁극적으로는 하나님의 내러티브적 정체성의 계시라고 주장했다. 말하자면, '하나님의 모양'이신 그리스도는 하나님을 계시하는데, 내러티브 측면에서 그분의 정체성을 '[x]인데도 [y]가 아니라 오히려 [z]'로 묘사할 수 있는 분으로 계시한다. 빌립보서 2:6-8에서 "그리스도의 신성, 그리고 따라서 신성 자체는 케노시스와 십자가 형태라는 특징을 가진 것으로 내러티브의 관점에서 정의되고 있다."[108] 그리스도와 하나님 모두에게, 그리고 우리에게 '[x]'—우리의 신분과 그 내재적인 권리—의 가장 온전하고 진정한 행사는 '[y]가 아니라 오히려 [z]' 패턴을 드러내는 것이다. 달리 말해, '[y]가 아니라 오히려 [z]'를 실천하는 것은 신성 혹은 인성과 모순되는 것이 아니라, 그것들의 표현이다.

'[x]인데도 [y]가 아니라 오히려 [z]' 패턴은 로마서 곳곳에, 특히 5:6-8에 함축되어 있는데, 그 5:6-8은 앞서 살펴보았듯이 비폭력을 향한 바울의 헌신을 보여 주는 핵심 본문이다. 바울은 그리스도의 죽음 안에 표현된 하나님의 사랑이 사람의 관점에서 볼 때는 비정상이라고 말한다. 사람이 악한 자와 원수를 위해 기꺼이 죽는 경우는 없기 때문이다. 바울이 또한 로마서 전체 문맥에서 암시하는 바는, 하나님께서는 반항적이고 죄 많은 인류를 심판할 권리와 동기가 있고 인류의 행위는 사형받아 마땅하지만(롬 1:32; 6:16, 21, 23), **이때** 하나님은 그 권리를 포기하고 인류의 구원을 위해 그리스도

---

107 본서 1장과 내 책 *Cruciformity*, 특히 pp. 88-92, 164-169를 보라.
108 본서 1장, p. 54를 보라.

안에서 행동하는 쪽을 택하셨다는 것이다. 이것이 바로 바울이 은혜라는 단어에 담으려고 한 의미다. 미래에 우리가 구원받을 것을 보증하는 것도(롬 5:7-11), 현재의 고난 가운데서 우리가 하나님의 사랑을 경험하는 것을 보증하는 것도(롬 5:1-6; 8:28-39), 바로 그 은혜의 행위, '[x]인데도 [y]가 아니라 오히려 [z]'의 행위다.

하지만 그렇다고 해서 하나님이 미래의 어느 시점까지는 인류를 심판하지 못한다는 의미는 아니다. 하나님으로서 하나님은 불의를 심판하고 처벌할 권리를 보유하고 계시며, 이것이 바로 '[x]인데도 [y]가 아니라 오히려 [z]' 패턴이 하나님에게 적용될 때 '[x]'가 상징하는 신적 지위와 권리다. 따라서 '[y]가 아니라 오히려 [z]'의 내러티브가 실제로 신적 정체성을 표현하는 것은 맞지만, 그것이 **전부**는 아니다. 하나님은 여전히 모든 신적 원수를 심판하고, 나아가 정죄하고 멸망시킬 권리를 가지고 계시며, 바울이 보기에 하나님은 보편적 부활 때에 그 권리를, 사실은 그 책임을 행사하실 것이다(고전 15장).[109]

그러므로 그리스도의 부활은 다음 두 가지 사실을 증명한다. 1) 그리스도의 죽음 안에서 하나님은 은혜의 비정상성(이 특성은 역설적이게도 신적 성품에도 본질적이다)을 거리낌 없이 표현하셨다는 사실 그리고 2) 하나님은 종말론적 심판의 특권을 필요에 따라 행사하실 것이라는 사실이다. 이러한 현실 때문에 바울과 우리는 지금 당장 폭력을 행사할 필요로부터, 그리고 결국은 악과 악한 사람이 승리할지도 모른다는 두려움으로부터 해방될 수 있다.

이러한 바울의 확신이 지닌 장점과 그의 구체적 실천에 미친 영향이 분

---

109 Volf가 일깨우듯이, 다시 한번 본질상 이 조치는 하나님의 은혜에 포함되기를 원치 않는 모든 것을 하나님이 최종적으로 처리하시는 것이다.

명하게 나타나는 곳이 빌립보서다. 거기서 바울은 먼저 자신과 빌립보 교인들을 '대적하는 자들'뿐만 아니라 '십자가의 원수들'도 존재한다고 인정하고, 다음으로는 그들의 최종적인 '멸망'을 이야기하는데(빌 1:28; 3:18-19), 그 멸망은 바울이나 다른 사람이 아닌, 하나님의 손에 의한 '멸망'을 암시하는 것이 확실하다. 바울은 원수들이 존재하는 상황에서도, 열심을 발휘해 정화하려는 폭력의 가능성(다마스쿠스 이전의 그였다면 분명히 그런 반응을 보였겠지만)을 언급조차 하지 않고 담대하게 앞으로 나아간다. 십자가에 못 박힌 메시아의 부활에 계시된 하나님의 경륜 안에, 신자들의 구원과 부활을 보증하는 그 경륜 안에, 폭력이나 두려움이 들어설 자리는 없다(빌 3:20-21).

기독론에 기반한 바울의 비폭력을 오늘날 실천하기

기독교 영성과 서양 예술 모두에서 바울은 그리스도인의 회심을 대표하는 패러다임으로 자주 묘사된다. 그리고 일거에 박해자에서 선포자로 변신한 인물로 회자되고는 하는데, 당연히 사실이다. 그러나 바울이 폭력의 측면에서 전향했다는 점(초기 교회를 핍박하는 인물에서 신앙을 전파하는 인물로 전향했다는 점과는 달리)을 그의 회심과 새로운 삶의 핵심 요소로 간주한다거나, 더 일반적으로 그리스도인의 회심과 새로운 삶을 위한 패러다임으로, 따라서 핵심 요소로 간주하는 경우는 드물다. 만약 그리스도의 부활에 근거한 바울의 회심이 패러다임으로서의 성격이 있다면 다양한 면에서 그럴 텐데, 특히 폭력에서 비폭력으로의 전향이었다는 측면도 패러다임으로서의 성격이 있다. 표현을 달리하면, 폭력을 버리고 비폭력을 수용하는 것은 바울의 테오시스에서, 더 일반적으로는 그리스도인의 테오시스에서 필수 요소다.

모든 사람이 폭력적인 것은 아니며 바울처럼 폭력적인 사람은 거의 없기 때문에, 그리스도인의 회심과 테오시스의 필수 요소로서 폭력으로부터의 전향은 굳이 필요하지 않다고 주장할 수도 있다. 이 주장도 사실일 수 있지만, 모든 사람에게 폭력 성향이 있다는 것도 마찬가지로 사실이다. 칼 바르트가 말했듯이, 우리는 모두 기회만 되면 탈출을 노리는 우리에 갇힌 늑대와 같기 때문이다.[110] 더욱이 바울이 비폭력을 수용한 것은 본질상 그의 과거 폭력 행위에 영향받은 것이 아니다. 이전의 폭력 행위는 비폭력 수용을 더욱 극적으로 대비시키는 역할을 할 뿐이다. 바울이 내세우는 비폭력으로의 부르심의 기원은 바울의 회심 자체가 아니라, 그리스도 안에서 하나님의 화해를 일으키는 사랑이 나타났다는 복음이다. 다시 말해, 우리가 비폭력을 받아들이기 위해서, 그리고 그 받아들임의 결과로 앞으로는 폭력을 행하지 않겠다고 하나님의 은혜로 서약하기 위해서, 굳이 자신을 바울의 회심 이야기와 동일시할 필요도 없고, 과거에 폭력을 행하던 모습에서 전향할 필요도 없다.

비폭력을 그리스도인의 회심과 실존을 구성하는 필수 요소로 보아야 할 필요성이 더욱더 확연해지는 것은 신성한 폭력이, 혹은 적어도 신성한 폭력의 21세기 특유의 형태가 점점 증가하는 모습을 목도할 때다. 특히 국제적 혼란의 시기에 그리스도인이 직면하는 첫 번째 유혹은, 미로슬라브 볼프의 기억에 남는 말처럼, "십자가에 못 박히신 분을 믿지만…기수[즉, 백마를 탄 그리스도, 계 19:11-17]와 함께 행진하고 싶은" 유혹이다.[111]

---

110 Karl Barth, *Church Dogmatics* III/4, trans. A. T. Mackay, *et al.* (Edinburgh: Clark, 1961), p. 413. 『교회 교의학』(대한기독교서회).
111 Volf, *Exclusion and Embrace*, p. 276. (실제로 요한계시록의 성도들은 그리스도와 함께 무기를 집어 들지 않는다. 그리스도도 사실 문자 그대로의 전투를 벌이는 것이 아니다. 요한계시록에서 적에 대한 승리는 복음이나 하나님의 말씀, 어린 양이신 그리스도의 죽음 그리고 그리스도와 그의 추종자들의 신실한 증언을 통해 달성된다.) 신성한 폭력은 당연히 국가 간 영역에만 국한된 것이 아니다. 이를테면, 종교에 토대를 두고 제한 없는 낙태를 옹호하는 주장은 그 문제를 신성한 폭력의 형태로 변질시킬 수 있다. Michael J. Gorman and Ann Loar Brooks, *Holy*

거기에 논리적으로 이어지는 다음 유혹, 즉 하나님 및/또는 그리스도의 이름으로 폭력에 세례를 주고 싶은 유혹은 그것이 자리한 시대에 따라 모습을 달리할 뿐 끊임없이 나타난다. 특히 소위 자살 폭탄 테러범들 가운데서 확인되는 복수와 정결에 대한 열망뿐만 아니라 더 미묘한 방식으로도 비느하스를 닮은 신성한 폭력이 다시 등장한 이 시점에는 특히 맞아떨어지는 이야기다.

"이 세상에서 악을 제거하는 것이 우리 시대의 소명이다", "가서 테러리스트를 죽이자"와 같은 정서는 적어도 세 가지 측면에서 비느하스나 개종 전 바울의 기초적인 세계관과 놀라울 정도로 유사하다. 첫째, 바울의 경우처럼 상대적으로 지역적이든, 아니면 현대의 일부 인물처럼 전 지구적이든, 공동체 정화라는 비슷한 목표가 있다. 둘째, (그들의 주장으로는) 선한 목적을 달성하기 위해 제안된 폭력 수단은 신의 승인을 받은 것이며, 따라서 신성한 폭력의 한 형태로 여겨진다. 그리고 셋째, 폭력에 의한 정결을 옹호하는 사람들은 그들에게 신적 명령/소명, 엄숙한 의무가 있다고 믿을 뿐만 아니라, 하나님 앞에서 그리고 역사 속에서 그들의 위치—그들의 칭의라고도 할 수 있겠다—를 결정하는 것은 역사적 상황이 그들에게 요구하는 그 신성한 폭력의 성공 여부라고 믿는다.

기독교(또는 무슬림 또는 유대교) 정신을 실천한다고 자처하는 세계 지도자들이 그러한 견해를 지지하는 것으로 보인다는 현실 그리고 그런 지도자들을 추종하는 다른 많은 사람이 의문도 가지지 않고 소위 신성한 폭력을 집행할 준비가 되어 있는 것으로 보인다는 현실은 우리 안에 깊은 우려를 낳는다. 보다 구체적으로 말하면 이러한 사고와 행동의 대안으로서 예

Abortion: A Theological Critique of the Religious Coalition for Reproductive Choice (Eugene: Wipf and Stock, 2003)를 보라.

수 그리스도의 교회는 반드시 비폭력을 교회의 삶과 가르침에서 더 중심적인 차원으로 삼고, 하나님이 십자가에 못 박힌 예수를 죽은 자 가운데서 다시 살리셨다는 교리적 주장에서 도출되는 핵심 결론으로 삼음으로써, 폭력이 하나님과 이 세상 속 하나님 백성의 작동 방식이라는 그릇된 주장을 종식해야 한다.

오늘날 그리스도 안에 있는 사람들도 바울과 마찬가지로 생명과 화해를 일으키는 그리스도의 십자가와 자신을 동일시한다. 하나님이 부활을 통해 십자가를 인정하셨는데, 그것은 폭력적 성향의 표현 혹은 폭력이 신성하거나 유익할 수 있다는 확신을 인정하신 것이 아니라, 그리스도와 그의 십자가 안에서 하나님이 비폭력적으로 세상을 자신에게 화해시키셨고 또한 우리에게 사람들과 하나님을, 그리고 사람들 사이를 비폭력적으로 화해시키는 지속적인 임무를 맡기셨다는 역설적인 믿음을 인정하신 것이다. 성령 안에서 우리는 폭력을 가하기보다 폭력을 흡수할 준비가 되어 있어야 할 것이다. 그것이 바로 이 시대에 그리스도 안에서 의롭다 하심을 받고 성화되고 신성화된 사람들에게 맡겨진 소명의 핵심 측면 중 하나다.[112]

---

112 이 책이 출간될 무렵, 나는 토론토 대학교 위클리프 칼리지(Wycliffe College)의 David Wheeler-Reed가 L. Ann Jervis와 함께 진행하는 논문 계획을 알게 되었다. 바울의 비폭력 신학에 관한 Wheeler-Reed의 작업도 바울이 폭력에서 비폭력으로 전향했다는 주장, 혹은 평화 연구자들이 위협적 권력에서 통합적 권력으로의 급진적 변화라고 부르는 것을 토대로 삼는다.

결론

십자가 형태 하나님 안에 사는 것

바울의 내러티브 구원론으로서 테오시스

바울의 구원론은 매우 의미심장한 재정의 및 재구성 프로젝트다. 이스라엘의 하나님이 십자가에 못 박히고 부활하신 메시아 예수 안에서 자비롭게 세상 속으로 침입하시고 자기를 계시하셨다는 사실로 인해 바울은 연속성과 불연속성 둘 다의 측면에서 하나님과 그분의 속성을, 칭의와 믿음을, 거룩함과 열심을 재정의하고 재구성한다. 사실상 그는 구원 자체의 의미를 재설정한다. 본서 서문에서 주장했듯이, 이 정도 규모의 신학 프로젝트(와 영적인 현실)는 이 현실을 가능한 온전하고 적절하게 표현할 수 있는 신학 언어를 발명하거나 빌려 올 것을 요구한다. 결국 그것은 새 창조다(바울도 그렇게 말했을 것이다).

본서의 기본 주장은 (1) 바울의 구원론에 대한 최선의 설명은 테오시스, 즉 신실하고 자애로운 그리스도의 십자가 안에서 계시된 케노시스적 십자가 형태 하나님의 형상으로 탈바꿈되는 것이라는 주장 그리고 (2) 성령에 힘입은 테오시스가 바로 칭의와 거룩함 모두의 알맹이라는 주장이다. 칭의는 참여적이고 변혁적이며, 그리스도와 함께 십자가에 못 박힘으로 성취되고 거룩함으로 구현된다. 테오시스는 의롭게 된 사람들과 그들을 의롭다 하신 삼위일체 하나님의 상호 거주를 통해 성취된다. 우리는 본서의 논지를 십자가화라는 바울의 더 널리 알려지고 수용된 개념과 연관 지으면서, 십자가화가 실제로는 하나님화 혹은 테오시스라고 이야기했다. 명확성과 엄밀성을 위해 우리는 바울의 독특한 테오시스 개념을 가리키는 줄임말로 **십자가 형태 테오시스**라는 표현을 사용하고 싶을 수도 있다.

이제 본서의 주요 주장을 더 자세하게 요약해 보겠다.

바울의 내러티브 구원론: 십자가 형태 하나님 안에 거주하는 것

본서 전체에서 우리가 주장해 온 것은 바울의 단일한 구원론으로, 그것은 그리스도의 십자가 안에서 알려진 십자가 형태 삼위일체 하나님의 생명에 참여하는 구원론이었고, 우리는 그것을 테오시스라고 불렀다. 우리는 테오시스에 관한 이러한 정의를 서론에서 제시했고, 3장에서 반복했다.

테오시스는 성령에 힘입어, 성육신하고 십자가에 못 박히고 부활한/영화롭게 된 그리스도에 동화됨으로써, 하나님의 케노시스적이고 십자가 형태인 성품에 변혁적으로 참여하는 것이다.

앞서 언급했듯이, 이 정의는 '십자가 형태 테오시스'라는 표현으로 요약할 수 있다. 왜냐하면 바울의 내러티브 구원론에 그 일차적 형태와 내용을 제공한 것이 하나님의 자기 계시이자 (그렇기 때문에) 이 세상 속 인간 실존의 텔로스이기도 한 십자가에 못 박힌 그리스도이기 때문이다.[1] 혹은 이 구원의 역동적 특성을 강조하자면, 본서의 원서 제목을 빌려 올 수도 있다. "십자가 형태 하나님 안에 거주하는 것"(inhabiting the cruciform God). 우리는 이 현실을 바라보는 바울의 관점을 네 개의 장으로 나누어 살펴보았다.

---

1 뒤에서 살펴보겠지만, 인류의 최종 목표는 부활하시고 영광받으신 그리스도에 동화되는 것이지만, 그 목표는 그리스도 자신의 내러티브 패턴을 따르는 십자가 형태 실존을 통해 현재 선취된다(예를 들어, 롬 8:17, 빌 3:10-11).

1장: 케노시스와 테오시스

빌립보서 2:6-11에 초점을 맞춘 1장에서 우리는 바울 구원론의 토대를 구축했다. 빌립보서 2:6-11은 성육신과 십자가 안에서 계시된 '하나님의 형태'가 지닌 반직관적이고 케노시스적이며 십자가 형태라는 특징을 서술하며, 따라서 그것은 하나님으로서 하나님의 특성에 관한 서술이기도 하다. 빌립보서 2:6은 "그리스도는 하나님의 형태**이신데도** 그가 하신 일을 행하셨다"뿐만 아니라 "그는 하나님의 형태**이시므로** 그가 하신 일을 행하셨다"로도 번역되어야 한다. 그의 성육신과 십자가 처형은 '[x]인데도 [y]가 아니라 오히려 [z]' 또는 '[신분]인데도 [이기심]이 아니라 오히려 [이타심]'의 내러티브 패턴을 보여 준다. 이 패턴은 신현적이다. 즉, 신적 정체성을 계시한다.

1장의 또 다른 주장은, 성육신과 십자가가 드러내고(빌 2:6-8) 승귀가 인정한 것(빌 2:9-11)은 단지 그리스도의 진정한 신성만이 아닌, 아담과 대비되는 그의 진정한 인성이었다는 것이다. 따라서 참된 인간이 된다는 것은 그리스도를 닮는 것이며, 그것은 곧 하나님을 닮는 것이기도 한데, 바로 케노시스적이 되는 것, 십자가 형태가 되는 것이다. 십자가화, 즉 성육신하고 십자가에 못 박힌 그리스도와 동화되는 것이 진정으로 하나님화다. 따라서 우리는 그리스도 안에 계시된 하나님의 형상으로 성령에 참여함으로써 탈바꿈되는 과정을 테오시스라고 부를 수 있다. 이것은 반직관적이고 반문화적이며 반제국적이다. '그리스도 안에' 사는 공동체(빌 2:1-5)는, 빌립보서 2:6-8에 서술된 그리스도 이야기 안에 드러난 하나님의 영원하신 아들의 영원하고 변치 않는 형상으로 각 개인과 공동체를 형성해 가시는 아버지와 아들과 성령의 현재 사역을 경험하면서, 그 그리스도 이야기와 같은 모습으로 만들어져 갈 것이다.

2장: '함께 십자가에 못 박힘'과 테오시스에 의한 칭의

2장에서는 특히 갈라디아서 2:15-21과 로마서 6:1-7:6에 초점을 맞추고, 로마서 5:1-11, 고린도후서 5:14-21, 빌립보서 2:5-11의 도움을 받아 바울이 말하는 칭의 개념을 조사했으며, 칭의는 그리스도의 부활 생명(이 역시 역설적이게도 여전히 십자가 형태다)에 참여하는 풍성하면서도 잠재적으로 희생이 따르는 경험이며, 그리스도와 '함께 십자가에 못 박힘'을 통해 이루어지는 것이라고 주장했다. 우리는 이것을 '함께 십자가에 못 박힘'에 의한 칭의라고 기술했으며, JCC(justification by co-crucifixion)로 약칭했다. 2장은 바울에게 두 가지 구원론적 모델(법정적 모델과 참여적 모델)이 존재한다는 주장을 특정해서 반대했고, 테오시스, 즉 하나님/그리스도를 닮은 모습이 되는 것으로 이해되는 '함께 십자가에 못 박힘'에 의한 칭의 모델을 주장했다. 본서 서문에서 나는 이 장을 본서의 '정수'라고 불렀다.

우리는 칭의가 무엇보다도 관계적이고 언약적인 실재로서 화해와 같은 의미라는 사실 그리고 화해/칭의라는 개념 자체에 참여와 탈바꿈이라는 고유 특성이 존재한다는 사실을 확인했다. 바울의 구원론은 참여적 믿음을 통한 참여적 칭의의 구원론인데, 여기서 참여적 믿음이란 그리스도의 죽음 안에 나타난 그의 신실하심에 참여하는 것을 의미한다. 그리스도의 죽음은 하나님을 향한 충성과 타인을 향한 사랑(언약의 '수직적'·'수평적' 차원)의 정수를 담은 언약적·인간적 경험이었기 때문에, 그리스도의 죽음(십자가 처형)에 참여하는 것은 율법의 정당하고 본질적인 수직적·수평적 요구를 성취하는 것이다. 따라서 우리는 칭의를 다음과 같이 정의했다.

칭의는 그리스도의 죽음 안에 나타난 하나님의 은혜를 통한 그리고 우리가 성령에 힘입어 그분과 '함께 십자가에 못 박힘'을 통한 올바른 언약 관계— 하나님께 **충성**하고 이웃을 **사랑**하는 것—의 수립 혹은 회복이다. 따라서 칭의의 의미는 하나님의 백성 안에서 무죄 판결/신원에 대한 확실한 **소망**을 가지고 새로운 생명으로 그리스도와 함께 부활함 그리고 그렇기에 심판의 날에 영생으로 부활함이다.

'함께 십자가에 못 박힘'에 의한 칭의의 함의 중 하나는 칭의와 성화 사이의 신학적 균열이 **불가능하다**는 것이다. 왜냐하면 그리스도의 영이 신자들 가운데서 믿음과 사랑의 공생인 그리스도와 '함께 십자가에 못 박힘'을, 처음 시작할 때뿐만 아니라 계속 지속해서 일으키기 때문이다. 이 믿음과 사랑의 공생은 ('성화' 또는 '기독교 윤리' 같은) 칭의의 부록이 아니라 칭의 자체의 필수 요소로서, 아들의 형상에 동화되는 것이고 하나님의 의, 즉 하나님의 언약적 충성과 사랑의 화신이 되는 것이다. 따라서 칭의 자체가 테오시스, 즉 신실하고 자애로운 그리스도의 생명과 형상에 합체되는 것이며, 그분은 신자들이 그분 안에 살며 그분이 신자들 안에 사시는 분이다. 의롭게 된 사람들은 십자가 형태의 관대함과 정의의 공동체가 된다. 앞서 말했듯이, 칭의는 십자가 처형에 대한 주해이며, 하나님이 아들 안에서 케노시스적이고 십자가 형태인 분으로 자신을 계시하신 그 십자가 처형의 주해로서 칭의는 곧 테오시스다.

2장은 '함께 십자가에 못 박힘에 의한 칭의'에 관한 세 가지 내용을 추가로 강조했다. (1) 그것은 어떤 의미에서도 자생적인 경험('행위에 의한 구원')이 아니라는 점, (2) 그것은 개인적인(심오하게 자아가 관여되는) 경험이지만, 사적인 것이 아니라 공적이고 공동체적인 현실이라는 점, (3) 그것은 죽음과 부활의 경험이며, 둘 다 강조되어야 한다는 점이다. 이 세 가지 요점 중 두 번째 내용과 관련해 우리는 칭의가 공동체적 테오시스라고 주장했는데, 그것은 1장에서 논의한 공동체적 케노시스와 같은 의미다.

3장: 거룩함과 테오시스

3장에서는 바울의 삼위일체적이고 참여적인 십자가 형태 거룩함에 관해 혹은 (다시 한번) 테오시스에 관해 살펴보았다. 우리는 바울의 거룩함 이해의 토대가 그의 두 가지 독특한 확신에 있다는 점을 확인했는데, 하나는 하나님의 아들, 십자가에 못 박힌 메시아 예수가 아버지 하나님의 **거룩함**의 계시라는 확신이고, 다른 하나는 거기에서 도출되는 결론으로서 의롭게 된 사람들(그리스도와 함께 십자가에 못 박힌 사람들)은 **거룩한** 영(아버지와 아들 모두의 성령)의 능력을 통해 계속해서 그리스도와 '함께 십자가에 못 박힘'으로써 거룩하도록 부름받았다는 확신이다. 바울은 유대교의 거룩함 전통을 반직관적인 신적 속성/활동과 (본질상 공동체적인) 반문화적인 인간적 명령에 관한 내용으로 재구성했다. "내가 십자가 형태이니, 너희도 십자가 형태가 될지어다."

이 십자가 형태 거룩함은 한마디로 아버지와 아들의 성령의 능력으로 그리스도와 같은 모습이 되는 것을 의미한다. 이것은 또한 하나님과 같은 모습이 되는 것이기도 한데, 앞서 살펴보았듯이 하나님은 그리스도와 같은 모습이기 때문이다. 그리스도의 죽음은 언약적 행위와 인간적 행위의 정수를 보여 주는 행위이기에, 거룩한 행위의 정수를 보여 주는 행위이기도 하다. 우리는 신적 거룩함의 화신이신 그리스도에게 참여적으로 동화됨으로써 하나님처럼 거룩해진다. 그러므로 거룩함 또는 성화는 칭의의 부록이 아니라 칭의의 실현, 즉 구체화다.

4장: 테오시스와 비폭력

마지막 장에서는 신성한 폭력과 비폭력이라는 주제를 다루면서 비폭력은 바울의 회심과 사도적 정체성에 중요한 요소였으며, 여전히 그리스도인의 회심과 테오시스에 중요한 요소라고 주장했다. 4장의 주장은 바울이 그의 소명/회심 이후에도 폭력적 인격을 유지하고 표출했다는 존 게이저의 문제 제기에 대한 반응이었다. 또한 4장에서는 르네 지라르와 그의 주장을 바울에게 적용한 로버트 해머튼켈리가 제시한 신성한 폭력에 대한 해석도 고려했다. 그리고 앙리 레비와 미로슬라브 볼프의 연구를 바탕으로, 회심 전 바울의 폭력에 관한 더 유익한 설명을 '정결 의지'라는 현상에서 찾을 수 있다고 제안했다.

교회를 핍박하던 바울의 전향은 언약 공동체 내부를 정화하려는 의지의 표현인 비느하스 같은 폭력적 열심으로부터의 전향이요, 비폭력적인 방식으로 죽음에서 생명을 일으키는 하나님에 대한 (아브라함 같은) 믿음으로의 전향이었다. 하나님이 그 아들을 부활시켰으므로 그리스도의 십자가가 의미심장한 사건, 정말로 신현적인 사건이 되었고, 그렇기 때문에 바울은 하나님이 십자가에서 행하신 일을 그리스도 안에 있는 삶의 규준으로 본다. 말하자면, 하나님은 우리가 원수였을 때 우리를 사랑하셨고, 우리 자신의 폭력과 다른 죄들에 폭력으로 응답하시지 않고 십자가에서 폭력을 흡수하시는 방식으로 대응하셨다. 따라서 비폭력과 화해의 삶은 바울이 말하는 칭의와 참여적 거룩함, 즉 테오시스에 관한 비전에서 필수 요소가 된다.

하나님이 그리스도를 부활시킨 사건은 바울에게 적어도 다섯 가지 위대한 현실을 의미했다. (1) 부활은 십자가를 신적 포용과 수용의 행위로 계시한다. (2) 부활은 십자가를 하나님이 그리스도 안에서 행하신 비폭력적 화해로 계시한다. (3) 부활은 칭의 및 하나님과의 생명에 대한 대안적 근거를 제공한다. (4) 부활은 그리스도 안팎의 악에 대응하는 대안적 수단을 제공한다. (5) 부활은 하나님이 결국 악의 문제를 처리하실 것을 보증한다.

바울에게 부활이 가진 실존적 의미는 다음과 같이 요약할 수 있다. 살아 계신 부활의 그리스도는 충성스럽고 자애로운 십자가의 그리스도시며, 우리 안에 거하시고 우리가 그분 안에 거하는 살아 계신 그분은 하나님에 대한 순종과 우리를 향한 사랑으로 자신을 주신 신실하고 자애로운 분이다. 말하자면, 테오시스를 일으키는 페리코레시스(상호 내주)는 흔히 '이미타티오 크리스티'라고 불리는 것의 진정한 의미이며, 바울의 십자가 형태 테오시스 영성의 심장이다.

4장에서 우리는 또한 바울의 탈바꿈을 (초기 교회를 핍박하던 행태에서 믿음의 전파자로 전향한 것과 대조적으로) 폭력 그 자체로부터의 전향으로 인식하는 경우는 좀처럼 없다는 사실에 주목했다. 그래서인지 비폭력으로의 전향은 바울의 회심과 새로운 삶을 구성하는 요소로도, 더 일반적으로는 그리스도인의 회심과 새로운 삶을 위한 패러다임으로 혹은 그것을 구성하는 요소로도 좀처럼 간주되지 않았다. 이런 상황에서 4장은 앞서 언급했듯이 폭력을 버리고 비폭력과 평화 조성 모두를 수용하는 것이 바울의 테오시스에서, 그리고 더 일반적으로는 그리스도인의 테오시스에서 본질적인 부분이라고 주장했다.

테오시스: 최종 단계

본서에서 우리는 윤리적 탈바꿈으로서 테오시스에 초점을 맞추었다. 그것은 하나님의 형상이신 그 아들과 동화되어, 죽고 새로운 생명으로 다시 사는 것이다. 그러나 이것이 이야기의 끝이 아니다. 테오시스는 궁극적으로 영화롭게 된 천상의 그리스도와 동화된다는 의미다.

서론에서 우리는 바울이 말하는 테오시스의 과정을 스티븐 핀란이 세 단계로 규정했다는 사실에 주목했다. (1) 죄에 대해 죽음(그리고 그리스도와 함께 죽음), (2) 윤리적 탈바꿈, (3) 종말론적 탈바꿈.[2] 우리의 초점은 세 번째이자 마지막 차원인 종말론이 아니라, 처음 두 차원, 특히 윤리적 탈바꿈이다. 하지만 이 결론 부분에서는 테오시스의 최종 결과에 관해 몇 마디 언급하는 것이 적절해 보인다.

내 책 『삶으로 담아내는 십자가』[3]에서 나는 십자가 형태의 소망에 한 장을 할애해 십자가에 못 박힌 그리스도와 현재 동화되는 것과, 부활하고 영광을 받으신 그리스도와 종말론적으로 동화되는 것 사이의 관계를 보여주었다. 바울에게 고난이나 다른 십자가 형태의 실존은 영광의 전주곡과 같다. 이 말은 과정이 가지는 단계처럼 들리는데, 실제로 한 관점에서는 사실이다. 바울이 (그리고 실은 많은 신약 저자가) 우리에게 일깨우듯이, 그리스도의 이야기는 두 가지 주요 단계로 전개된다. 비하와 승귀, 죽음과 부활, 고난과 영광. 그 이야기에 참여한다는 것은, 아니 더 나은 표현으로는 그 이야기 속에 그분의 내러티브 정체성이 드러난 분에게 참여한다는 것은 이와 비슷한 두 단계의 패턴을 구현한다는 것이다. 하나님의 영광에 온전히 그리고 완전히 참여하는 것은 여전히 미래의 일이다.

그런데 바울의 구원론에 대한 내러티브적 접근이 또한 시사하는 바는, 테오시스의 과정에 많은 연속성이 있다는 사실이다. 신자들은 성령의 능력으로 십자가에 못 박히고 부활하신 그리스도와 동화될 때, 이미 하나님의 부활 생명과 능력을 경험한다. 이미 그들은 약함과 죽음 한 가운데서 능력과 생명을 경험한다. 언젠가는 그분이 그들을 아신 것같이 그들도 온전히 알게 될(고전 13:12) 그 십자가 형태 하나님을 이미 그들은 안다.

테오시스의 최종 결과인 그리스도의 부활한 몸과 동화되는 것은 여전히 미래의 일이지만, 그것은 이미 시작된 이야기의 피날레이지, 새로운 이

---

2   Stephen Finlan, "Can We Speak of Theosis in Paul?" in *Partakers of the Divine Nature: The History and Development of Deification in the Christian Traditions*, ed. Michael J. Christensen and Jeffery A. Wittung (Grand Rapids: Baker, 2007), pp. 68-80; 이 부분은 p. 73.

3   Michael J. Gorman, *Cruciformity: Paul's Narrative Spirituality of the Cross* (Grand Rapids: Eerdmans, 2001).

야기가 아니다. 더글러스 캠벨은 '피스티스 크리스투'를 예수의 믿음(신실함)으로 이해하고, 그럼으로써 그 문구를 또한 고난받는 신자들에게 계속해서 신실하라는 격려의 말로 이해하는 것의 중요성을 언급하면서, 내러티브적이고 참여적인 구원론의 중요성을 설득력 있게 진술한다.

예수가 죽음에 이르는 고난을 신실하게 견디신 후에 영광스러운 승리의 부활을 받으신 것처럼, 하나님과 그리스도를 향한 충성을 끝까지 유지한 그리스도인 역시 부활을 얻는다. 더욱이 그리스도인이 그렇게 할 때, 하나님은 그들에게 그리스도를 모방하라기보다는(아마도 그것은 불가능할 것이다), **그리스도 안에 거주하라고 혹은 그리스도 안에 내주하라고 요구하신다**. 말하자면, 시련을 통과하는 그와 같은 인내는 하나님의 영이 그리스도인을 그리스도를 닮은 모습으로 적극적으로 재형성하고 있다는 증거며, 그들이 이미 그 이야기, 즉 종말론적 구원으로 귀결될 이야기의 일부라는 증거다! 결국 그와 같은 인내하는 충성의 모습은 하나님이 역사하셔서 신자들을 그리스도의 원형적 이야기에 합체시키고 있다는 결정적 증거다. 본질상, 난관에도 불구하고 그 첫 번째 국면에 포함된다는 것은 곧 그 두 번째 국면에 포함되는 것을 보증받는 것이다. 이것은 그저 '이미타티오 크리스티' 정도가 아니다.[4]

캠벨의 설명에는 다듬고 싶은 세부 사항도 있다. 본서 곳곳에서 강조했듯이, '피스티스'는 고난 가운데 충성하는 것 이상의 의미이며, 참여는 개인적인 것만이 아닌 공동체적인 특성도 있다. 하지만 캠벨이 인식한 바 그리스도 안에 내주하는 것이 지닌 (그리고 그렇기 때문에 당연히 십자가 형태 하나님

---

[4] Douglas A. Campbell, *The Quest for Paul's Gospel: A Suggested Strategy* (London/New York: Clark, 2005), p. 93; 강조 추가.

안에 내주하는 것이 지닌) 내러티브적 특성은 바로 바울이 우리가 알기 원했을 그것이다. 케노시스, 칭의, 거룩함, 십자가화, 테오시스, 이 모두는 전체로서 하나다. 왜냐하면 그 모두가 처음 믿는 순간부터 완전한 영광이라는 종말론적 목표에 이르기까지, 그리스도 안에 계시된 십자가 형태 하나님 안에 성령의 능력에 힘입어 내주한다는 단일한 구원론적 실재를 가리키기 때문이다.

본회퍼를 통해 바울의 테오시스를 보다

바울에 관한 나의 첫 책 『삶으로 담아내는 십자가』 서평자 중 한 분은 그 책이 디트리히 본회퍼의 고전인 『나를 따르라』(The Cost of Discipleship 혹은 Discipleship; 독일어 원제는 Nachfolge)의 확장판 주석 같다고 이야기했다.[5] 그 서평자의 말은 중요한 측면에서 매우 맞는 이야기다. 내 책 『삶으로 담아내는 십자가』가 본회퍼를 드러내 놓고 언급한 것은 고작 세 페이지이지만,[6] 본회퍼의 정신, 특히 바울과 믿음, 교회에 대한 그의 해석과 관련된 정신은 책 전체에 스며들어 있다. 하지만 실제로 본서의 결론을 쓸 때까지만 해도 나는 본회퍼가 그 책의 배후에 있을 수 있다는 사실을 깨닫지 못했다.

값싼 은혜와 값비싼 은혜에 관한 본회퍼의 기억에 남을 만한 논의는 많은 사람에게 매우 친숙하며, 우리는 2장에서 그 논의를 칭의 및 값싼 칭의의 문제를 소개하면서 언급한 바 있다. 값싼 은혜와 값비싼 은혜에 대

---

5 Bonhoeffer의 책들은 다양한 번역본이 있다. 앞으로의 논의에서 첫 인용 외 모든 인용의 출처는 Dietrich Bonhoeffer, *Discipleship*, Dietrich Bonhoeffer Works, vol. 4, trans. Barbara Green and Reinhard Krauss (Minneapolis: Augsburg Fortress, 2001)이다. 이 번역본의 페이지를 괄호 안에 적시했다.

6 Gorman, *Cruciformity*, pp. 145, 385-386.

한 본회퍼의 이야기는 "그리스도께서 사람을 부르실 때, 그분은 그에게 와서 죽으라고 명령하신다"라는 기억에 남을 만한 문구와 더불어 그 책 『나를 따르라』의 초반부에 등장한다.[7] 하지만 본회퍼의 그 책의 결말을 아는 사람은 많지 않다. 마지막 장 제목은 '그리스도의 형상'이다. 그 장은 본질상 총괄갱신과 테오시스의 내러티브로서 구원 이야기를 설파하는 바울적인 주장이다. 본회퍼가 그와 관련된 용어나 이름, 예를 들면 이레나이우스나 아타나시우스를 명시적으로 언급하지는 않지만 말이다. 하지만 그는 교부들의 교환 공식("그가 우리와 같은 모습이 되셨다")을 적어도 두 번 인용하며, 바울도 인용한다.

본회퍼는 『나를 따르라』 마지막 장에서 그리스도를 따르는 사람들의 운명은 '그리스도를 닮은 모습이 되는 것'이라고 분명히 밝히면서 로마서 8:29을 언급한다(p. 281). 우리는 하나님의 형상대로 창조되었지만, 우리의 죄로 인해 '참된 인간다운 모습을 상실한'(p. 282) 인간으로 살기 시작했으며, 이제 '하나님의 형상이 [다시] 되어야'(p. 283) 한다. 본회퍼는 로마서 12:2과 고린도후서 3:18에 근거해 우리에게는 완전한 "재형성, 즉 '변모'"(p. 283)가 필요하며, 이는 그리스도의 삶과 죽음 안에 나타난 하나님 형상의 계시에 의해 가능하다고 말한다(p. 283). "이분은 사람의 모습을 취하신 하나님이요, 하나님의 새로운 형상이신 사람이다"(p. 284). 그리스도가 "사람과 같은 모습이 되신 것은 우리도 그분을 닮은 모습이 되게 하려는 것이다"(p. 285). 그리고 궁극적으로 그것은 그분의 하늘 영광에 참여하는 것을 뜻한다(pp. 284-285).

---

7   32개 장 중에서 1장('값비싼 은혜')과 4장('제자도와 십자가')에 나온다. 이 기억할 만한 인용구는 사실 예전 영어 번역본에서 가져온 것이다. *Discipleship*은 다음과 같이 번역했다. "그리스도가 우리를 부르실 때마다, 그의 부르심은 우리를 죽음으로 이끈다"(Whenever Christ calls us, his call leads us to death; p. 87).

이 탈바꿈은 인간의 노력으로 이루어지는 것이 아니다.

그리스도의 형상과 동화된다는 것은 그리스도와의 어떤 유사성을 실현하라고 우리에게 요청되는 이상(ideal)이 아니다. 하나님의 형상으로 우리 자신을 변화시키는 주체는 우리가 아니다. 오히려 우리 안에 그 모습을 갖추어 가려고 애쓰는 것은 하나님의 형상, 즉 그리스도의 형상이다(갈 4:19). 우리 안에서 자신을 나타내고자 애쓰는 것은 그리스도 자신의 형태다. 그리스도는 우리를 그리스도 자신의 형상으로 변화시킬 때까지 우리 안에서 멈추지 않고 일하신다. 우리의 목표는 성육신하신 분, 십자가에 못 박히신 분, 변모되신 분의 온전한 **형태**로 형성되는 것이다.[8] (pp. 284-285)

본회퍼는 고린도전서 15:49을 인용하면서 다시 한번, 우리가 언젠가는 그리스도의 하늘 형상을 공유할 것이라고 말한다(p. 286). 하지만,

하나님의 약속을 따라 예수의 광채와 영광에 참여하고자 하는 사람은 누구나 먼저 십자가에서 순종하고 고난받은 하나님의 종의 형상에 동화되어야 한다. 변모된 예수의 형상을 지니고자 하는 사람은 누구나 먼저 세상 속에서 더럽혀지고 십자가에 못 박힌 분의 형상을 지녀야 한다. 성육신하고 십자가에 못 박힌 예수 그리스도의 형상에 참여하지 않고서는, 아무도 잃어버린 하나님의 형상을 회복할 수 없다. (p. 284)

그렇다면 현재 그리스도인의 삶은 '십자가에 못 박힌 삶'(갈 2:19)이며, 지상에서 '하나님의 형상은 곧 십자가에 달린 예수 그리스도의 형상'이므로

---

[8] n. 4에 있는 Campbell의 말들과의 유사성에 주목해야 한다.

그리스도인은 '그의 죽음과 동화되어야'(빌 3:10, 롬 6:4이하) 한다(p. 285). 십자가에 못 박힌 그리스도와 동화됨의 가장 고상한 형태는 순교이지만, '세례에서 순교에 이르기까지' 그리스도인의 삶 전체는 그리스도의 고난과 죽음에 동참하는 것이다(p. 286). 이런 식으로 "그리스도 자신이 그분의 공동체 안에서 가시적인 형태를 얻게 되며", "십자가에 못 박힌 분을 통한 하나님 형상의 새 창조가" 이루어진다(p. 286). 본회퍼는 고린도후서 3:18을 인용하면서, 우리가 하나님의 형상, 십자가에 못 박히신 그리스도를 묵상하고 공동체 안에서 그분의 형상으로 탈바꿈될 때 이런 일이 일어난다고 말한다(p. 286). "그리스도인들 안에 거하시는 분은 정말로 거룩한 삼위일체이시며, 그분은 그리스도인들 안에 스며들어 다름 아닌 삼위일체 하나님 자신의 형상으로 그들을 변화시키는 분이시다"(p. 287). 이것이 우리의 운명이다. "오직 그분이 우리와 같으셨기 때문에, 우리가 그분처럼 될 수 있다. 오직 **이미** 우리가 그분과 같은 모습이 되었기 때문에, 우리가 '그리스도와 같은 모습이' 될 수 있다"(p. 287).[9]

다시 말해, 순종하는 값비싼 제자도의 위대한 옹호자인 본회퍼가 결국 깨달은 것은, 제자도가 모방에 관한 것이나 외부의 요청 혹은 규범에 대한 순종에 관한 것이 아니라, 탈바꿈, 테오시스에 관한 것이라는 사실이었다.

---

9 Bonhoeffer가 언급한 바울서신 본문 중 다수가 전통적으로 테오시스의 적절한 이해를 위한 토대로 여겨졌던 본문들이라는 사실은 흥미롭다. 이를테면, 본서 서문에서 제시한 관련 본문 목록을 확인해 보라. Bonhoeffer의 다른 글들, 특히 *Life Together*와 그의 실제 삶에 비추어 보면, 우리는 이러한 묵상과 탈바꿈의 경험을 사적이거나 내면적인 사건이 아닌, 공동체 안에서 그리고 세상을 향한 증언 속에서 일어나는 사건으로 해석해야 한다.

테오시스: 바울 신학의 중심

우리가 본회퍼에게서 발견한 것은 제자도에 대한 급진적인 해석과 결합된 동방 기독교의 테오시스 전통으로, 주로 바울의 참여 신학/영성의 언어로 표현되어 있다. 본회퍼가 드러낸 정서에도 불구하고, 서구의 바울 해석을 포함한 서구의 신학 전통은 일반적으로 구원에 관한 이야기를 이러한 용어, 즉 테오시스, 참여, 급진적 제자도와 같은 용어로 이해하지 않았다. 하지만 본서의 논지는 본회퍼의 관점이 존립 가능할 뿐만 아니라, 정말로 바울의 관점이라는 것이다. 이를 바울에 관한 책 결론에 더 적합하게 표현하자면 다음과 같다. 바울의 일차적인 관심사는, 그리고 그의 근본적인 구원론 모델은 십자가 형태 테오시스다.

그러면 이제 본서에 함축되어 있던, 하지만 필연적이었던 결론을 이야기할 수 있다. 즉, **테오시스가 바울 신학의 중심**이라는 것이다. 다른 글에서 밝힌 이유 때문에 바울 신학의 중심이라는 개념이 나에게는 썩 편안하지 않으며,[10] 그래서 나는 '초점', '핵심 관심사', 혹은 바로 이전 단락에서 사용한 '일차적인 관심사' 같은 표현을 선호한다. 더 나은 방식은 (십자가화나 테오시스가 단지 개념이나 확신, 교리가 아니기에) '통합적인 내러티브 경험'을 말하는 것이다.[11] 하지만 신학적 중심에 관한 질문이 그동안 학자들의 논의를 규정해 온 방식이기에, 적어도 일부 수준에서는 그 질문의 요소에 맞추어 작업해야 한다. 그러한 요소에 맞추어 표현하자면, 우리는 칭의나 화해, 심지어 참여보다 테오시스를 바울 신학의 중심으로 제안한다. 앞서 살펴보았듯이, 칭의 그리고 바울에게 칭의와 동의어인 화해가 테오시스의 큰

---

10 *Cruciformity*, pp. 369-372를 보라.
11 *Cruciformity*, p. 371.

부분을 차지한다. 그리고 테오시스는 분명히 참여의 구원론이다. 하지만 '칭의'와 '화해'는 바울 구원론의 핵심 동력을 가리키기에는 너무 좁은 용어고, 반면 '참여'는 다소 모호할 수밖에 없는 용어다. 테오시스가 더 나은 선택이다. 물론 그것은 **십자가 형태의** 테오시스다.[12]

테오시스: 현재 삶과 소명

독자들 가운데는 바울의 구원론을 기술하기 위해 '테오시스'라는 용어를 사용하는 것이 결과적으로는 칭의에 관한 특정 해석과 관련해 그들이 우려하는 것과 같은 문제를 초래할 것이라고 두려워하는 분이 있을 것이다. 말하자면, 윤리적 내용이 부재한 자기중심적, 심지어는 고립된 영적 탐구를 조장할 것이라는 우려다. 이해는 가지만, 이는 완전히 오해에 근거한 두려움이다.

우리가 바울서신을 통해 확인했듯이 테오시스는 그 특성상 철저하게 (사적이지 않고) 개인적이면서도 공동체적이고, 철저하게 수직적('영적')이면서도 수평적('윤리적')이다.[13] 의롭게 된 자들이 그리스도 안에서 이 세상 속의 하나님의 정의가 되는 데는 다른 방도가 있을 수 없다. 달리 말해, 테오

---

12 테오시스를 바울의 신학과 경험의 중심으로 제안함에 있어, 나는 *Cruciformity*에서 제시한 내용(pp. 369-372)을 철회한 것이 아니라, 그저 십자가화가 사실은 하나님화 혹은 테오시스라는 주장에 비추어 그 제안을 다듬은 것이다. 나는 '십자가 형태 테오시스'라는 표현으로 그 사실을 간결하게 표현하려 한다.

13 이 내용에 대해서는 Richard B. Hays, "Christ Died for the Ungodly: Narrative Soteriology in Paul?" *HBT* 26 (2004): pp. 48-69를 보라. 거기서 Hays는 바울의 참여적 내러티브 구원론이 지닌 교회적·윤리적 특성을 강조한다(pp. 62-63). '수평적', '수직적' 같은 용어는 하나의 현실이 지닌 두 가지 불가분한 영역을 가리키기 위한 휴리스틱 장치라는 사실을 기억하는 게 중요하다(본서 2장, p. 82를 보라). 이 점을 Haddon Willmer in "'Vertical' and 'Horizontal' in Paul's Theology of Reconciliation in the Letter to the Romans", *Transformation* 24 (2007): pp. 151-160, 특히 pp. 151-152도 강력하게 이야기한다.

시스가 신정론적 현실(theopolitical reality)이 되는 것은, 교회가 여러 다른 신과 그 신들을 따르는 공동체들 가운데서 참되고 거룩하신 십자가 형태 참 하나님의 형상을 간직하고 삶으로써 세상 속에서 그 칭의를 구현하고 실현할 때다. 성령의 능력으로 교회는 반문화적 삶, 즉 충성과 사랑, 관용과 정의, 정결과 약속 이행, 비폭력과 화해의 반문화적 삶을 산다. 달리 말하면, 그것은 십자가에 대한 주해, 성령이 스민 살아 있는 주해다. 아니, 하나님의 형상이신 십자가에 못 박히신 그분에 대한 살아 있는 주해라고 하는 게 더 낫겠다. 교회는 이 십자가 형태이신 삼위일체 하나님 안에 거주하고, 그분은 교회 안에 거주하신다. 따라서 교회의 삶 이야기는 바울이 만나고 전파했던 삼위일체 하나님의 내러티브 정체성과 그분의 은혜로운 구원의 능력을 구현하며, 그럼으로써 그것을 선포한다. 그것이 칭의와 거룩함, 그리고 평화, 즉 테오시스의 근원이다.

바울의 구원론을 테오시스로 설명하고, 테오시스를 그의 신학의 초점으로 혹은 중심으로 여긴다고 해서, 구원을 '지나치게 영성화'하고 그럼으로써 탈정치화하는 것은 아니다. 바울이 오로지 일치만을 보았던 곳에서 이분법을 만들어 내는 그런 결론은 오직 본서 1장부터 결론까지의 주장을 무시할 때만 가능한 이야기다. 또한 테오시스라는 용어를 사용한다고 해서 이스라엘의 성경과 바울서신이 증언하는 더 거대한 내러티브와 신적인 프로젝트로부터 구원을 제거하는 것이 아니다. 도리어 바울이 말하는 구원은 이스라엘 이야기의 성취로서, 이방인과 유대인 모두로 구성된 새로운 백성이 부르심을 받아 유대인 메시아의 형상으로 형성되어 아브라함의 자녀가 되는 것이다(갈 3:29; 6:16). 바울에게 구원은 인류의 곤경에 대한 해결책으로서, 마지막 아담이신 그리스도를 닮은 모습으로 다시 만들어진 새 인류의 창조다(고전 15:45-49). 그리고 바울에게 인간의 구원은 우주적 드라마, 즉 해방(롬 8:18-25)과 화해(골 1:19-20) 그리고 모든 악한 세력에 대한 승리(고전 15:24-26, 54-57)에 관한 우주적 드라마를 구성하는 한 차원이었는데(바울이 강조한 것), 여기에는 온 세상이 예수를 주님으로 칭송하는 것(빌 2:9-11)과 테오시스 과정이 완성되는 것(롬 8:29-30)이 포함되며, 마침내는 하나님이 '만유 안의 만유'가 되시는 신비한 현실로 그 대단원에 도달할 것이다(고전 15:28). 그 사이 기간에 새 백성인 새 인류는 아버지와 아들의 영에 힘입어 삼위일체인 십자가 형태 하나님의 생명과 사역에 **지금** 참여함으로써 그 영광스러운 미래를 말과 행동으로 증언한다.[14]

---

14 목회 사역에 대한 바울의 이해를 본서에 제시된 테오시스에 관한 통찰과 매우 조화롭게 해석한 연구로는 James W. Thompson, *Pastoral Ministry According to Paul: A Biblical Vision* (Grand Rapids: Baker Academic, 2006)이 있다. 본서의 주제를 다수 반영한 화해 사역에 대한 관점으로는 Miroslav Volf, "The Social Meaning of Reconciliation", *Int* 54 (2002): pp. 158-172를 보라. 그러나 Volf는 (바울에게) 정의와 화해가 본질상 같은 의미인 경우에도 불필요하게 정의를 화해에 종속시킨다.

참고 문헌

Anderson, Gary. Review of Michael J. Gorman, *Reading Paul*, *First Things* 184 (June/July 2008): pp. 52-53.

Aune, David E., ed. *Rereading Paul Together: Protestant and Catholic Perspectives on Justification*. Grand Rapids: Baker Academic, 2006.

_____. "Recent Readings of Paul Relating to Justification by Faith." In *Rereading Paul Together*, edited by David E. Aune, pp. 188-245. Grand Rapids: Baker Academic, 2006.

Barth, Karl. *Church Dogmatics*, III/4. Translated by A. T. Mackay, et al. Edinburgh: Clark, 1961. 『교회 교의학』(대한기독교서회).

_____. *The Epistle to the Philippians*. Translated by James W. Leith. Richmond: John Knox, 1962.

Barton, Stephen C. "Dislocating and Relocating Holiness: A New Testament Study." In *Holiness Past and Present*, edited by Stephen C. Barton, pp. 193-213. London: Clark, 2003.

_____, ed. *Holiness Past and Present*. London: Clark, 2003.

Bassler, Jouette M. *Navigating Paul: An Introduction to Key Theological Concepts*. Louisville: Westminster John Knox, 2007.

_____, ed. *Pauline Theology*, vol. 1: *Thessalonians, Philippians, Galatians, Philemon*. Minneapolis: Fortress, 1991.

Bauckham, Richard. *God Crucified: Monotheism and Christology in the New Testament*. Grand Rapids: Eerdmans, 1998.

_____. "The Worship of Jesus in Philippians 2:9-11." In *Where Christology Began*, edited by Ralph P. Martin and Brian J. Dodd, pp. 128-139. Louisville: Westminster John Knox, 1998.

Biddle, Mark E. *Missing the Mark: Sin and Its Consequences in Biblical Theology*. Nashville: Abingdon, 2005.

Bird, Michael F. *The Saving Righteousness of God: Studies in Paul, Justification, and the New Perspective*. Carlisle, UK: Paternoster, 2007.

Bischoff, Paul. "Participation: Ecclesial Praxis with a Crucified God for the World." *JCTR* 8 (2003): pp. 19-36.

Blass, F., and A. Debrunner. *A Greek Grammar of the New Testament and Other Early Christian Literature*. Translated and revised by R. W. Funk. Chicago: University of Chicago Press, 1961.

Bloomquist, L. Gregory. *The Function of Suffering in Philippians*. JSNTSup 78. Sheffield: JSOT Press, 1993.

Blount, Brian K. *Then the Whisper Put on Flesh: New Testament Ethics in an African American Context*. Nashville: Abingdon, 2001.

Bockmuehl, Markus. *The Epistle to the Philippians*. BNTC. Peabody: Hendrickson, 1998.

Boersma, Hans. *Violence, Hospitality, and the Cross*. Grand Rapids: Baker, 2004. 『십자가, 폭력인가 환대인가』(CLC).

Bonhoeffer, Dietrich. *Discipleship*. Dietrich Bonhoeffer Works, vol. 4. Translated by Barbara Green and Reinhard Krauss. Minneapolis: Augsburg Fortress, 2001. 『나를 따르라』(복있는사람).

Braaten, Carl E., and Robert W. Jenson, eds. *Union with Christ: The New Finnish Interpretation of Luther*. Grand Rapids: Eerdmans, 1998.

Brondos, David A. *Paul on the Cross: Reconstructing the Apostle's Story of Redemption*. Minneapolis: Fortress, 2006.

Brower, Kent E. and Andy Johnson, eds. *Holiness and Ecclesiology in the New Testament*. Grand Rapids: Eerdmans, 2007.

Brueggemann, Walter. *Theology of the Old Testament: Testimony, Dispute, Advocacy*. Minneapolis: Fortress, 1997. 『구약신학』(CLC).

Bryant, Robert A. *The Risen Crucified Christ in Galatia*. SBLDS 185. Atlanta: Society of Biblical Literature, 2001.

Byrne, Brendan. *Romans*. Sacra Pagina. Collegeville: Liturgical, 1996.

Campbell, Douglas A. *The Deliverance of God: An Apocalyptic Rereading of Justification in Paul*. Grand Rapids: Eerdmans, 2009.

_____. *The Quest for Paul's Gospel: A Suggested Strategy*. London/New York: Clark, 2005.

Carson, Donald, Peter T. O'Brien, and Mark A. Seifrid, eds. *Justification and Variegated Nomism*, vol. 1: *The Complexities of Second Temple Judaism*. Grand Rapids: Baker, 2001.

_____, eds. *Justification and Variegated Nomism*, vol. 2: *The Paradoxes of Paul*. Grand Rapids: Baker, 2004.

Chester, Stephen J. *Conversion in Corinth: Perspectives on Conversion in Paul's Theology and the Corinthian Church*. London: Clark, 2003.

_____. "When the Old Was New: Reformation Perspectives on Galatians 2:16." *ExpTim* 119 (2007-8): pp. 320-329.

Christensen, Michael J., and Jeffery A. Wittung, eds. *Partakers of the Divine Nature: The*

   History and Development of Deification in the Christian Traditions. Grand Rapids: Baker Academic, 2007.

Ciampa, Roy E., and Brian S. Rosner. "The Structure and Argument of 1 Corinthians: A Biblical/Jewish Approach." *NTS* 52 (2006): pp. 205-218.

Crossan, John Dominic, and Jonathan Reed. *In Search of Paul: How Jesus's Apostle Opposed Rome's Empire with God's Kingdom*. San Francisco: HarperSanFrancisco, 2004.

Cummins, S. A. "Divine Life and Corporate Christology: God, Messiah Jesus, and the Covenant Community in Paul." In *The Messiah in the Old and New Testaments*, edited by Stanley E. Porter, pp. 190-209. Grand Rapids: Eerdmans, 2007.

Cyril of Alexandria. *Commentary on John*.

de Boer, Martinus C. "Paul's Use and Interpretation of a Justification Tradition in Galatians 2.15-21." *JSNT* 28 (2005): pp. 189-216.

DeMaris, Richard E. "Can We Reread Paul Together Any Longer? Joseph A. Fitzmyer's View of Pauline Justification in Context." In *Rereading Paul Together*, edited by David E. Aune, pp. 95-197. Grand Rapids: Baker Academic, 2006.

Donaldson, Terence L. *Paul and the Gentiles: Remapping the Apostle's Convictional World*. Minneapolis: Fortress, 1997.

Dunn, James D. G. "Christ, Adam, and Preexistence." In *Where Christology Began*, edited by Ralph P. Martin and Brian J. Dodd, pp. 74-83. Louisville: Westminster John Knox, 1998.

―――. "Did Paul Have a Covenant Theology? Reflections on Romans 9:4 and 11:27." In *Celebrating Romans: Template for Pauline Theology; Essays in Honor of Robert Jewett*, edited by Sheila E. McGinn, pp. 3-19. Grand Rapids: Eerdmans, 2004.

―――. "Once More, *PISTIS CHRISTOU*." In *Pauline Theology*, vol. 4: *Looking Back, Pressing On*, edited by E. Elizabeth Johnson and David M. Hay, pp. 66-81. Atlanta: Scholars, 1997.

―――. "Paul and Justification by Faith." In *The Road from Damascus*, edited by Richard Longenecker, pp. 85-101. Grand Rapids: Eerdmans, 1997.

―――, ed. *Paul and the Mosaic Law*. Grand Rapids: Eerdmans, 1996.

―――. *The Theology of Paul the Apostle*. Grand Rapids: Eerdmans, 1998. 『바울신학』(CH북스).

Edwards, Mark J. *Galatians, Ephesians, Philippians*. Ancient Christian Commentary on Scripture: New Testament VIII. Downers Grove, Ill.: InterVarsity, 1999.

Ehrman, Bart. *The New Testament: A Historical Introduction to the Early Christian Writings*, 3d ed. New York: Oxford University Press, 2004.

Fackre, Gabriel. "Affirmations and Admonitions: Lutheran and Reformed." In *The Gospel of Justification in Christ*, edited by Wayne C. Stumme, pp. 1-26. Grand Rapids: Eerdmans, 2006.

Fee, Gordon D. *God's Empowering Presence: The Holy Spirit in the Letters of Paul*. Peabody, Mass.: Hendrickson, 1994.

Finlan, Stephen. "Can We Speak of Theosis in Paul?" In *Partakers of the Divine Nature: The History and Development of Deification in the Christian Traditions*, edited by Michael J. Christensen and Jeffery A. Wittung, pp. 68-80. Grand Rapids: Baker Academic, 2007.

_____, and Vladimir Kharlamov, eds. *Theosis: Deification in Christian Theology*. Eugene: Pickwick, 2006.

Fitzmyer, Joseph A. "Justification by Faith in Pauline Thought: A Catholic Perspective." In *Rereading Paul Together: Protestant and Catholic Perspectives on Justification*, edited by David E. Aune, pp. 77-94. Grand Rapids: Baker Academic, 2006.

Foster, Paul. "The First Contribution to the *pistis Christou* Debate: A Study of Ephesians 3.12." *JSNT* 85 (2002): pp. 75-96.

Fowl, Stephen E. "Christology and Ethics in Philippians 2:5-11." In *Where Christology Began: Essays on Philippians 2*, edited by Ralph P. Martin and Brian J. Dodd, pp. 140-153. Louisville: Westminster John Knox, 1998.

_____. *Philippians*. THNTC. Grand Rapids: Eerdmans, 2005.

Fredriksen, Paula. "Judaism, the Circumcision of Gentiles, and Apocalyptic Hope: Another Look at Galatians 1 and 2." *JTS* n.s. 42 (1991): pp. 532-564.

_____. "Paul and Augustine: Conversion Narratives, Orthodox Tradition, and the Retrospective Self." *JTS* n.s. 37 (1986): pp. 3-34.

Frick, Peter. "The Means and Mode of Salvation: A Hermeneutical Proposal for Clarifying Pauline Soteriology." *HBT* 29 (2007): pp. 203-222.

Furnish, Victor Paul. *II Corinthians*. AB 32A. Garden City: Doubleday, 1984.

Gager, John G., with E. Leigh Gibson. "Violent Acts and Violent Language in the Apostle Paul." In *Violence in the New Testament*, edited by Shelly Matthews and E. Leigh Gibson, pp. 13-21. New York: Clark, 2005.

Gasque, W. Ward, and Ralph P. Martin. *Apostolic History and the Gospel: Biblical and Historical Essays Presented to F. F. Bruce on His 60th Birthday*. Grand Rapids: Eerdmans, 1970.

Gathercole, Simon. "The Doctrine of Justification in Paul and Beyond: Some Proposals." In *Justification in Perspective: Historical Developments and Contemporary Challenges*, edited by Bruce L. McCormack, pp. 219-241. Grand Rapids: Baker Academic, 2006.

_____. "Justified by Faith, Justified by His Blood: The Evidence of Romans 3:21-4:5." In *Justification and Variegated Nomism*, vol. 2: *The Paradoxes of Paul*, edited by Donald Carson, Peter T. O'Brien, and Mark A. Seifrid, pp. 147-184. Grand Rapids:

Baker, 2004.

Giddens, Anthony. *Modernity and Self-Identity: Self and Society in the Late Modern Age*. Stanford: Stanford University Press, 1991. 『현대성과 자아정체성』(새물결).

Gorman, Michael J. *Apostle of the Crucified Lord: A Theological Introduction to Paul and His Letters*. Grand Rapids: Eerdmans, 2004. 『신학적 방법을 적용한 새로운 바울연구 개론』(대한기독교서회).

_____. *Cruciformity: Paul's Narrative Spirituality of the Cross*. Grand Rapids: Eerdmans, 2001. 『삶으로 담아내는 십자가』(새물결플러스).

_____. *Reading Paul*. Eugene: Cascade, 2008.

_____. "Romans 13:8-14." *Int* 62 (2008): pp. 170-172.

_____. "'You Shall Be Cruciform, for I Am Cruciform': Paul's Trinitarian Reconstruction of Holiness." In *Holiness and Ecclesiology in the New Testament*, edited by Kent E. Brower and Andy Johnson, pp. 148-166. Grand Rapids: Eerdmans, 2007.

_____, and Ann Loar Brooks. *Holy Abortion: A Theological Critique of the Religious Coalition for Reproductive Choice*. Eugene: Wipf and Stock, 2003.

Grieb, A. Katherine. "The One Who Called You: Vocation and Leadership in the Pauline Literature." *Int* 59 (2005): pp. 154-165.

_____. "'So That in Him We Might Become the Righteousness of God' (2 Cor 5:21): Some Theological Reflections on the Church Becoming Justice." *Ex Auditu* 22 (2006): pp. 58-80.

Gunton, Colin. *Act and Being: Towards a Theology of the Divine Attributes*. Grand Rapids: Eerdmans, 2002.

Hamerton-Kelly, Robert G. *Sacred Violence: Paul's Hermeneutic of the Cross*. Minneapolis: Fortress, 1992.

Harink, Douglas. *Paul among the Postliberals: Pauline Theology beyond Christendom and Modernity*. Grand Rapids: Brazos, 2003.

Harrington, Hannah K. *Holiness: Rabbinic Judaism and the Greco-Roman World*. London/New York: Routledge, 2001.

Harrisville, Roy A. *Fracture: The Cross as Irreconcilable in the Language and Thought of the Biblical Writers*. Grand Rapids: Eerdmans 2006.

Hastings, A., ed. *The Oxford Companion to Christian Thought*. Oxford: Oxford University Press, 2000.

Hauerwas, Stanley. *Sanctify Them in the Truth: Holiness Exemplified*. Nashville: Abingdon, 1998.

_____, and William J. Willimon. *The Truth about God: The Ten Commandments in Christian Life*. Nashville: Abingdon, 1999. 『십계명』(복있는사람).

Hawthorne, Gerald F. "In the Form of God." In *Where Christology Began: Essays on Philip-*

pians 2, edited by Ralph P. Martin and Brian J. Dodd, pp. 96-110. Louisville: Westminster John Knox, 1998.

_____. *Philippians*. WBC. Waco: Word, 1983. 『빌립보서』(솔로몬).

Hay, David M. "Paul's Understanding of Faith as Participation." In *Paul and His Theology*, Pauline Studies vol. 3, edited by Stanley E. Porter, pp. 45-76. Leiden/Boston: Brill, 2006.

_____, ed. *Pauline Theology*, vol. 2, 1 & 2 Corinthians. Minneapolis: Augsburg/Fortress, 1992.

Hays, Richard B. "Christ Died for the Ungodly: Narrative Soteriology in Paul?" *HBT* 26 (2004): pp. 48-69.

_____. *The Conversion of the Imagination: Paul as Interpreter of Israel's Scripture*. Grand Rapids: Eerdmans, 2005. 『상상력의 전환』(QTM).

_____. "Crucified with Christ: A Synthesis of the Theology of 1 and 2 Thessalonians, Philemon, Philippians, and Galatians." In *Pauline Theology*, vol. 1: Thessalonians, Philippians, Galatians, Philemon, edited by Jouette M. Bassler, pp. 227-246. Minneapolis: Fortress, 1991.

_____. *The Faith of Jesus Christ: The Narrative Substructure of Gal 3:1-4:11*. 2d ed. Grand Rapids: Eerdmans, 2002. 『예수 그리스도의 믿음』(에클레시아북스).

_____. "Justification." In *ABD*, edited by David Noel Freedman, 3:1129-1133. New York: Doubleday, 1992.

_____. *The Moral Vision of the New Testament: A Contemporary Introduction to New Testament Ethics*. San Francisco: HarperCollins, 1996. 『신약의 윤리적 비전』(IVP).

_____. "*PISTIS CHRISTOU* and Pauline Theology: What Is at Stake?" In *Pauline Theology*, vol. 4: *Looking Back, Pressing On*, edited by E. Elizabeth Johnson and David M. Hay, pp. 35-60. Atlanta: Scholars, 1997.

_____. "The Role of Scripture in Paul's Ethics." In *The Conversion of the Imagination: Paul as Interpreter of Israel's Scripture*, pp. 143-162. Grand Rapids: Eerdmans, 2005.

Heen, Erik M. "Phil 2:6-11 and Resistance to Local Timocratic Rule: *Isa theō* and the Cult of the Emperor in the East." In *Paul and the Roman Imperial Order*, edited by Richard A. Horsley, pp. 125-153. Harrisburg: Trinity, 2004.

Hellerman, Joseph H. *Reconstructing Honor in Roman Philippi: Carmen Christi as Cursus Pudorum*. SNTSMS 132. Cambridge: Cambridge University Press, 2005.

Hooker, Morna D. *From Adam to Christ: Essays on Paul*. New York/Cambridge: Cambridge University Press, 1990.

Hoover, Roy W. "The Harpagmos Enigma: A Philological Solution." *HTR* 64 (1971): pp. 95-119.

Horsley, Richard A., ed. *Paul and Empire: Religion and Power in Roman Imperial Society*.

Harrisburg: Trinity, 1997. 『바울과 로마제국』(CLC).

_____. *Paul and Politics: Ekklesia, Israel, Imperium, Interpretation: Essays in Honor of Krister Stendahl*. Harrisburg: Trinity, 2000.

Hultgren, Arland. "Paul's Pre-Christian Persecution of the Church." *JBL* 95 (1976): pp. 97-112.

Hunsinger, George. "Fides Christo Formata: Luther, Barth, and the Joint Declaration." In *The Gospel of Justification in Christ*, edited by Wayne C. Stumme, pp. 69-84. Grand Rapids: Eerdmans, 2006.

Hurst, L. D. "Christ, Adam, and Preexistence Revisited." In *Where Christology Began: Essays on Philippians 2*, edited by Ralph P. Martin and Brian J. Dodd, pp. 84-95. Louisville: Westminster John Knox, 1998.

Husbands, Mark A., and Daniel J. Treier, eds. *Justification: What's at Stake in the Current Debate*. Downers Grove: InterVarsity, 2004.

Irenaeus, *Against Heresies*.

Jervis, L. Ann. "Becoming like God through Christ: Romans." In *Patterns of Discipleship in the New Testament*, edited by Richard N. Longenecker, pp. 143-162. Grand Rapids: Eerdmans, 1996.

Johnson, Andy. "The Sanctification of the Imagination in 1 Thessalonians." In *Holiness and Ecclesiology in the New Testament*, edited by Kent E. Brower and Andy Johnson, pp. 275-292. Grand Rapids: Eerdmans, 2007.

Johnson, E. Elizabeth, and David M. Hay, eds. *Pauline Theology*, vol. 4: *Looking Back, Pressing On*. Atlanta: Scholars, 1997.

Johnson, Luke Timothy. *Reading Romans: A Literary and Theological Commentary*. New York: Crossroad, 1997.

_____. *Religious Experience in Earliest Christianity: A Missing Dimension in New Testament Study*. Minneapolis: Fortress, 1998.

Karkkainen, Veli-Matti. *One with God: Salvation as Deification and Justification*. Collegeville: Liturgical, 2005.

Kasemann, Ernst. *Perspectives on Paul*. Translated by Margaret Kohl. Philadelphia: Fortress, 1971; repr. Mifflintown, Pa.: Sigler, 1996.

_____. "The Saving Significance of the Death of Jesus in Paul." In *Perspectives on Paul*, translated by Margaret Kohl, pp. 32-59. Philadelphia: Fortress, 1971; repr. Mifflintown, Pa.: Sigler, 1996.

Keck, Leander. *Romans*. ANTC. Nashville: Abingdon, 2005.

Keesmaat, Sylvia C. "Crucified Lord or Conquering Saviour: Whose Story of Salvation?" *HBT* 26 (2004): pp. 69-93.

Kimbrough, S. T., Jr., ed. *Orthodox and Wesleyan Spirituality*. Crestwood, N.Y.: St. Vladimir's Seminary Press, 2002.

Kirk, J. R. Daniel. *Unlocking Romans: Resurrection and the Justification of God*. Grand Rapids: Eerdmans, 2008.

Kreitzer, Larry J. "'When He at Last Is First!': Philippians 2:9-11 and the Exaltation of the Lord." In *Where Christology Began: Essays on Philippians 2*, edited by Ralph P. Martin and Brian J. Dodd, pp. 111-127. Louisville: Westminster John Knox, 1998.

Litwa, M. David. "2 Corinthians 3:18 and Its Implications for Theosis." *JTI* 2 (2008): pp. 117-134.

Loader, William. *The Septuagint, Sexuality and the New Testament*. Grand Rapids: Eerdmans, 2004.

Longenecker, Bruce W., "Defining the Faithful Character of the Covenant Community: Galatians 2.15-21 and Beyond: A Response to Jan Lambrecht." In *Paul and the Mosaic Law*, edited by James D. G. Dunn, pp. 75-98. Grand Rapids: Eerdmans, 1996.

———. ed., *Narrative Dynamics in Paul: A Critical Assessment*. Louisville: Westminster John Knox, 2002.

Longenecker, Richard N. "A Realized Hope, a New Commitment, and a Developed Proclamation: Paul and Jesus." In *The Road from Damascus: The Impact of Paul's Conversion on His Life, Thought, and Ministry*, edited by Richard N. Longenecker, pp. 18-42. Grand Rapids: Eerdmans, 1997.

———, ed. *The Road from Damascus: The Impact of Paul's Conversion on His Life, Thought, and Ministry*. Grand Rapids: Eerdmans, 1997.

———, ed. *Patterns of Discipleship in the New Testament*. Grand Rapids: Eerdmans, 1996.

Mannermaa, Tuomo. *Christ Present in Faith: Luther's View of Justification*. Minneapolis: Fortress, 2005 (orig. 1989).

Marcus, Joel. "The New Testament and Idolatry." *Int* 60 (2006): pp. 152-164.

Marshall, Bruce D. "Justification as Declaration and Deification." *IJST* 4 (2002): pp. 3-28.

Martin, Ralph P. *A Hymn of Christ: Philippians 2:5-11 in Recent Interpretation and in the Setting of Early Christian Worship*. Downers Grove: InterVarsity, 1997; orig. Carmen Christi, 1967.

———, and Brian J. Dodd, eds. *Where Christology Began: Essays on Philippians 2*. Louisville: Westminster John Knox, 1998.

Martinson, Paul Varo. "Learning Its Meaning amidst the Religions." In *The Gospel of Justification in Christ*, edited by Wayne C. Stumme, pp. 141-159. Grand Rapids: Eerdmans, 2006.

Martyn, J. Louis. "Apocalyptic Antinomies." In *Theological Issues in the Letters of Paul*, pp. 111-123. Edinburgh: Clark; Nashville: Abingdon, 1997.

———. "Epistemology at the Turn of the Ages." In *Theological Issues in the Letters of Paul*, pp. 89-110. Edinburgh: Clark; Nashville: Abingdon, 1997.

_____. *Galatians: A New Translation with Introduction and Commentary*. AB 33A. New York: Doubleday, 1997. 『앵커바이블 갈라디아서』(CLC).

_____. *Theological Issues in the Letters of Paul*. Edinburgh: Clark; Nashville: Abingdon, 1997.

Matera, Frank J. *Galatians*. Sacra Pagina. Collegeville, Minn.: Liturgical, 1992.

_____. *II Corinthians*. New Testament Library. Louisville: Westminster John Knox, 2003.

Matthews, Shelly, and E. Leigh Gibson, eds. *Violence in the New Testament*. New York: Clark, 2005.

Mauser, Ulrich W. "One God and Trinitarian Language in the Letters of Paul." *HBT* 20 (1998): pp. 99-108.

McCormack, Bruce L., ed. *Justification in Perspective: Historical Developments and Contemporary Challenges*. Grand Rapids: Baker Academic, 2006.

_____. "*Justitia Aliena*: Karl Barth in Conversation with the Evangelical Doctrine of Imputed Righteousness." In *Justification in Perspective: Historical Developments and Contemporary Challenges*, edited by Bruce L. McCormack, pp. 167-196. Grand Rapids: Baker Academic, 2006.

_____. "What's at Stake in Current Debates over Justification: The Crisis of Protestantism in the West." In *Justification: What's at Stake in the Current Debates*, edited by Mark A. Husbands and Daniel J. Treier, pp. 81-117. Downers Grove: InterVarsity, 2004.

McGinn, Sheila E., ed. *Celebrating Romans: Template for Pauline Theology; Essays in Honor of Robert Jewett*. Grand Rapids: Eerdmans, 2004.

McGuckin, J. A. "Deification." In *The Oxford Companion to Christian Thought*, edited by A. Hastings, p. 156. Oxford: Oxford University Press, 2000.

Minear, Paul S. "The Holy and the Sacred." *Theology Today* 47 (1990-1991): pp. 5-12.

Moule, C. F. D. "Further Reflexions on Philippians 2:5-11." In *Apostolic History and the Gospel: Biblical and Historical Essays Presented to F. F. Bruce on His 60th Birthday*, edited by W. Ward Gasque and Ralph P. Martin, pp. 264-276. Grand Rapids: Eerdmans, 1970.

_____. "The Manhood of Jesus in the New Testament." In *Christ, Faith and History: Cambridge Studies in Christology*, edited by W. Sykes and J. P. Clayton, pp. 95-110. Cambridge: Cambridge University Press, 1972.

Nellas, Panayiotis. *Deification in Christ: Orthodox Perspectives on the Nature of the Human Person*. Translated by Norman Russell. Crestwood, N.Y.: St. Vladimir's Seminary Press, 1997.

Oakes, Peter. *Philippians: From People to Letter*. SNTSMS 110. Cambridge: Cambridge University Press, 2001.

Payton, James R., Jr. *Light from the Christian East: An Introduction to the Orthodox Tradition*. Downers Grove: InterVarsity, 2007.
Placher, William C. *Narratives of a Vulnerable God: Christ, Theology, and Scripture*. Louisville: Westminster John Knox, 1994.
Porter, Stanley, ed. *The Messiah in the Old and New Testaments*. Grand Rapids: Eerdmans, 2007.
_____, ed. *Paul and His Theology*. Pauline Studies, vol. 3. Leiden/Boston: Brill, 2006.
Powell, Samuel M., and Michael E. Lodahl, ed. *Embodied Holiness: Toward a Corporate Theology of Spiritual Growth*. Downers Grove: InterVarsity, 1999.
Powers, Daniel G. *Salvation through Participation: An Examination of the Notion of the Believers' Corporate Unity with Christ in Early Christian Soteriology*. Contributions to Biblical Exegesis and Theology. Leuven: Peeters, 2001.
Reumann, John. "Justification and Justice in the New Testament." *HBT* 21 (1999): pp. 26-45.
Roetzel, Calvin. *Paul: The Man and the Myth*. Minneapolis: Fortress, 1999.
Rusch, William G. "How the Eastern Fathers Understood What the Western Church Meant by Justification." In *Justification by Faith: Lutherans and Catholics in Dialogue VII*, edited by H. George Anderson, T. Austin Murphy, and Joseph A. Burgess, pp. 131-142. Minneapolis: Augsburg, 1985.
Sanders, E. P. *Paul and Palestinian Judaism: A Comparison of Patterns of Religion*. Philadelphia: Fortress, 1977. 『바울과 팔레스타인 유대교』(알맹e).
Savage, Timothy B. *Power through Weakness: Paul's Understanding of the Christian Ministry in 2 Corinthians*. SNTSMS 86. Cambridge: Cambridge University Press, 1996.
Schauf, Scott. "Galatians 2.20 in Context." *NTS* 52 (2006): pp. 86-101.
Schonherr, Hartmut. "Concepts of Salvation in Christianity." *Africa Theological Journal* 12 (1983): pp. 159-165.
Schreiner, Thomas R. *Romans*. Grand Rapids: Baker, 1998. 『BECNT 로마서』(부흥과개혁사).
Segal, Alan. *Paul the Convert: The Apostolate and Apostasy of Saul the Pharisee*. New Haven: Yale University Press, 1990.
Seifrid, Mark A. "Paul's Use of Righteousness Language against Its Hellenistic Background." In *Justification and Variegated Nomism*, vol. 2: *The Paradoxes of Paul*, edited by Donald Carson, Peter T. O'Brien, and Mark A. Seifrid, pp. 39-74. Grand Rapids: Baker, 2004.
_____. "Unrighteous by Faith: Apostolic Proclamation in Romans 1:18-:20." In *Justification and Variegated Nomism*, vol. 2: *The Paradoxes of Paul*, edited by Donald Carson, Peter T. O'Brien, and Mark A. Seifrid, pp. 105-145. Grand Rapids: Baker, 2004.
Silva, Moises. *Philippians*. 2d ed. BECNT. Grand Rapids: Baker, 2005. 『BECNT 빌립보서』(부흥과개혁사).

Stanton, Graham N., and Guy G. Stroumsa, eds. *Tolerance and Intolerance in Early Judaism and Christianity*. Cambridge: Cambridge University Press, 1998.

Stubbs, David L. "The Shape of Soteriology and the Pistis Christou [Faith of Christ] Debate." *SJT* 61 (2008): pp. 137-157.

Stuhlmacher, Peter. *Revisiting Paul's Doctrine of Justification*. Downers Grove: InterVarsity, 2001.

Stumme, Wayne C., ed. *The Gospel of Justification in Christ: Where Does the Church Stand Today?* Grand Rapids: Eerdmans, 2006.

Swartley, Willard M. *Covenant of Peace: The Missing Peace in New Testament Theology and Ethics*. Grand Rapids: Eerdmans, 2006.

_____, ed. *The Love of Enemy and Nonretaliation in the New Testament*. Louisville: Westminster/John Knox, 1992.

_____, ed. *Violence Renounced: Rene Girard, Biblical Studies, and Peacemaking*. Telford, Pa.: Pandora, 2000.

Sykes, S. W., and J. P. Clayton, eds. *Christ, Faith and History: Cambridge Studies in Christology*. Cambridge: Cambridge University Press, 1972.

Talbert, Charles H. *Romans*. Smith & Helwys Bible Commentary.Macon, Ga.: Smith & Helwys, 2002.

Tamez, Elsa. "Justification as Good News for Women: A Re-reading of Romans 1-8." Translated by Sheila E. McGinn. In *Celebrating Romans: Template for Pauline Theology; Essays in Honor of Robert Jewett*, edited by Sheila E. McGinn, pp. 177-189. Grand Rapids: Eerdmans, 2004.

Tannehill, Robert C. *Dying and Rising with Christ: A Study in Pauline Theology*. Berlin: Alfred Topelmann, 1966.

_____. "Participation in Christ: A Central Theme in Pauline Soteriology." In *The Shape of the Gospel: New Testament Essays*, pp. 223-237. Eugene: Cascade, 2007.

_____. *The Shape of the Gospel: New Testament Essays*. Eugene: Cascade, 2007.

Taylor, Justin. "Why Did Paul Persecute the Church?" In *Tolerance and Intolerance in Early Judaism and Christianity*, edited by Graham N. Stanton and Guy G. Stroumsa, pp. 99-120. Cambridge: Cambridge University Press, 1998.

Thompson, James W. *Pastoral Ministry according to Paul: A Biblical Vision*. Grand Rapids: Baker Academic, 2006.

Thurston, Bonnie B., and Judith M. Ryan, *Philippians and Philemon*. Sacra Pagina. Collegeville: Liturgical, 2003.

Valles, Jaume Botey, *El Dios de Bush* [*Bush's God*]. Cuadernos Cristianisme i Justícia 126. Barcelona: Centre d'Estudia Cristianisme i Justícia, 2004.

Vincent, M. R. *A Critical and Exegetical Commentary on the Epistles to the Philippians and*

Philemon. ICC. New York: C. Scribner's Sons, 1897.

Vishnevskaya, Elena. "Divinization as Perichoretic Embrace in Maximus the Confessor." In *Partakers of the Divine Nature: The History and Development of Deification in the Christian Traditions*, edited by Michael J. Christensen and Jeffery A. Wittung, pp. 132-145. Grand Rapids: Baker Academic, 2007.

Volf, Miroslav. *Exclusion and Embrace: A Theological Exploration of Identity*, Otherness, and Reconciliation. Nashville: Abingdon, 1996. 『배제와 포용』(IVP).

_____. "The Social Meaning of Reconciliation." *Int* 54 (2002): pp. 158-172.

Watson, Francis. *Paul and the Hermeneutics of Faith*. London/New York: Clark, 2004.

_____. *Paul, Judaism, and the Gentiles: Beyond the New Perspective*. Rev. ed. Grand Rapids: Eerdmans, 2007.

_____. "The Triune Divine Identity: Reflection on Pauline God Language, in Disagreement with J. D. G. Dunn." *JSNT* 80 (2000): pp. 99-124.

Webster, John. *Holiness*. Grand Rapids: Eerdmans, 2003. 『거룩함』(터치북스).

Weima, Jeffrey A. D "How You Must Walk to Please God': Holiness and Discipleship in 1 Thessalonians." In *Patterns of Discipleship in the New Testament*, edited by Richard N. Longenecker, pp. 98-119. Grand Rapids: Eerdmans, 1996.

Willmer, Haddon. "'Vertical' and 'Horizontal' in Paul's Theology of Reconciliation in the Letter to the Romans." *Transformation* 24 (2007): pp. 151-160.

Witherington, Ben, III. *Friendship and Finances in Philippi: The Letter of Paul to the Philippians*. Valley Forge: Trinity, 1994.

Wright, N. T. *The Climax of the Covenant*. Minneapolis: Fortress, 1993.

_____. *Justification in Pauline Perspective*. Downers Grove: InterVarsity, 2009. 『톰 라이트, 칭의를 말하다』(에클레시아북스).

_____. "New Perspectives on Paul." In *Justification in Perspective: Historical Developments and Contemporary Challenges*, edited by Bruce L. McCormack, pp. 243-264. Grand Rapids: Baker Academic, 2006.

_____. "On Becoming the Righteousness of God: 2 Corinthians 5:21." In *Pauline Theology*, vol. II: *1 & 2 Corinthians*, edited by David M. Hay, pp. 200-208. Minneapolis: Augsburg/Fortress, 1992.

_____. *Paul: In Fresh Perspective*. Edinburgh: Clark; Minneapolis: Fortress, 2005. 『톰 라이트의 바울』(죠이선교회).

_____. "Paul's Gospel and Caesar's Empire." In *Paul and Politics: Ekklesia, Israel, Imperium, Interpretation: Essays in Honor of Krister Stendahl*, edited by Richard A. Horsley, pp. 160-183. Harrisburg: Trinity, 2000.

_____. *The Resurrection of the Son of God*. Christian Origins and the Question of God, vol. 3. Minneapolis: Fortress, 2003. 『하나님의 아들의 부활』(CH북스).

_____. *What Saint Paul Really Said: Was Paul of Tarsus the Real Founder of Christianity?* Grand Rapids: Eerdmans, 1997.『톰 라이트 바울의 복음을 말하다』(에클레시아북스).

Yinger, Kent L. *Paul, Judaism, and Judgment according to Deeds*. SNTSMS 105. Cambridge: Cambridge University Press, 1999.

Yoder, John Howard. *He Came Preaching Peace*. Eugene: Wipf and Stock, 1998.『선포된 평화』(대장간).

_____. *The Politics of Jesus: Behold the Man! Our Victorious Lamb*. 2d ed. Grand Rapids: Eerdmans, 1994 (orig. 1972).『예수의 정치학』(알맹e).

Zerbe, Gordon. *Non-Retaliation in Early Jewish and New Testament Texts: Ethical Themes in Social Contexts*, JSPSS 13. Sheffield.: JSOT Press, 1993.

_____. "Paul's Ethic of Nonretaliation and Peace." In *The Love of Enemy and Nonretaliation in the New Testament*, edited by Willard M. Swartley, pp. 177-222. Louisville: Westminster/John Knox, 1992.

Ziesler, John. *Pauline Christianity*. The Oxford Bible Series, rev. ed. New York/Oxford: Oxford University Press, 1990.

인명 찾아보기

개더콜(Gathercole, Simon) 80n6, 93n34, 134-135, 162n173, 166n181
건턴(Gunton, Colin) 65n84, 188n43
게이저(Gager, John G.) 207, 208n2, 209nn4-6, 214nn32-33, 219n43, 225n57, 228n64, 230n66, 236n77, 242n97, 245n100
게제(Gese, Hartmut) 164n176
고먼(Gorman, Michael J.) 17n2, 19n5, 34n8, 35n12, 36nn17-18, 40n31, 65n85, 105n50, 106n52, 138n125, 150n146, 193n52, 234n73, 250n111, 263n3, 265n6
그레고리우스, 엘비라의(Gregory of Elvira) 58
그리브(Grieb, A. Katherine) 41n33, 143, 144n133, 146n136, 148nn140-141
기든스(Giddens, Anthony) 199n67

넬라스(Nellas, Panayiotis) 71n94, 83n14

더부르(de Boer, Martinus C.) 80n9, 110n60, 111-113, 119n85
던(Dunn, James D. G.) 19n6, 37n20, 38nn22-23, 39, 43, 65n84, 69, 86n18, 98n44, 102n49, 106n54, 107n55, 131n105, 172n10, 173n16, 175n19, 178n26, 201nn72-73, 215, 219, 224, 233, 234n73, 235
도널드슨(Donaldson, Terence L.) 223n53
드마리스(DeMaris, Richard E.) 155n157

라이언(Ryan, Judith M.) 48n55
라이트(Wright, N. T.) 13, 17, 26n20, 31-32, 35, 36n15, 39, 44-45, 57n66, 59, 60n74, 61n77, 69, 78n2, 80n6, 87, 93n34, 94n38, 95n40, 116, 125n97, 119n85, 125n97, 135n113, 138n124, 143n132, 155n157, 158n167, 162n173, 164n177, 194n55, 195, 215, 220, 221nn48-49, 223n52, 234n73, 238n84
러쉬(Rusch, William G.) 83n14
레비(Lévy, Bernhard-Henri) 217, 261
로스너(Rosner, Brian S.) 90n28
로우(Rowe, C. Kevin) 148
로이만(Reumann, John) 93n36
로첼(Roetzel, Calvin) 84, 85n16, 169n2, 171, 213n27
롱네커, 리처드(Longenecker, Richard N.) 172n8, 181n29, 213n28, 215, 224n54
롱네커, 브루스(Longenecker, Bruce W.) 32n6, 106n54,
루터(Luther, Martin) 79, 82n12, 109n59, 137, 148n139, 165n178, 207
리드(Reed, Jonathan) 31, 32n4, 40n30, 44, 49n59, 54n62, 55, 64n81, 73, 193nn52-53, 203nn74-75
리트와(Litwa, M. David) 13, 24n15, 25,

27n21, 191, 197n61, 198n64

마르키온(Marcion)　234n73
마르틴손(Martinson, Paul Varo)　166n181
마셜(Marshall, Bruce D.)　79n5, 84n14,
　148n139
마우저(Mauser, Ulrich W.)　175n19
마커스(Marcus, Joel)　91n30, 148-149
마테라(Matera, Frank J.)　102n49, 144n134,
　151n151
마틴, 랠프(Martin, Ralph P.)　31n1, 37n20,
　38n23, 39n25, 43n38, 44n42, 48n56,
　61n77, 139n126, 195n57
마틴, 루이스(Martyn, J. Louis)　59n70,
　67n87, 85n17, 102n49, 144n134
만네르마(Mannermaa, Tuomo)　79n3
맥그래스(McGrath, Alistair)　82n12
맥코맥(McCormack, Bruce L.)　78nn1-2,
　80n6, 82n12, 158n167
멜란히톤(Melanchthon, Philipp)　82n12, 163
모울(Moule, C. F. D.)　32, 39n28, 48n57,
　57n64, 59, 60n74, 62
밀뱅크(Milbank, John)　139

바르트(Barth, Karl)　35n13, 46n49, 58,
　60n74, 79n4, 82n12, 165n178, 250
바슬러(Bassler, Jouette M.)　20n6, 106n54,
　130n103, 137, 183n34, 194n55
바턴(Barton, Stephen C.)　169, 170n3
발레스(Vallès, Jaume Botey)　68
버드(Bird, Michael F.)　96n41
베르나르, 클레르보의(Bernard of Clairvaux)
　207
보컴(Bauckham, Richard)　31, 33n7,
　39nn24-25, 58n66, 60n76, 63n79, 69
보크뮤엘(Bockmuehl, Markus)　32, 43,
　44n42, 45n43, 47n51, 59, 60n74

본회퍼(Bonhoeffer, Dietrich)　79, 265-269
볼프(Volf, Miroslav)　13, 65n85, 118,
　153n153, 156, 157n163, 217-218,
　224-225, 226n59, 234n74, 245-246,
　248n109, 250, 261, 272n14
부어스마(Boersma, Hans)　244n99
브라이언트(Bryant, Robert A.)　110n60,
　119n86, 120n89
브래튼(Braaten, Carl E.)　79n3
브론도스(Brondos, David A.)　149, 150n145
브루그만(Brueggemann, Walter)　88
브룩스(Brooks, Ann Loar)　250n111
블라운트(Blount, Brian K.)　153
블랙웰(Blackwell, Ben)　13, 24n15, 70n93,
　198n62
블룸퀴스트(Bloomquist, L. Gregory)　35n12,
　39n24
비들(Biddle, Mark E.)　154n156
비쇼프(Bischoff, Paul)　156
비시네브스카야(Vishnevskaya, Elena)
　238n82
빈센트(Vincent, M. R.)　48n54

새비지(Savage, Timothy B.)　190n45, 192
샌더스(Sanders, E. P.)　19n6, 21, 80-81,
　85n18, 98n44, 130n103
샌드멜(Sandmel, Samuel)　78
서스턴(Thurston, Bonnie B.)　48n55, 49n58,
　61n77
세이프리드(Seifrid, Mark A.)　78n1, 89n26,
　116n81, 123, 140n127, 153n155
쇠네어(Schönherr, Hartmut)　165n178,
　166n180
쇼프(Schauf, Scott)　80n9, 110-111, 113
슈라이너(Schreiner, Thomas R.)　123n94
슈바이처(Schweitzer, Albert)　81
슈트마허(Stuhlmacher, Peter)　157n167

스워틀리(Swartley, Willard M.)　157n166, 212n23, 227, 240n87, 245n101, 246
스터브스(Stubbs, David L.)　20n6, 27n22, 102n49, 134n110
시걸(Segal, Alan)　149n144, 213n30
실바(Silva, Moisés)　37n20, 44, 45n43, 48n53

아리스토텔레스(Aristotle)　99n46
아우구스티누스(Augustine)　18n4, 207
아우니(Aune, David E.)　78n1, 82n12, 96n40, 155n157, 163n174
아타나시우스(Athanasius)　22, 266
앤더슨(Anderson, Gary)　234n73
어만(Ehrman, Bart)　80-81
오크스(Oakes, Peter)　40n30, 42n35, 60n75
왓슨(Watson, Francis)　20n6, 22n10, 65n84, 85n18, 90n27, 91n32, 92n33, 93n35, 133n107, 134n109, 135n115, 138n124, 175n19, 232n70, 233
요더(Yoder, John Howard)　66, 157
요세푸스(Josephus)　88, 89n26, 90n27, 216n35
웨이마(Weima, Jeffrey A. D.)　172n8, 174n17, 175n18
웹스터(Webster, John)　13, 65, 73, 150, 151n150, 170n4, 173n16, 188n43, 196n59, 200
윌머(Willmer, Haddon)　270n13
이레나이우스(Irenaeus)　21n7, 22, 266
잉어(Yinger, Kent L.)　138n124

저브(Zerbe, Gordon)　231n69, 240-241, 242n95, 244n98, 245n102
저비스(Jervis, L. Ann)　181n29, 196, 197n61, 252n112
젠슨(Jenson, Robert W.)　79n3

존슨, 루크(Johnson, Luke Timothy)　86, 87n21, 94n38, 162n171
존슨, 앤디(Johnson, Andy)　13-14, 67n86, 126n99, 129n102, 165n179, 177n24, 182n33, 186n40
지라르(Girard, René)　210, 212n23, 216n36, 218n40
지즐러(Ziesler, John)　86, 94n37

체스터(Chester, Stephen J.)　109n59, 176n21
치암파(Ciampa, Roy E.)　90n28

칼뱅(Calvin, John)　58, 82n12, 109n59
캠벨(Campbell, Douglas A.)　20n6, 25, 26nn19-20, 78n1, 80-81, 84, 87n23, 119, 120n87, 125n97, 131n105, 136, 166n180, 175n19, 264, 267n8
커민스(Cummins, S. A.)　20n6, 183n34
커크(Kirk, J. R. Daniel)　13, 237n80
케제만(Käsemann, Ernst)　64, 65n82, 120
케크(Keck, Leander)　91n31, 227n60
크라이처(Kreitzer, Larry J.)　61n77
크로산(Crossan, John Dominic)　31, 32n4, 40n30, 44, 49n59, 54n62, 55, 64n81, 73, 193nn52-53, 203nn74-75
크리소스토모스(Chrysostom, John)　70
키릴로스, 알렉산드리아의(Cyril of Alexandria)　70n93, 198n62
키이스매트(Keesmaat, Sylvia C.)　72n96, 221n47

타메스(Tamez, Elsa)　155-156
탈버트(Talbert, Charles H.)　91n31, 123n94
태너힐(Tannehill, Robert C.)　20n6, 80n9, 107n57, 108n58, 110n60, 114-115, 116n80, 122n92, 123, 124n96, 130n104, 137, 163, 164n176, 237n81

테일러(Taylor, Justin)   216n35
톰프슨(Thompson, James W.)   272n14

파울(Fowl, Stephen E.)   32, 37n19, 41n32, 43, 44n42, 57nn65-66, 59, 60n74, 61n77, 71, 139, 195n57
파워스(Powers, Daniel G.)   20n6, 114n75
패크레(Fackre, Gabriel)   153
퍼니시(Furnish, Victor Paul)   191
포스터(Foster, Paul)   102n49
프레드릭슨(Fredriksen, Paula)   210, 213
프레이(Frei, Hans)   65n84
프리크(Frick, Peter)   99n46
플래처(Placher, William C.)   57n66, 59
피(Fee, Gordon)   181, 182n31
피츠마이어(Fitzmyer, Joseph A.)   96n40, 155n157, 163
핀란(Finlan, Stephen)   22n12, 23n15, 24-25, 27, 148n140, 262, 263n2

하우어워스(Hauerwas, Stanley)   59n72, 198, 199n65
해머튼켈리(Hamerton-Kelly, Robert G.)   208-212, 215, 216n36, 217, 218n42, 232n70, 234n73, 242n96, 261
해리스빌(Harrisville, Roy A.)   87, 116, 150
해링크(Harink, Douglas)   161n169
허스트(Hurst, L. D.)   38n23, 46n50
헌싱어(Hunsinger, George)   79, 82n12, 165n178
헤이(Hay, David M.)   102n49, 133n108, 143n132
헤이스(Hays, Richard B.)   13, 20n6, 21, 23, 24n15, 81-82, 86, 95n39, 102n49, 106n54, 116, 120n88, 121n90, 130n102, 138n125, 143n131, 144n134, 162n172, 228, 270n13
헬러맨(Hellerman, Joseph H.)   39n29, 41-42
호손(Hawthorne, Gerald F.)   32, 43-44, 45n43, 46n48, 48n53, 59, 60n74
호피우스(Hofius, Otfried)   164n176
홀트그렌(Hultgren, Arland)   210n7
후버(Hoover, Roy W.)   45, 46nn47-48
후커(Hooker, Morna D.)   143n130
휠러리드(Wheeler-Reed, David)   252n112
힌(Heen, Erik M.)   40n30, 45

성경 찾아보기

구약

창세기 147n138, 232n70
15:6   152, 232-233

출애굽기   147n138
31:18   88
34:34   189

레위기   86n18, 169-170,
                      225n58
11:44-45   169
18:5   92n33, 93n35
18:7-8   225
19:2   169
19:18   92n33
20:7-8   169n1
20:11   225
20:26   169n1
21:6-8   169n1
26:11-12   169n2

민수기   215
25장   214
25:6-13   152
25:10-13   215
25:13   215

신명기
6:24-25   93n34

17:1-7   225
17:7   225
20장   216
20:12-18   216
21:23   213
30장   93n35
32:35   243

시편   220
2편   220
72편   220
89편   220
106[LXX 105]:31   152, 232
106:19-20   91
106:30-31   216, 233

잠언
20:22   243

이사야   36n15, 39-40,
                   48, 63, 222
2:2-4   223n53
25:6-10a   223n53
40-55장   39-40, 62
45장   60n76
45:23   35, 36n15, 39n24, 61
52:13   63, 222
53장   231
53:4-10   222
53:7   231

53:12   48n56, 63, 222
56:6-8   223n53
57:14-21   62
59:7-8   228n63

미가
4:1-3   223n53
6:8   88

스가랴
8:20-23   223n53

지혜서
14:12   90
14:12-31   90
14:27   90

집회서
45:23-24   216

마카베오상   232n70
2:50-54   216
2:52   232

성경 외 문헌

『희년서』
                      89-90
20:2   89n26
20:3-10   89n26

『열두 족장의 유언』 89

『잇사갈의 유언』
5:2　89n26

『단의 유언』
5:3　89n26

『베냐민의 유언』
3:3-5　89n26

신약

마태복음
22:36-40　88

마가복음
12:28-34　88

누가복음
10:25-28　88

요한복음
20:20　118
20:27　118

사도행전
9:1　210
9:1-9　234

로마서　90, 122, 124, 129, 140, 170n5, 172n13, 247
1-4장　137
1장　91-92, 145, 147n138, 154
1:1　172

1:1-7	172
1:1-17	81n11
1:4	173n16, 181n30, 186n40
1:5	132
1:7	172-173
1:16-17	162n171, 224
1:18	91, 145
1:18-32	89-91, 142, 178, 227n60
1:18-3:20	227n60
1:18이하	126n99
1:21	145
1:23	91
1:28	145
1:29	228n63
1:32	247
2:6-11	138n124
2:13	138
2:25-29	92, 133
2:26-29a	130n102
3:8	129
3:9	89, 129
3:9-10	155
3:9-18	142, 152
3:10-18	89
3:15-17	228n63
3:20-8:39	122
3:21	155
3:21-22a	103
3:21-26	89, 99, 164n177
3:21-5:2	81n11
3:22	102
3:24	89
3:25	89
3:26	102
3:28	133, 137
4-5장	162n173
4장	138, 233
4:3	152, 232
4:5	152, 232
4:6-8	94n37
4:9	152, 232
4:16	236n79
4:16-25	139
4:22-24	152, 232
4:24	222n50
4:25	99, 140, 237
5-8장	123, 136n121, 137
5장	97, 99, 106n53, 226
5:1	99, 125
5:1-2	99
5:1-5	160n168
5:1-6	248
5:1-11	82, 96, 106n53, 122-124, 160, 161n169, 178, 227n60, 258
5:5	181n30
5:5b-10	227
5:6-7	227n60
5:6-8	99, 101, 153, 157
5:6-10	161n169
5:6-11	160n168, 161n169
5:7-11	248
5:8	77, 160n168, 230
5:9-11	99
5:10	153
5:11	97
5:12-21	106n53, 107, 124
5:18	129n102
5:18-19	102
5:19	126, 128
5:20	129
6장	99, 110, 112, 122-123, 125n97, 136, 144, 186n40

6:1	129	8:10-11	238		178
6:1-11	132	8:11	125n97, 222n50,	15:13	181n30
6:1-23	178		238n83	15:16	181n30
6:1-7:6	18, 77, 82, 108,	8:17	180, 256n1	15:19	181n30
	122, 124, 127-129,	8:18-25	243, 271	15:25	172n12
	140, 230, 258	8:26	227n60, 243	15:26	172n12
6:2	125, 127	8:27	172n12	15:31	172n12
6:3	125, 127-128, 131	8:27-33	178n26	16:2	172n12
6:4	125, 127, 131	8:28-39	248	16:15	172n12
6:4이하	268	8:29	24, 149, 178, 180, 266	16:26	132
6:4-9	222n50	8:29-30	126n99, 272		
6:5	125	8:31-39	101, 230	**고린도전서**	90-91, 105, 145,
6:5b	126, 128	8:34	63, 222n50		170n5, 172n13, 176,
6:6	125, 127, 131	8:34-35	101, 126, 128		177n23, 187
6:7	89	9:1	181n30	1장	57, 175
6:8	125, 127	10:9	99, 222n50	1:1-9	172n13, 176
6:10-11	144	12-13장	179	1:2	172-173
6:11	125, 127-128	12-15장	129	1:5-7	176
6:13	125-128	12장	239-241	1:8	175
6:15	129	12:1-2	126, 145, 154,	1:9	176, 179-180
6:16	126n99, 247		178-179	1:18	187
6:18	126, 128, 131	12:2	27n21, 145, 266	1:18-25	57, 188n42, 191
6:19	178	12:3-15:13	145	1:18-2:5	155, 187, 221
6:19b	126, 128	12:9-21	178-179	1:23	187
6:22	126, 128, 178	12:13	172n12	1:24	187
6:23	125-128, 247	12:14-17	231	1:30	188
7:4	125, 127, 222n50	12:14-21	228, 240, 244	2:2	187
7:4b	126, 128	12:19	243	2:8	191, 230
7:6	125, 127	13:1-7	179	3:16	238n83
7:7-8:39	124	13:8-10	92n33, 129	3:16-17	173n14
8장	125n97, 150n149,	13:9	92n33	4:1-13	177
	186n40, 243	13:9-10	130n102	4:11-13	229
8:1-8	92	13:13-14	179-180	4:12-13	231
8:1-11	22n10	13:14	180	4:21	242
8:3-4	93n33, 130n102, 133	14-15장	105n51	5장	176n22
8:4	92, 129	14:1-15:13	224	5:1-13	176, 225
8:9	184n37	14:17	181n30, 238n83	5:6-8	176n22
8:9-11	132	15:1-3	49n60, 106n51, 129,	5:9-10	179

5:9-13	179n27	12-14장	176	4:4	149, 190-191
5:13	225	12:3	181n30	4:5	190
6장	176n22	12:4-6	177n23	4:6	190
6:1	172n12	12:13	131, 238n83	4:7-12	151
6:1-11	177	12:14-26	177	4:7-15	118
6:2	172n12	13장	176	4:8-12	229
6:9	90n28	13:5	52, 105, 176	4:10	191
6:11	131, 176	13:7	160	4:14	222n50
6:12-20	176, 201n71	13:12	263	5장	99, 144
6:14	222n50	13:13	160	5:13	235n76
6:15-20	177n23	14:1-40	176	5:14	101, 144, 163n176, 230
6:18	91	14:33	172n12	5:14-15	99
6:19	181n30, 238n83	15장	221, 243, 248	5:14-21	82, 96, 98-99,
6:19-20	173n14, 176n22	15:4	222n50		114n75, 258
7장	176n22	15:9-11	210	5:15	144, 222n50
7:1-7	177n22	15:12-20	222n50	5:17	25, 98-99
7:1-40	176	15:17	221	5:18	99
7:12-16	177n22	15:22	107	5:18-20	98
8장	50	15:24-26	272	5:19	98
8:1-13	176	15:24-28	243	5:20	52, 99
8:1b	52	15:28	272	5:21	25, 98-99
9장	50, 53, 57	15:31	229	6:3-10	179n27
9:1	218	15:42-44	24	6:6	181n30
9:1-23	50	15:45	107	6:14-7:1	179n27
9:1-26	176	15:45-49	271	6:16	169n2, 173n14
9:12-18	51	15:49	24, 180, 267	7:1	173n16, 179n27
9:12-23	49n59, 193n53	15:54-57	243, 272	8:4	172n12
9:19	49n59, 50, 193n53	16:1	172n12	8:5	146
9:21	93n33	16:14	176	8:9	49n59, 146, 193n53
10장	91	16:15	172n12	8:13-14	146
10:1-22	146, 176			9:1	172n12
10:14	91	**고린도후서**	146, 170n5, 192	9:12	172n12
10:16	180	1:1	172	9:15	146
10:23-11:1	176	1:22	238n83	11:24	210
10:24	105	3장	190	12:1-10	191
10:33	105	3:17-18	189	12:15	50
11:1	49-51, 189	3:18	25, 27n21, 149, 151,	13:12	172n12
11:17-34	146, 177		191, 266, 268	13:13[14]	181n30

갈라디아서 99, 120n89, 121n90, 129, 131, 132n106, 140, 144, 164n177, 170n5, 177n25, 182, 184, 187	2:20a 128	6:2 93n33, 129
	2:21 110-111, 122	6:10 225
	3-4장 184	6:14 114n73, 119, 131
	3장 138	6:15 153
1-2장 184	3:1-5 117	6:16 271
1:1 222n50	3:2 117n82	6:17 184
1:4 102, 129, 184, 185	3:13 213	
1:13-17 210	3:22 89, 102, 104	**에베소서** 172n12, 197
1:15 218	3:24-29 164n177	1:1 172n11
1:15-16 234	3:26-28 136n121	1:4 172n11
1:16 239	3:27 114, 117, 120, 131	1:20 222n50
1:23 210	3:28 117, 224	2:5 77
2장 99, 102n49, 104, 110n60, 122, 125n97, 130, 136	3:29 271	3:12 102n49
	4:4-6 184, 186	3:18-19 23n14
	4:5 186	4:32-5:2 197
2:11-21 120n89	4:6 132, 186, 238	
2:15-18 122	4:19 267	**빌립보서** 31-32, 35, 36n18, 38, 42n35, 49, 53, 62, 63n80, 65n85, 170n5, 177n25, 192-193, 236, 249
2:15-21 18, 77, 82, 86n20, 100, 104, 108-111, 114, 116, 119-120, 122, 124, 127-129, 136n121, 140, 230, 258	5-6장 184	
	5장 144	
	5:1 129	
	5:2-4 144	1:1 172
	5:2-6 160	1:28 249
2:15이하 86n20	5:4-6 160n168	2장 39n27, 49, 62-63, 67, 70n93, 104, 194n55
2:16 102-103, 113, 117, 132-133	5:5 121n91, 136, 186	
	5:5-6 186	2:1 105, 179, 238n83
2:16-18 113	5:6 132-134, 136, 144n134, 153, 166, 186	2:1-4 53, 72, 105, 180
2:16a 111		2:1-5 64, 257
2:17 121n90, 128-129	5:6-15 129n101	2:1-11 35n13
2:18-21 116n81	5:12 242	2:1-13 64
2:19 116, 118-119, 230, 267	5:13 128-129	2:3 105
2:19-20 113, 115, 120n88, 122, 132, 136, 144, 184	5:13-14 133	2:4 105
	5:14 92n33, 129, 130n102	2:5 34
	5:16 187	2:5-8 70
2:19-21 111, 119	5:22 132, 180	2:5-11 34-35
2:19a 112	5:22-23 187	2:6 34, 43, 46, 59
2:19b-20a 112	5:22-25 186	2:6-8 54, 64
2:20 101-103, 111, 129, 131-132, 134, 136, 144, 185-186, 230, 238-239	5:24 114n73, 119, 128, 187	2:6-11 34-37, 41-42, 59, 64, 68-69, 72, 105
	5:25 186-187	

2:6a	42	1:15	23n14, 149	4:14	222n50
2:6b	42	1:19	23n14	5:4-11	179-180
2:6b-8	57n64	1:19-20	271	5:8	160, 161n169
2:7	34	2:9	23n14	5:9-10a	161n169
2:7-8	42, 47	2:12	222n50	5:11-15	228
2:8	34	3:3	183n35	5:15	225n56
2:9	34, 61-62	3:10	23n14	5:23	186n39
2:9-11	60-61, 64				
2:12-13	151	**데살로니가전서**	161, 169n2, 170n5, 174-175, 181-182, 186-187	**데살로니가후서**	
2:12-18	72			1:1	22n10
2:13	183n34			1:3-4	160
2:14-16	179	1:1	22n10, 183	2:13	173n16
2:17	229	1:2-10	180, 182		
3:2-3	130n102	1:3	160, 161n169, 182	**디모데전서**	
3:2-11	114	1:5	181n30	1:12-13	210
3:2-21	35	1:5-6	181	2:15	173n16
3:3	238n83	1:6	182		
3:6	236	1:10	222n50	**디모데후서**	
3:6-7	210	2:6-8	50	2:8	222n50
3:7-14	235	2:7	49n59, 51, 193n53		
3:8	235	2:14-16	182	**빌레몬서**	
3:9	102, 104	3:2-7	182	5절	170n5
3:10	180, 236, 268	3:6	182	7절	172n12
3:10-11	25, 236, 256n1	3:12	225n56		172n12
3:11-12	180	3:13	172n12, 173n16, 182, 186n39	**히브리서**	62
3:18-19	249			1:1-14	62
3:20-21	249	4:3	173n16	5:1-10	62
3:21	25, 126n98	4:3-6	91	10:5-10	62
4:21	172n12	4:3a	174		
4:22	172n12	4:3b-8	174	**베드로후서**	
		4:4	173n16	1:4	23
골로새서		4:5	174		
1:2	172n11	4:6b	175	**요한계시록**	245, 245n111
1:4	172n11	4:7	173n16, 174	5:6	118
1:4-5	160	4:8	174	19:11-17	250

성경 찾아보기

옮긴이 최현만은 청년 때 톰 라이트를 접하고 하나님 나라에 관한 그의 이야기에 매료되어 그의 저서를 번역하는 일에 뛰어들었고, '에클레시아북스'에서 톰 라이트의 책을 비롯해 다수의 기독교 서적을 번역했다. 정신건강의학과 전문의로 진료 활동을 하면서, 틈틈이 유익한 신앙 서적을 발굴하고 소개하려는 계획을 갖고 있다.

십자가 형태의 하나님 안에 살다

초판 발행_ 2024년 8월 12일

지은이_ 마이클 고먼
옮긴이_ 최현만
펴낸이_ 정모세

펴낸곳_ 한국기독학생회출판부
등록번호_ 제2001-000198호(1978. 6. 1)
주소_ 04031 서울시 마포구 동교로 156-10
대표 전화_ (02)337-2257 팩스_ (02)337-2258
영업 전화_ (02)338-2282 팩스_ 080-915-1515
홈페이지_ http://www.ivp.co.kr 이메일_ ivp@ivp.co.kr
ISBN 978-89-328-2281-5 93230

ⓒ 한국기독학생회출판부 2024

책값은 뒤표지에 있습니다.
무단 전재와 복제를 금합니다.